CB064323

RAGE AGAINST THE MACHINE

GUERREIROS DO PALCO

EDIÇÕES ideal

Título original: RAGE AGAINST THE MACHINE – Stage Fighters

Copyright © 2008, Independent Music Press

Copyright desta edição © 2014, Edições Ideal

Editor: Felipe Gasnier e Maria Gremmelmaier Candido

Diagramação e capa: Felipe Gasnier

Tradução: Tony Aiex

Revisão: João Gremmelmaier Candido e Aline Cristina Krupkoski

Fotos: Getty Images

Dados Internacionais de Catalogação na Publicação (CIP)

Stenning, Paul
Rage Against The Machine: Guerreiros do Palco / Paul Stenning ; tradução Tony Aiex.
São Paulo - Edições Ideal, 2012.

Tradução de: Rage Against The Machine: Stage Fighters
ISBN: 978-85-62885-05-1

1. Rage Against The Machine (Conjunto Musical) 2. Grupos de Rock - EUA - Biografia.
3. Músicos de rock - Biografia 4. Política - Protesto.

Índices para catálogo sistemáticos:
1. Músicos de rock: Biografia e obra 782.42166092

EDIÇÕES IDEAL

Rua João Pessoa, 327

São Bernardo do Campo/SP

CEP: 09715-000

Tel: 11 4941-6669

Site: www.edicoesideal.com

Apoio
TENHO MAIS DISCOS QUE AMIGOS
www.tenhomaisdiscosqueamigos.com

RAGE AGAINST THE MACHINE

GUERREIROS DO PALCO

PAUL STENNING

Tradução:
Tony Aiex

EDIÇÕES
ideal

SUMÁRIO

PRÓLOGO_____**9**

PROTESTAR E SOBREVIVER_____**13**

NEGRO DEMAIS, FORTE DEMAIS_____**31**

NAS SOMBRAS_____**43**

FANTASMA NA MÁQUINA_____**57**

LIBERDADE DE EXPRESSÃO, MAS CUIDADO COM O QUE VOCÊ FALA_____**63**

PREPARANDO A MENSAGEM_____**73**

O PRIMEIRO MANIFESTO_____**83**

REBELDES COM CAUSA_____**95**

SUA RAIVA É UM DOM_____**105**

ENTÃO VOCÊ QUER UMA REVOLUÇÃO_____**119**

ASPIRANTE A ASSASSINO_____**131**

LOST ANGELES_____**137**

SÓ OS BONS MORREM JOVENS_____**149**

ESCRAVOS DO PODER_____**163**

GUERRA NO PALCO_____**181**

REUNIDOS VENCEREMOS_____**189**

EPÍLOGO_____**197**

LEITURA RECOMENDADA_____**201**

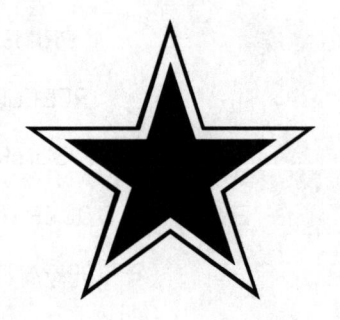

PRÓLOGO

A figura resistente se agacha o mais baixo que pode, pequenos dreadlocks brilham às luzes do palco à medida que ele gradualmente se ergue e começa a liberar a fúria vocal para as milhares de pessoas no público. Atrás dele a banda toca uma desordeira mistura de post-hardcore com rap à medida que o Rage Against The Machine começa a atingir um groove que poucas bandas puderam fazer. Eles tocam seu set, passam sua mensagem e deixam o recinto. Outro palco foi marcado, outro discurso foi feito. Mais um show de sucesso, e vários novos fãs são obtidos.

É assim que funciona para essa banda, e ao longo dos anos a sua causa – de justiça política e liberdade de expressão entre vários outros notáveis esforços – alertou incontáveis jovens para os problemas do mundo, seja a prisão injustificada de Mumia Abu-Jamal ou questões mais próximas de casa como a pobreza e as condições de trabalho em fábricas que exploram seus funcionários.

Se você é um grande fã de Rage Against The Machine, sabe onde estava quando os ouviu pela primeira vez. Seu impacto é simplesmente imensurável. Desde o momento em que eles surgiram na cena do rock em 1992, eles quebraram fronteiras em todos os cantos seja com suas músicas inovadoras ou suas letras incendiárias e performances desordeiras. Eles falaram mais do que qualquer outro artista na história do hard rock sobre as injustiças do mundo capitalista que todos nós conhecemos, e verdadeiramente arrebentaram com o mainstream.

Apesar de ter parado por um longo tempo, onde três dos quatro membros começaram uma nova banda – Audioslave –, o Rage Against The Machine nunca perdeu seu ímpeto, criando impacto com todos os lançamentos ao vivo que vieram durante o período e continuando a arrastar multidões às arenas do ativismo político à medida que mais e mais novos fãs descobriam seus quatro excelentes discos de estúdio. Aí em 2007, a banda voltou com sua formação original para mais uma vez assustar as instituições ao redor do mundo. Ninguém sabe o que irá acontecer pela frente, mas é seguro dizer que a banda esteve parada o suficiente e pode acreditar que agora é o momento de causar a mudança mais óbvia e positiva.

Esse livro irá focar na arte, mensagem e história do Rage Against The Machine. Ele também acompanha os trabalhos pós-Rage de todos os membros, seja no Audioslave ou nos anos mais low-profile do vocalista Zack De La Rocha em que ele trabalhou freneticamente em seu discutido álbum solo. É um trabalho que aborda tudo que o Rage Against The Machine apoiou, e continua a fazê-lo. Com isso em mente, ele naturalmente foca no contexto político da banda e também em como eles aprenderam a respeito dessas questões antes, durante e depois do RATM. Como a banda já disse algumas vezes, é difícil, se não for impossível, separar arte da política. Com uma banda tão obviamente centrada na política, é quase obrigatório falar sobre o contexto e os eventos não apenas dos anos 60 e 70, quando os membros da banda estavam crescendo, mas também o período histórico que cercou suas juventudes – primariamente o fato de que eles eram de diferentes etnias.

Tendo interesse em política ou não, se você é fã do Rage Against The Machine não pode evitar as questões pelas quais a banda luta. Apesar do guitarrista Tom Morello ter reconhecido o poder da música por si própria, dizendo, "Um show do Rage Against The Machine não é uma palestra da Faculdade," o posicionamento das crenças da banda em relação a sua proficiência musical não pode ser evitado. Sem essa mensagem multidimensional destinada à sociedade, o RATM seria uma banda completamente diferente – e talvez não fosse tão adorável.

Eu tentei cobrir todas as áreas com esse livro, tanto musicalmente quanto politicamente. Também temos que nos lembrar que nem todo mundo é um cientista político e algumas explicações básicas são necessárias para a compreensão de boa parte da história. Para quem já se envolveu em evoluir sua mente ao aprender o máximo sobre as verdades do mundo, ótimo, mas para aqueles que estão apenas começando em sua jornada, há uma lista de livros e filmes recomendados ao final do livro.

O simples fato de você estar segurando esse livro é uma conquista da liberdade de expressão. Talvez vá passar despercebido pelos abismos das instituições, mas dentro dessas páginas estão as sementes de uma causa justa destinada a fazer você pensar, pesquisar e procurar por mudanças no mundo ao seu redor. Tudo começa com uma faísca e pode começar com você. Nossas liberdades civis restantes estão em perigo e podem ser removidas, ou até já foram em muitos casos. Uma palavra errada aqui e ali pode fazer de você um fora da lei aos olhos da sociedade do mainstream. Então esse livro é para os marginalizados, os de pensamento livre e guerreiros da liberdade, em potencial ou em efetivo.

Eu creio que você irá ler o livro com uma mente aberta e senso verdadeiro de nossas capacidades para a mudança de nós mesmos e do mundo ao nosso redor. O Rage gostaria que fosse assim.

E se você não se vê como o próximo Malcolm X ou simplesmente não está interessado nas visões políticas dos integrantes do Rage Against The Machine, não se preocupe – esse também é um livro sobre uma grande banda de rock.

Paul Stenning, Junho de 2008.

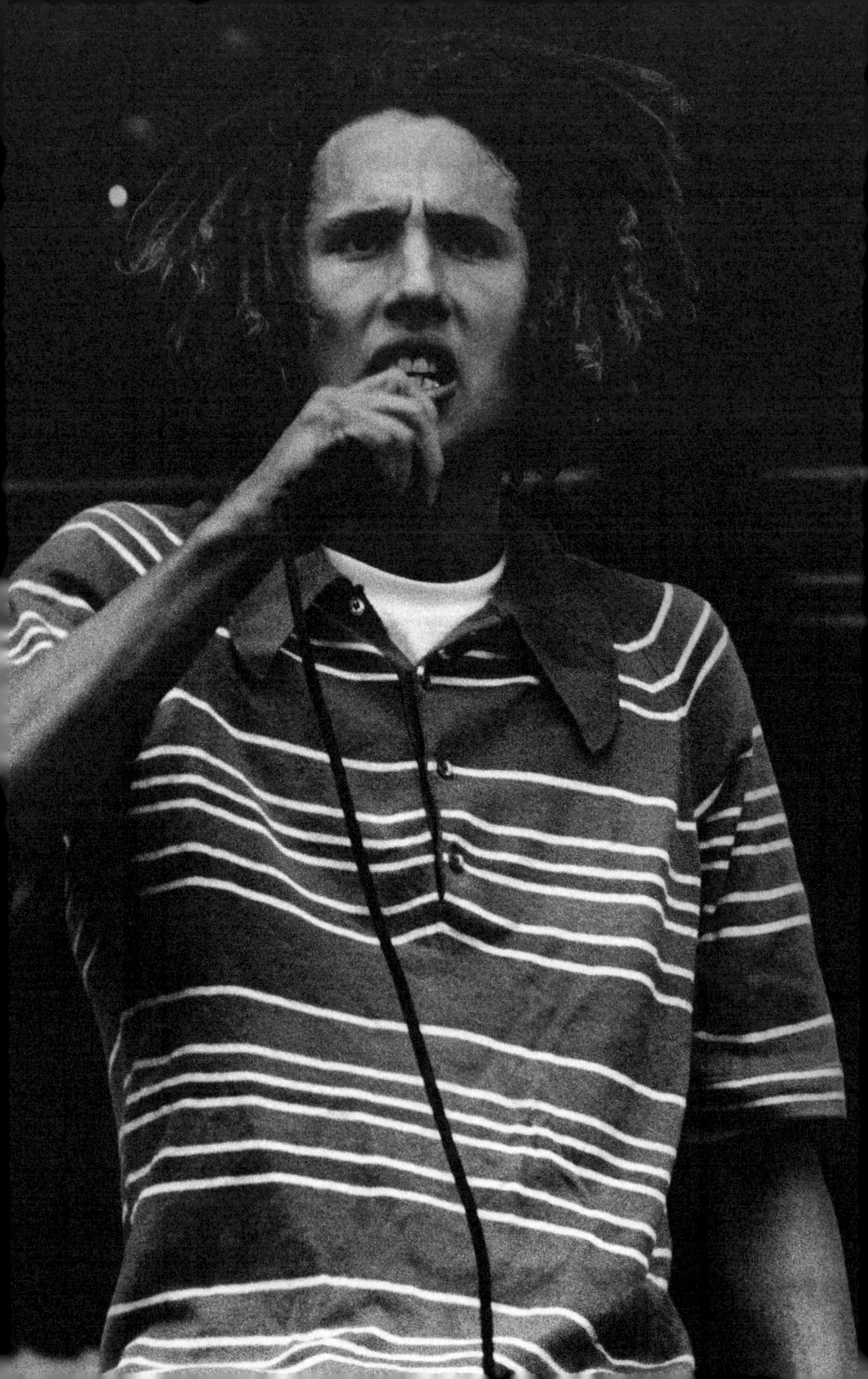

PROTESTAR E SOBREVIVER

Para apreciar a natureza de uma banda política, nós devemos primeiro entender o que a política realmente significa. A definição do dicionário explica que a palavra significa, principalmente, "*A arte ou ciência do governo ou de governar, especialmente reger uma entidade política, como uma nação, e a administração e controle de seus assuntos internos e externos.*". Olhando para o sentido disso, nós vemos que essencialmente cada aspecto de nossa vida cotidiana se resume à política. O preço de um CD é política, assim como a guerra pelo petróleo.

Tudo se resume à política, então quando uma banda é classificada como política não é nada além do fato dela falar sobre a sociedade ao seu redor. A menos que um artista cante apenas sobre suas próprias emoções, assim que suas reflexões começam a dizer respeito à sociedade em alguma maneira, suas ações são definidas politicamente.

Alguns vêem a política como algo chato – e em um nível governamental, para a maioria de nós ela seria mesmo. É por isso que apenas certos tipos de pessoa têm o preparo para esse tipo de trabalho, ou o foco necessário para fazê-lo. Normalmente elas são maçantes, o que nos faz acreditar que a política em si é chata e que nós não deveríamos nos importar com ela, deixando para outras pessoas a tarefa de tomar decisões importantes e realizar manipulações onde nós não temos controle ou interesse. Nós lhes damos esse poder virtualmente até mesmo antes deles começarem.

Então uma banda que se classifica como política está instantaneamente dizendo para nós, "Devemos nos preocupar com certas questões, ou até mesmo todas as questões, a política tem a ver com *a gente*." Você não iria deixar outros aspectos que controlam a sua vida passarem batido, então porque nós deveríamos deixar nossos direitos fundamentais e condições de vida serem controlados por uma entidade fora do nosso alcance e fora de controle? Ainda assim, por definição das instituições, bandas políticas são vistas como perigosas, assim como pessoas que protestam pela paz, ou qualquer um que não se conforme com a sociedade mainstream. Qualquer coisa ou qualquer pessoa que desafie as normas estabelecidas é vista como uma ameaça pelo sistema porque a qualquer estágio esses rebeldes ou revolucionários podem alertar as pessoas – a massa cega da sociedade – sobre as injustiças acontecendo ao seu redor, e fazê-las entender que não são realmente livres na maneira como imaginam que são.

Liberdade de expressão é um direito básico, a que temos menos privilégio do que imaginamos. Ainda assim, de alguma forma, quando essas liberdades são testadas por uma banda, subindo a um palco e engajando o público com música alta, messiânica, essa liberdade parece mais perigosa do que nunca para as instituições da sociedade. Se você pode dizer qualquer coisa, então qualquer coisa é possível e isso assusta os poderosos até a morte. A política não é mais chata que os esportes, são as pessoas envolvidas na política que a fazem algo chato, porque esse é seu objetivo.

Como o controverso autor David Icke diz, "Política, aqui vai algo engraçado. A expressão vem da palavra 'poly', significando muitos e 'tics' significando insetos sanguessugas. Irônico, não é?"

Todas as questões fundamentais e direitos humanos são importantes para cada um de nós e ao examinar a sociedade em que vivemos, nós iremos instantaneamente encontrar desigualdade, injustiça, disparidade e discriminação. As bandas que falam sobre esses tópicos não estão fazendo nada além do trabalho que os políticos deveriam fazer, alertando a população em geral para as doenças da sociedade e exigindo que todos nós façamos algo a respeito. As pessoas estão se tornando cada vez mais cientes de que nós não podemos mais deixar os poderosos ditarem nossas vidas e que nós, pessoalmente, temos o poder de mudá-las. Bandas que trazem essa mensagem de liberdade – como o Rage Against The Machine – são um perigo para as instituições e assim devem ser silenciadas. É nosso direito ouvir o ponto de vista de todas as pessoas e trazer a política para as nossas mãos. Bandas politicamente motivadas são um bom início. É de fato uma reflexão triste da sociedade o fato de que há tão poucas bandas políticas, e menos ainda bandas que mudaram o status quo ou realmente desafiaram o sistema.

A música reflete a sociedade que penetra e só prova que muitos de nós não temos pensamentos políticos como talvez deveríamos. O estrondo da música de protesto que ressoou através das décadas serve como lembrança constante e inspiração para expandir as barreiras e questionar a autoridade. Apesar de muitos acharem que sabem o que é melhor para nós, a realidade é quase sempre o oposto.

Para entender a linhagem de uma banda de protesto como o RATM, é importante focar no lugar de onde eles vieram. Não apenas suas experiências ao crescer ou suas influências imediatas como músicos, mas sim realmente de onde eles *vieram* – a mistura da "terra-mãe" com a "terra dos livres". Sem as batalhas e arte tremenda que surgiram a partir de séculos antes do nascimento do Rage Against

The Machine, o grupo talvez nem tivesse existido, certamente não da maneira como se apresenta hoje. Dessa forma nós devemos primeiro traçar a história da música política e de protesto.

Nenhum livro de história ensinaria sobre a vida das pessoas oprimidas melhor do que uma audição dos últimos cem anos de música. Por exemplo, artistas negros e músicos falaram a verdade de uma forma que à época ainda era vista como entretenimento. Desde que estivesse fantasiada com um som aceitável, eles poderiam comunicar um montão de mensagens subversivas. O sucesso de gêneros completos e de gravadoras inteiras (como Motown ou Stax) devotos a certo estilo, deu licença para artistas em particular e sua mensagem. Não foi preciso uma carreira inteira devota a discursos políticos para aborrecer o status quo e artistas ou bandas com apenas uma ou duas músicas de sentimento poderoso são tão importantes quanto aquelas que basearam sua carreira nisso.

A história da música negra de protesto começou com as músicas cantadas por escravos Afro-Americanos na América durante o Século 19. Eles normalmente cantavam com apenas um banjo, instrumento criado pelos Afro-Americanos encarcerados e que foi apropriado depois pelo homem branco e incorporado à música folk. Ainda que sua origem tenha sido na música espiritual, o evangelho e também as músicas foram criadas como um protesto lírico contra aqueles que haviam lhes escravizado.

Ao final dos anos 1800, a música Afro-Americana havia permeado o mainstream da América e artistas da época como Scott Joplin eram populares músicos de ragtime. Joplin e seus congêneres ficaram ligados ao trabalho dos primeiros ativistas pelos direitos civis e também foram a trilha sonora para o renascimento do Harlem, uma das épocas mais importantes na história Afro-Americana.

Em 1925, o escritor Alain Locke escreveu um livro que iria engrandecer o movimento e dar novo crédito às visões e direitos dos Afro-Americanos. Ele se tornou conhecido não oficialmente como o pai do renascimento do Harlem. *The New Negro: An Interpretation* foi um dos focos sobre o modo de vida dos Afro-Americanos e as conquistas das pessoas, dentro da arte, música e literatura. Foi uma celebração da cultura negra, um panorama positivo para uma insurreição e o rascunho de um futuro saudável.

A partir desse livro vieram vários outros que celebravam a cultura Afro-Americana, a maioria baseada na região do Harlem em Nova York, mas com um impacto que cobriu todos os Estados Unidos. De acordo com o professor Paul P. Reuben, um expert sobre o mundo e acadêmico que já escreveu muito a respeito, "O renascimento do Harlem foi mais do que simplesmente um movimento literário: ele incluiu consciência racial, o movimento 'de volta à África' liderado por Marcus Garvey, integração racial, a explosão da música, particularmente o jazz e o blues, pintura, teatro, e outros."

O blues e o jazz eram duas formas de música dominadas por músicos negros e foi através dessas mídias que a música como um todo começou a mudar. Há poucos músicos no mundo hoje em dia que não tenham uma quantidade enorme de respeito por nomes como Miles Davis e John Coltrane. Apesar de possuir uma voz profunda e assustadora, Billie Holliday também permeou o mainstream branco com sua interpretação única de jazz e blues. Ela também usou sua fama para declarar o lamento trágico de "Strange Fruit", um poema sobre linchamentos cuja melodia e letra foram escritas pelo professor judeu Abel Meeropol.

"Corpos negros balançando à brisa do Sul, frutas estranhas penduradas nas árvores", Holliday lamenta. "Cena campestre do belo Sul, os olhos esbugalhados e a boca retorcida."

A definição do dicionário para linchamento diz, "Executar sem passar por processo estabelecido por lei, especialmente através do enforcamento, especialmente por uma multidão". O linchamento era frequente ao final do Século 19 mas iria continuar pelos anos 1940 e até mesmo após isso. Homens negros eram frequentemente linchados por "crimes" contra os brancos. Um estudo por Ida B. Wells (ativista pelos direitos civis) diz que em muitos casos havia pouca base concreta para esses chamados crimes, que eram normalmente exagerados ou nem mesmo haviam acontecido. A acusação mais comum contra homens negros era a de estupros de mulheres brancas. (Wells a propósito era uma corajosa e destemida militante por direitos iguais e 40 anos antes da famosa recusa de Rosa Parks a ceder seu lugar em um ônibus para uma pessoa branca, Wells havia feito o mesmo).

O principal expoente dos linchamentos foi a Ku Klux Klan (ou KKK) e um estudo sobre "justiceiros" cobrindo os anos de 1968 a 1971 revelou que o Klan foi responsável por mais de quatrocentos linchamentos. Sua ignorância violenta deu licença para que alguns racistas brancos procurassem sua própria forma de "justiça". Levaria quase até o fim da vida de Billie Holliday para que a cultura do linchamento acabasse e até mesmo quando ela trouxe a questão para uma audiência maior houve uma apatia subliminar como resposta. Como Holliday disse, "Eles vão me pedir para 'cantar aquela música sensual sobre as pessoas penduradas'."

Eventualmente, através das campanhas incansáveis de várias figuras negras, de protestos a marchas até artigos de revista e livros, o linchamento finalmente seria visto como o que realmente era: violência desumana de fanáticos intolerantes.

Graças a músicos como Holliday, Davis e Coltrane, a cultura negra estava começando a se infiltrar lentamente nas instituições brancas. Nomes como Louis Armstrong também eram considerados de alto nível pelo mainstream e Armstrong continuaria sendo reverenciado muito tempo após sua morte em 1971. Ainda assim em várias formas e para alguns observadores, Armstrong era subordinado ao mainstream, sendo aparentemente um homem que sabia seu lugar e talvez acreditasse que esse lugar ainda era o de um escravo parcial, ganhando dinheiro para agradar e acalmar o homem branco, sempre com um maravilhoso sorriso em seu rosto.

Um homem que tinha carisma similar e se parecia com Armstrong mas era um manifestante muito mais barulhento era o cantor e ativista pelos direitos civis Paul Robeson. Ele era um homem letrado e poliglota. Sua voz grave (o alcance mais profundo o possível) era imensamente poderosa e ainda assim muito bonita e as músicas que ele fez com essa voz soavam ainda mais tocantes com Robeson por trás delas.

Em "Born To Be Free" ele declara, "Você pode sujar meu nome, me difamar, me torturar, mas eu não vou me curvar para nenhum homem, seja ele branco ou seja ele negro... Eu fico aqui batalhando pelos direitos do meu povo de serem cidadãos completos nesse país e eles não são! Levantem-se, meus irmãos e irmãs, nós nascemos para sermos livres."

Com a notoriedade de Robeson, ele tinha meios para realizar um impacto político e em 1946 se posicionou bravamente contra o linchamento ao se direcionar agressivamente para o então Presidente Harry S. Truman. Robeson disse que se o governo não se envolvesse para resolver o problema dos assassinatos sem sentido, então os negros iriam revidar.

Truman havia se posicionado um ano antes em um discurso para o congresso quando disse que "Todo segmento de nossa população, e todo indivíduo, tem o direito de esperar de seu governo um tratamento justo." Agora era a hora de fazer jus ao discurso.

Em 1946 Robeson fundou a American Crusade Against Lynching, uma organização dedicada a educar as massas e acabar com os violentos grupos de justiceiros. Esse foi o passo que as instituições brancas tanto temiam; apesar de eles estarem surpresos que levou tanto tempo para surgir algo do tipo. Quando nomes como o físico branco Albert Einstein cederam seus nomes para a causa, a lei própria criada pelos justiceiros tinha seus dias contados. Sem Paul Robeson entretanto ela poderia ter ido adiante por muito mais tempo. Ele inspirou muitas pessoas de sua geração, brancos e negros, e foi o mentor de outro ativista por direitos civis que pegou o modelo de Robeson e o colocou em prática.

O cantor Harry Belafonte foi um vocalista negro que conseguiu permear as massas com suas músicas de calypso, ainda que por trás das cenas ele fosse um ativista, lutando por direitos civis e outras causas humanitárias. Ele pertencia ao Movimento de Direitos Civis dos anos 1950 e se tornou um dos nomes próximos a Martin Luther King. Em tempos mais recentes, Belafonte teve papel de destaque em meio aos críticos do governo de George W. Bush.

A emergente cena musical negra do final dos anos cinquenta e através dos anos sessenta também foi responsável por uma melhora nos pontos de vista da sociedade, trazendo faces negras às salas de estar dos Estados Unidos e do mundo. Com a criação das gravadoras Stax e Motown, houve o surgimento de muito boa música e uma nova compreensão da cultura negra. De repente vários brancos, que haviam talvez temido aqueles de cor diferente, os viam como não muito diferentes do que eles mesmos. Os primeiros passos para a integração e a aceitação estavam sendo dados.

A Motown Records iria se tornar um sucesso imenso, tendo alguns dos artistas de soul mais conhecidos e amados de todos os tempos, e seu impacto continua até hoje. Formada por Berry Gordy, foi o primeiro selo a contar com artistas Afro-Americanos, ser gerenciada por um Afro-Americano e chegar até áreas comerciais e se tornar bem sucedida através da sociedade branca. A lista de artistas lendários é comprida e inclui The Temptations, Gladys Knight & The Pips, The Jackson 5 e The Supremes.

Dessa forma as barreiras estavam sendo derrubadas, mas ainda assim a discriminação continuava. O estilo Motown era conhecido como soul ou rhythm & blues. Como um célebre crítico de música sugeriu uma vez, se os Beatles fossem negros eles com certeza teriam sido conhecidos como uma banda de R&B, mas como eles eram quatro belos rapazes brancos, foram considerados uma banda "pop".

Enquanto isso a Stax lançava discos de artistas como Isaac Hayes e Albert King mas também iria lançar material do comediante Richard Pryor e Reverendo Jesse Jackson. No festival de música Wattstax de 1972, conhecido como o Woodstock Afro-Americano, Jackson subiu ao palco e leu seu poema, "I Am Somebody", afirmando: "Eu sou – Alguém. Eu posso ser pobre, mas eu sou – Alguém! Eu posso estar dependendo de ajuda do governo, mas eu sou – Alguém! Eu posso não ter estudo, mas eu sou – Alguém! Eu devo ser, eu sou filho de Deus. Eu devo ser respeitado e protegido. Eu sou negro e sou lindo! Eu sou – Alguém! Soul Power!" Sete anos após os conflitos de Watts, movidos por brigas raciais, o evento uniu milhares de negros, com ingressos sendo vendidos por apenas um dólar.

Enquanto a Motown em particular dominava o mainstream, outros artistas menos conhecidos continuavam na luta pelos direitos civis, à medida que simultaneamente criavam música clássica. Curtis Mayfield levou sua carga de soul derivado do gospel, emprestando muito peso às cruzadas pelos direitos civis. Várias de suas músicas eram reafirmações positivas de orgulho negro, com títulos como "Move On Up" e "People Get Ready" com sua frase "Há Esperança Para Todos". Marvin Gaye e Stevie Wonder eram da mesma época que Mayfield mas ambos tinham mais popularidade, e ambos faziam referências à causa dos direitos civis.

A influência de Mayfield era mais profunda no movimento do que a de seus pares – parcialmente por causa disso, sua popularidade sempre se colocou secundária a de nomes como Gaye e Wonder. Ainda assim, seu impacto foi sentido através do movimento do poder negro e seu mantra "We're A Winner" se tornou uma das armas principais do movimento. Nessa música Mayfield canta: "Somos provas vivas em alerta/Que somos dois da boa terra negra/E somos um vencedor."

Essa faixa, junto com seu hino "Keep On Pushing" eram acompanhamentos fortes para a época. Quando James Brown lançou "Say It Loud – I'm Black And I'm Proud" em 1968, a popularidade da música foi imediata e o impacto enorme. Aqui estava um conhecido cantor de soul que havia se envolvido em hits como "Papa's Got A Brand New Bag" e "I Got You (I Feel Good)" que fãs brancos ao redor do mundo conheciam bem, e ele subverteu o mainstream com uma convocação direta pelo orgulho negro. Como Chuck D, o líder do Public Enemy disse, "Nós fomos de 'de cor' para 'negros' da noite pro dia."

Vários outros artistas incluíam sentimentos antirracistas em seu repertório. Um dos protagonistas do soul/funk rebelde foi Sylvester Stewart, mais conhecido como Sly Stone, líder do Sly & The Family Stone. Ele supervisionou faixas como "Stand!" (um verdadeiro chamado) e a firme e direta "Don't Call Me Nigger, Whitey". Infelizmente a rebelião em potencial da banda foi diluída quando Sly foi perseguido por certos militantes negros que insistiram para que ele tirasse os dois integrantes brancos da banda e tentasse influenciar seu material de maneira que ele tivesse uma postura mais agressiva quanto à militância negra.

Talvez um dos músicos políticos mais conhecidos seja Bob Marley. Apesar de suas músicas políticas serem em grande parte relativas ao seu país de origem, a Jamaica, suas letras transcendem as culturas das nações e fronteiras, e podem ser aplicadas ao empoderamento negro como um todo, particularmente na forma de sons como "Get Up Stand Up" ("Lute pelos seus direitos") e "Redemption Song" ("Emancipem a vocês mesmos da escravidão mental, ninguém além de nós mesmos podemos liberar nossas mentes, canções de redenção – tudo que eu sempre tive, essas canções de liberdade.")

Na América, à medida que a técnica de DJ pioneira de nomes como Grandmaster Flash e DJ Kool Herc deu caminho ao início do rap, expandido pelos ritmos de beat box de Doug E. Fresh e Biz Markie, uma nova geração inteira de música nasceu. O rap era ocasionalmente agressivo mas sempre questionava os pensamentos, e no começo dos anos 80 soava novo e excitante. Não havia limites e ninguém que poderia rimar ou falar rápido o suficiente era excluído. Ainda assim, era algo que parecia exclusivo ao movimento negro. Quando rappers brancos apareciam na cena, na maioria das vezes aconteciam desastres (como Vanilla Ice) que faziam com que outros rappers brancos ficassem longe do movimento. Esse balanço só foi ajustado (moderadamente – afinal de contas, inicialmente era só um homem) com o sucesso de Eminem na virada do Século 21.

Em seu nascimento, o hip hop era algo relacionado aos jovens, e dessa forma inspirou a juventude negra da América, e além. Como a cantora de soul/jazz Joy Denalane diz (no documentário *Get Up, Stand Up*) sobre seu crescimento na Alemanha, "Eu fui empurrada das escadas da escola e chamada de 'preta', 'porca preta', 'bunda de pato', todos os tipos de coisas, 'aquela com o cabelo feio'. Ninguém queria me conhecer ou saber de algo a meu respeito e até mesmo os meninos não tinham interesse em mim. Tudo isso mudou quando o hip hop aconteceu. O hip hop foi algo em que eu me agarrei porque de alguma forma ele representava pessoas como eu e de repente era legal ser como eu."

O que nos traz, finalmente, ao Rage Against The Machine. A rebelião do hip hop foi uma inspiração poderosa para muitos jovens insatisfeitos, um deles sendo o jovem poeta Zack De La Rocha. "Eu ouvia hip hop bem no começo, quando estava crescendo," ele disse à revista *Rolling Stone*, "e eu tinha muitos amigos brancos que se recusavam a falar comigo assim que eu colocava uma jaqueta da Adidas e dançava break, ou andava pelo campus com meu rádio tocando Eric B. & Rakim, LL Cool J e De La Soul. Para muitos brancos aquilo era só barulho. Para mim, eram pessoas reivindicando sua dignidade."

Música branca de protesto é geralmente vista como uma entidade separada da arte negra de protesto, apesar de ambas terem se cruzado eventualmente, e muitos apreciarem os pontos de vista dos outros. Ainda assim, a linhagem do Rage Against The Machine não estaria completa sem traçar o pano de fundo dos artistas brancos que também ergueram suas vozes contra a injustiça através da história da música. Onde a música de protesto negra e a música de protesto branca se cruzam, você irá encontrar o Rage Against The Machine.

Mas antes deles nós temos que voltar no tempo – bastante – ao primeiro grupo de protesto branco bem-sucedido, uma família americana que cantava em harmonias de quatro partes, conhecida como The Hutchinson Family Singers, que foram ativos durante o século 19. Eles eram extremamente incendiários em sua época, cobrindo tópicos como os direitos das mulheres, reforma social, ativismo, o movimento Temperance e abolicionismo – tudo de uma forma gentil e tranquilizadora. O grupo até mesmo cantou na Casa Branca nos anos 1840 para o presidente democrata John Tyler e depois foram defendidos por e viraram amigos do futuro presidente progressista, Abraham Lincoln.

No final dos anos 1800, Joel Emmanuel Hägglund, mais conhecido como Joe Hill, causou tumulto para as autoridades americanas e foi levado a julgamento por assassinato. Ele era ativista do Industrial Workers Of The World (IWW – essencialmente um sindicato trabalhista), e viajou pela nação cantando músicas de protesto. O guitarrista do RATM, Tom Morello, depois falaria de Hill na música "The Union Song", em seu projeto chamado The Nightwatchman.

No começo dos anos 1900, um homem chamado Woodrow Wilson Guthrie nasceu e depois iria fazer carreira como cantor de folk e músico com o nome Woody Guthrie. Sua música mais famosa, "This Land Is Your Land" era um protesto direto ao que ele via como ufanismo cego sobre o hino não oficial dos Estados Unidos, a música "God Bless America", que Guthrie via como muito simples e pouco realista. A música de Guthrie fazia referência ao falso senso de empoderamento dado em "God Bless America" ao ironizar de forma sarcástica ao final de sua resposta musical: "Eu vi meu povo, e eles estavam lá famintos, me perguntei, essa terra foi feita para você e eu?" Novamente, Tom Morello iria depois prestar homenagem a esse compositor em particular e sua música mais famosa, quando ele a tocou como parte do set ao vivo do The Nightwatchman.

Guthrie também era a favor dos sindicatos e famoso por usar um slogan constante em sua guitarra que dizia "Essa Máquina Mata Fascistas". Ele falava de vários assuntos em seus protestos, erguendo a voz contra o tratamento racista dado a 28 fazendeiros imigrantes mexicanos, que haviam sido devolvidos ao seu país após um acidente de avião em território americano. Guthrie sentiu que a maneira como os mexicanos foram tratados, sem citar seus nomes mas apenas a palavra "deportados", não era nada ética e muito racista. Ele escreveu a ironia agridoce de "Deportee" como forma de protesto.

Outra música bastante conhecida de Guthrie é "The Ballad Of Tom Joad", com o protagonista sendo um personagem fictício criado pelo escritor John Steinbeck em seu clássico romance *The Grapes Of Wrath* (As Vinhas da Ira), que focava na migração na região que ficou conhecida como Dust Bowl e sofreu com secas horríveis e tempestades de areia nos anos 1930. Joad é um homem comum que tem que lidar com a injustiça ao se tornar politicamente ativo e inspirar outros para trabalharem juntos. Guthrie escreveu sua música depois de ver o filme inspirado no romance de Steinbeck, e disse, "Nos mostra os malditos homens dos banqueiros que nos quebraram e a areia que nos engasgou, e é direta e reta, dizendo em Inglês bem claro como devemos lidar com isso. Diz que você tem que se unir e se encontrar, ficar junto dos outros, e causar alvoroço até que consiga seu emprego, retome sua fazenda, sua casa, suas galinhas, suas comidas e suas roupas, além de seu dinheiro."

Outro grupo de artistas folk, o The Weavers, se tornou famoso como banda de protesto, especialmente na forma do tocador de banjo Pete Seeger. A banda notoriamente de esquerda apoiava sindicatos de trabalhadores dos quais suas músicas falavam. Eles não tocavam várias de suas músicas mais controversas ao vivo, ainda assim estavam sob vigilância do FBI. Por causa disso eles foram colocados na lista negra de vários rádios e canais de televisão populares durante os anos 50 como parte do Macarthismo – a era do anticomunismo e suspeita dos Americanos em relação aos Soviéticos nos anos 40 e 50. Joseph McCarthy, que deu origem ao nome, ficou famoso por implantar a lista negra em Hollywood onde ele convocava depoimentos e fazia investigações sobre assim chamados artistas, atores e músicos "subversivos". Vários desses tiveram empregos negados devido a suas crenças. Para nomes como o The Weavers, isso significou uma queda severa na popularidade e eventualmente eles foram deixados de lado por sua gravadora, a Decca.

Pete Seeger, que foi um membro do partido Comunista nos EUA, continuou seus protestos da mesma forma e tornou-se um dos artistas folk mais reverenciados do Século 20. Foi ele que popularizou em larga escala o famoso canto por direitos civis de "We Shall Overcome". Verdadeiro a suas crenças, ele achou que o The Weavers não deveria aceitar qualquer atividade que se encaixasse na ditadura corporativa e quando a banda decidiu gravar um jingle para um comercial de cigarro, ele deixou a banda.

Inspirado por Woody Guthrie, Seeger enfeitou seu banjo com a frase "Essa Máquina Cerca o Ódio e lhe Força a se Entregar". Seeger foi um dos primeiros defensores de Bob Dylan, que estava prestes a se tornar um dos mais famosos músicos de protesto dos últimos 50 anos. Em meio a um período frenético de composições inspiradas na política vieram vários clássicos que ainda ressoam com muito significado hoje em dia.

Algumas de suas músicas de protesto mais conhecidas incluem "The Times They Are A Changin", "Masters Of War", "Blowin' In The Wind" e "Talking World War III Blues" e ele também fez referência às matanças racistas (brancos assassinando negros) em "The Lonesome Death Of Hattie Carroll". Por várias vezes Dylan iria minimizar seu papel como porta-voz de uma geração. Por exemplo quando sua música "The Times They Are A-Changin" foi vista como um comentário satírico sobre a crescente lacuna no tempo e diferenças culturais de grupos nos anos Sessenta, ele negou essas suposições ao dizer "Eu não quis criar 'The Times Are A-Changing' como uma declaração... É um sentimento."

Apesar de Dylan colocar seu coração em suas letras e sentimentos, e também em suas atividades – como participar de comícios do Movimento pelos Direitos Civis – parecia que ele era visto mais como o porta-voz de uma geração e cantor de protesto do que o próprio acreditava. Logo ele iria mudar sua imagem, se arrumando e comprando roupas caras, e evitando a noção de protesto folk. Ainda assim ele é visto como uma das vozes mais importantes dos anos Sessenta até hoje.

A Guerra do Vietnã trouxe muito conteúdo para as visões dos músicos e artistas, assim como a Guerra do Iraque no século 21 inspirou várias ondas de literatura e música de protesto. Houve vários cantores e artistas que ergueram suas vozes contra a invasão do Vietnã. Em alguns casos, talvez tenha sido um pouco artificial por parte de certos artistas, ainda mais aqueles que fizeram apenas uma música sobre o assunto. De qualquer forma a abrangência da opinião foi longe na comunidade musical. Todo mundo desde o The Doors e o Black Sabbath até o Jefferson Airplane e o Buffalo Springfield deixou claras posições em certas músicas.

Dois dos artistas de protesto mais importantes associados com a retórica anti-Vietnã e outras ações de protesto foram Joan Baez e Phil Ochs. Baez, meio-mexicana e meio-britânica, ficou conhecida como uma manifestante em larga escala quando tocou "We Shall Overcome" durante a "Marcha em Washington", de Martin Luther King. Ela foi ligada para sempre com o protesto e as marchas pelos direitos civis e mostrou imensa coragem quando falou abertamente contra a retenção de impostos na fonte para pagar pela guerra. Ela também encorajou a resistência contra o recrutamento (evitando a ora aceita realidade de ser enviado para a guerra sem escolha) e foi até mesmo presa por um mês em 1967 por bloquear a entrada do centro de recrutamento das Forças Armadas em Oakland, Califórnia. Mais tarde naquele ano após sua liberação, ela falou para 30.000 pessoas em um show gratuito chamado de "March 1966 Fifth Avenue Peace Parade" no Washington Monument. Ao lado do cantor de protesto Phil Ochs, Baez comemorou o fim da Guerra do Vietnã em Maio de 1975, com uma celebração imensa embaixo de um guarda-chuvas que trazia o lema de Ochs, "The War Is Over".

Ochs é um dos mais conhecidos manifestantes brancos de sua geração e estava diante do olho público, enchendo o saco das instituições até o dia de sua morte prematura, aos 36 anos de idade em abril de 1976. Essencialmente um cantor de folk, Ochs havia sido influenciado por nomes como Woody Guthrie e Pete Seeger mas conseguiu criar muitas obras por conta própria. Entre suas composições mais conhecidas estavam canções como "Draft Dodger Rag", "Love Me I'm A Liberal", "Ringing Of Revolution", e "I Ain't Marching Anymore", cuja letra representava perfeitamente a era contrária às guerras.

Ochs era figura presente nos comícios dos protestantes e marchas pelos direitos civis, e organizou diversos eventos durante sua curta carreira. Apesar de ser sem dúvidas um cantor de protesto, ele se via como um "um cantor de tópicos" mas era franco com relação a natureza e alvo de uma música de protesto, dizendo sem rodeios que "uma música de protesto é uma música que é tão específica que você não pode confundi-la com qualquer merda."

Os comícios pela paz nos anos 60 abriram caminho para a cena boba do glam rock, que apesar de divertida, estava a milhões de quilômetros de distância da cena de protesto. O nascimento do punk rock trouxe uma nova definição ao protesto, apesar de ser menos política e mais uma declaração contra as instituições como um todo. Apenas certos artistas falaram sobre injustiças ou causas em particular, tendo como principal marco o The Clash. Precursora de bandas com seu som ligado à ética como o Fugazi, o Clash cobrava preços razoáveis em seus shows e álbuns. Enquanto muito do punk vinha da raiva e reação dos princípios básicos do anarquismo, nomes como o The Clash conseguiram falar com uma abordagem mais pensada e internacional. De maneira muito importante, eles se tornariam uma grande influência para Tom Morello.

O Clash foi a primeira banda de brancos a apoiar tanto as causas da nação negra quanto a necessidade da juventude branca e se erguer para tal forma de ativismo. Com letras relevantes para a época, eles foram uma inspiração para a juventude deixada de lado e trouxeram uma alternativa nobre à cultura skinhead que permeava várias áreas da Inglaterra naqueles tempos.

O Clash transbordava declarações da vida descontente de dentro da cidade bem como protestos externos para o mundo e a sociedade em geral. Várias de suas músicas faziam comentários sobre injustiça social, seja "White Riot", "Atom Tan", "Washington Bullets", "Guns Of Brixton" ou "London's Burning".

A banda também apoiava fortemente a Liga Anti-Nazi, e em um de seus shows mais famosos eles foram a atração principal do evento Rock Against Racism, de 1978, onde tocaram para 80.000 pessoas no Victoria Park em Londres. Em 1980 eles iriam lançar o disco *Sandinista!*, que ganhou seu nome em referência ao movimento Sandinista, que eles apoiavam, além de outros movimentos Marxistas. A Frente Sandinista de Libertação Nacional era uma organização da Nicarágua formada originalmente por estudantes em 1961 que se rebelariam contra a ditadura de direita de Anastasio Somoza, apoiada pelos Estados Unidos. Eles derrubaram Somoza e mandaram na Nicarágua por 11 anos. O Clash queria muito se manter como "uma banda do povo" mesmo à medida que sua carreira crescia e a base de fãs se multiplicava. Eles sempre tentavam manter uma relação amistosa e respeitosa com seus seguidores, recebendo fãs no backstage após os shows.

Uma proposta mais extrema a surgir na época do Clash estava na figura dos punks tiradores de sarro do Dead Kennedys, um quarteto americano que se formou em 1979. Sua postura era fortemente anarquista, embrulhada pelo humor altamente inteligente e sarcástico das letras de Jello Biafra. Ele nasceu como Eric Boucher mas desenvolveu o nome de Jello, como uma referência a uma marca americana de gelatinas chamada Jell-O, combinada com Biafra, um estado Nigeriano onde os habitantes sofriam de fome em massa – a ironia de um produto manufaturado e o horror da escassez de comida. As letras de Biafra eram sempre espertas e na maioria das vezes sarcásticas, assumindo o papel dos agressores que ele queria expor em músicas como "Police Truck" e "Kill The Poor".

A banda se posicionava completamente contrária ao mundo da música, ou pelo menos Jello Biafra o fazia (ele iria entrar em uma disputa com seus antigos colegas de banda sobre royalties e sua insistência sobre como a banda não deveria se curvar às corporações ou reuniões movidas por dinheiro).

No Bay Area Music Awards de 1980, o Dead Kennedys foi convidado a tocar pelo fato dos organizadores estarem procurando algum tipo de credibilidade em meio à cena "new wave", mesmo que o DK fosse uma banda punk. Eles haviam sido originalmente escalados para tocar seu "hit" "California Über Alles", mas optaram por causar furor quando, depois de 15 segundos da música Jello Biafra gritou, "Espera aí! Temos que provar que somos adultos agora. Não somos uma banda de punk rock, somos uma banda de new wave."

Com uma atitude que depois seria comparada com um posicionamento feito em cima do palco pelo Rage Against The Machine quando eles protestaram contra o Parents Music Resource Center, de direita, o Dead Kennedys apareceu todo vestido com camisetas brancas e cifrões negros de dólar impressos nelas. Eles pararam de tocar "California..." e ao invés disso mandaram ver em "Pull My Strings", um ataque à imoral indústria da música mainstream. Depois disso, em uma manobra que iria "puxar as cordinhas" da PMRC, o Dead Kennedys lançou o disco *Frankenchrist* com uma assim chamada arte obscena dentro do encarte.

A capa batia de frente com os Illuminati (uma lendária ordem global de 13 famílias cujo poder e riqueza significa que eles podem efetivamente controlar as questões do mundo; diz-se até que o Presidente dos Estados Unidos reporta a eles) já que trazia as estranhas criaturas que habitam os encontros dos obscenamente ricos e poderosos. Mas o problema verdadeiro estava no encarte – uma pintura de H.R. Giger, que trazia vários pênis envolvidos em relações sexuais. A banda foi acusada criminalmente por distribuição de conteúdo nocivo a jovens, e o apartamento de Jello Biafra foi invadido por agentes do governo.

Bandas como o Dead Kennedys – e seu líder Jello Biafra em particular – não eram tanto porta-vozes das músicas de protesto, mas sim tinham a habilidade de fazer protestos naturais somente com sua presença. Tudo que saía da boca de Biafra era desafiador e subversivo para o mainstream. Mas talvez a real causa desse tipo de aflição entre os magnatas da música e as corporações eram as letras que retratavam a máquina da música como a verdadeira enganação vazia que realmente era. Uma das melhores letras de Biafra está no disco *Frankenchrist*, na forma da música "MTV Get Off The Air".

"Meu trabalho é ajudar a destruir o que sobrou de sua imaginação," Biafra diz de maneira sarcástica, "Ao te alimentar com doses infinitas de lixo estúpido coberto com açúcar."

Com sua música incendiária, rápida, barulhenta mas ainda assim pegajosa, e suas letras desafiadoras e educacionais, o Dead Kennedys tem que ser a banda punk de protesto mais completa de todos os tempos.

Como nós vimos, a noção de protesto político através da música não é nova, mas apesar de toda a arte inspiradora e progressiva que surgiu ao longo dos anos, haveria uma banda que levaria esse protesto a novos níveis e o estabeleceria com tal abordagem que qualquer raça, cor ou credo poderia se sentir parte de um comício contra qualquer área dentro do sistema corrupto. Uma banda que mudaria a cara da música e construiria fundações para mudanças em massa que ainda estão acontecendo hoje. Eles foram influenciados pela multiplicidade de músicos negros e brancos que vieram antes deles, mas para a geração dos anos 90 e além, essa seria a representação mais política e rebelde a ser discutida. Emprestando uma frase de Ice-T: eles procuram verdade, justiça e foda-se o *american way [of life]*... Rage Against The Machine.

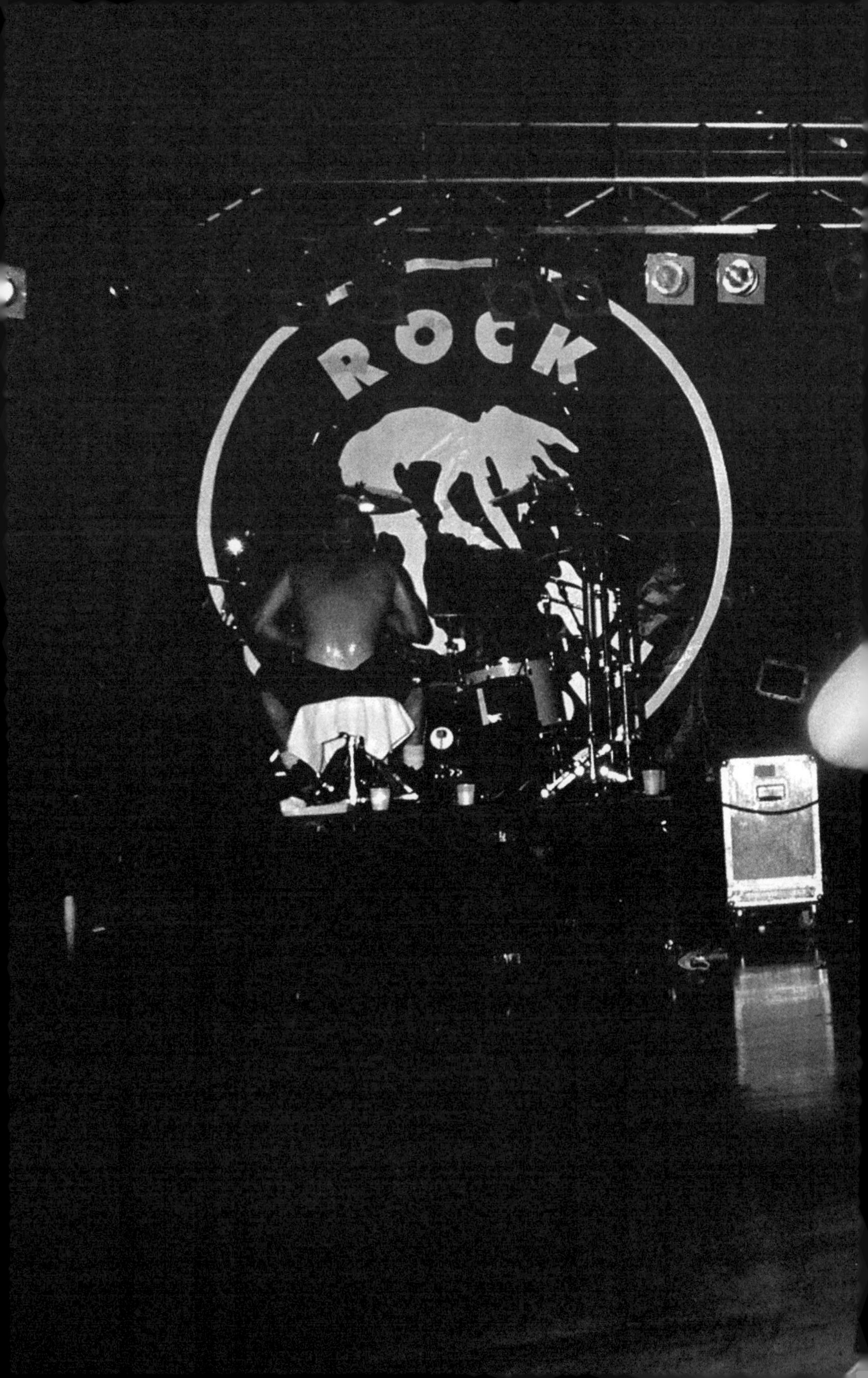
ROCK

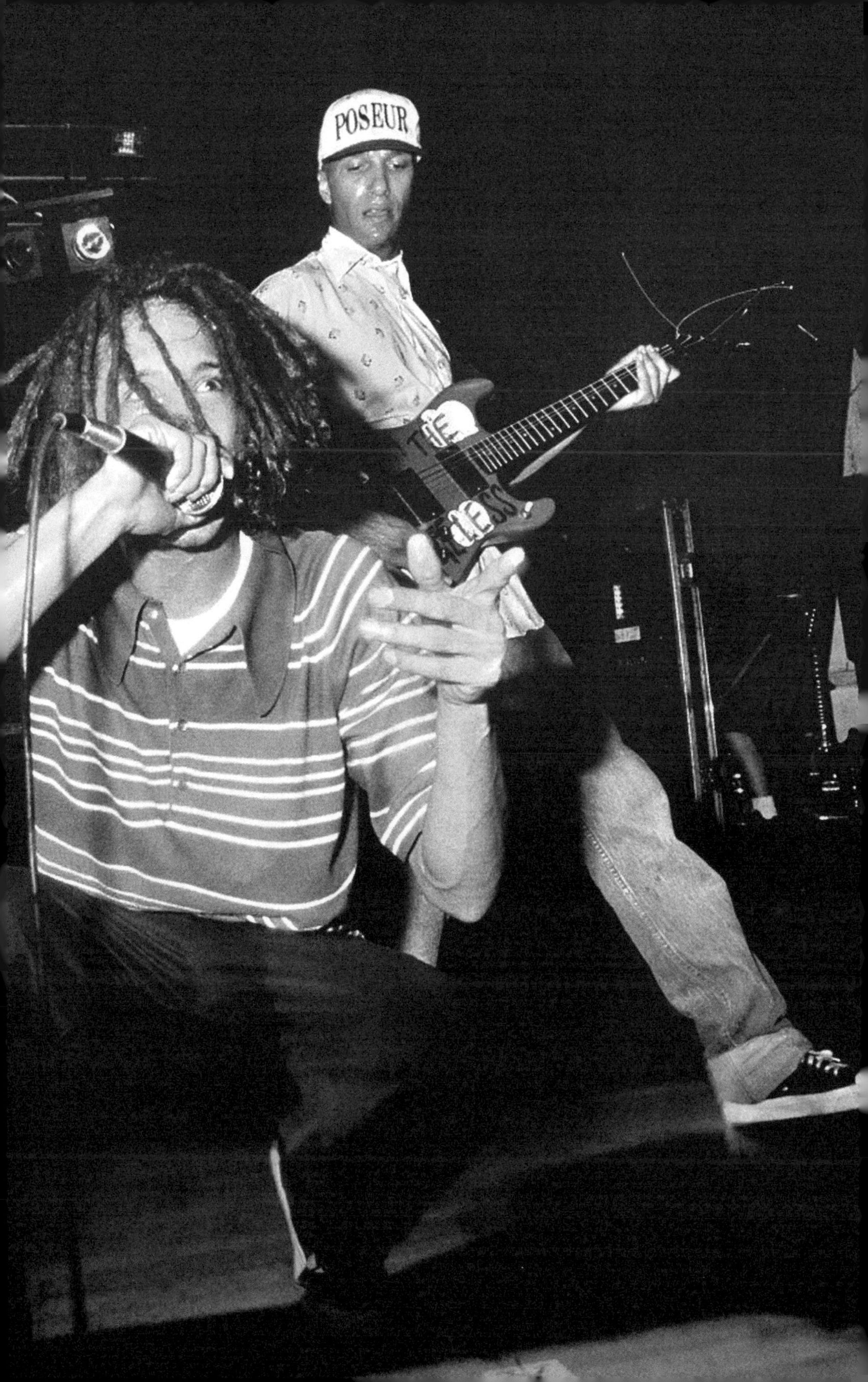
POSEUR

NEGRO DEMAIS, FORTE DEMAIS

A metade dos anos Sessenta foi um período tumultuado para as relações entre diferentes raças na América. Apesar de Martin Luther King e Malcolm X serem figuras públicas, parecia que o ódio racial não teria fim, assolando a nação negra. Em Maio de 1964, dois homens negros, Henry Hezekiah Dee e Charles Eddie Moore, estavam pegando carona em Meadville, Mississipi quando foram capturados por membros da Ku Klux Klan. Eles foram sequestrados e apanharam até a morte. Levou dois meses para que alguém os encontrasse, quando seus corpos já estavam severamente decompostos.

A KKK é um grupo de supremacia branca, fundado na base de que homens brancos Protestantes e Americanos são superiores em relação às pessoas de cor. Sua área de operação mais conhecida, especialmente durante o primeiro século de existência (o grupo começou em 1865), foi a opressão de – utilizando violência – minorias étnicas. Durante sua existência eles foram responsáveis for assassinar várias pessoas sob a desculpa do que é na verdade a limpeza racial, um ideal distorcido em que eles acreditam poder transformar os Estados Unidos em um país formado apenas por brancos.

Em outro lugar, em Junho de 1964, Nelson Mandela, um ativista negro na África do Sul, foi preso e sentenciado a um longo período de encarceramento. Ele iria servir 27 anos de prisão por várias acusações de "terrorismo" relacionadas a seu trabalho com o Congresso Nacional Africano (CNA). Tempos depois ele se tornou Presidente da África do Sul e foi reverenciado como um dos seres humanos mais corajosos e inspiradores do Século 20.

Em 18 de Julho de 1964, houve rebeliões racistas no Harlem, em Nova York. Manifestantes se reuniram para protestar contra o tiroteio fatal que matou um jovem negro de 15 anos, James Powell. Ele foi assassinado por um policial branco. O Congress Of Racial Equality (CORE) aprovou o protesto, que foi inicialmente pacífico. Mas quando a violência começou entre certos manifestantes e foi parar na polícia presente, o protesto se tornou um tumulto, onde violência em massa, saques e caos aconteceram. A desordem continuou por mais duas noites, indo parar até o bairro de Bedford-Stuyvesant, no Brooklyn. Infelizmente, uma pessoa foi morta e mais de cem se machucaram como resultado das confusões. De maneira mais perturbadora, elas precipitaram outra série de tumultos por motivos raciais mais tarde, como os choques em 1965 em Watts, Los Angeles, que levaram às mortes de 34 Afro-Americanos.

Entre essas aberrações na história dos negros, veio o nascimento de um homem que iria se tornar um dos mais importantes artistas negros dos anos 90 e além. Thomas Baptist Morello veio ao mundo em um hospital do Harlem em 30 de Maio de 1964. Seus pais formavam um casal fora do comum. Sua mãe branca, Mary, tinha ascendência Irlandesa e Italiana enquanto seu pai Stephen Ngethe Njoroge foi o primeiro embaixador do Quênia nas Nações Unidas. O tio de Stephen, Jomo Kenyatta, foi o primeiro Presidente eleito do Quênia e ficou no cargo por 18 meses. Kenyatta foi um político imensamente inteligente e, como vários outros de sua geração, estava mais preocupado com a liberdade e direitos/necessidades básicos dos Africanos do que com mandar ou dividir. Ele foi uma fonte confiável de material a ser citado e autor de diversos livros. Uma de suas frases mais famosas diz, "Quando os missionários chegaram, os Africanos tinham a terra e os missionários tinham a Bíblia. Eles ensinaram como rezar com nossos olhos fechados. Quando nós os abrimos, eles tinham a terra e nós tínhamos a Bíblia." Kenyatta viveu até os 86 anos de idade e morreu em sua amada Quênia.

O pai de Morello fez parte do movimento Mau Mau, onde o Quênia tentou se ver livre do Império Britânico (eles tiveram sucesso em Dezembro de 1964), e aqueles que fizeram parte da insurreição se descreviam como Muigwithania ("A Compreensão") ou Muingi ("O Movimento"). Ninguém tem certeza do significado do termo Mau Mau mas provavelmente ele tinha uma conotação negativa espalhada pelos Britânicos. Ngethe Njoroge foi certamente um revolucionário e isso não era de se espantar, dado o passado político e os pontos de vista de sua família.

Também não foi surpreendente que Mary Morello tenha conhecido e eventualmente se casado com o guerreiro pela liberdade Queniano. Ela sempre havia lutado por direitos iguais e era uma moça com muita bagagem quando chegou aos seus 40 anos de idade, ficando no Quênia por três anos onde ela iria conhecer seu futuro marido. Mary nasceu em Marseilles, Illinois, em 1924, então foi estranho quando uma bacharel em História da África que percorria o mundo e um revolucionário Queniano decidiram se mudar para o Harlem, em Nova York. Sua base no local então cercado de criminosos e atingido por pobreza não iria durar muito tempo. Infelizmente, Tom só tinha um ano de idade quando seus pais se divorciaram. Mary decidiu ir para seu estado natal com seu jovem filho e se firmou em uma cidade que não tinha o costume de ver pessoas que não tivessem a pele branca.

Libertyville é um subúrbio ao Norte de Chicago, a oito quilômetros do Lago Michigan. Mary Morello havia sido forçada a se mudar para lá porque seu trabalho como professora normalmente lhe trazia dificuldades. Anteriormente, ela chegou a enfrentar o dilema de encontrar trabalho em uma comunidade mas não poder viver lá por causa de seu filho negro, ou viver em paz em um lugar onde não havia emprego. A aceitação incomum por parte dessa cidade pra lá de pequena era então um alento para a trabalhadora Mary. Ela iria ensinar História dos Estados Unidos e estudos sociais na Libertyville High School.

Mesmo assim a aceitação ainda era relativa, como Tom Morello iria depois confirmar, "O corretor de imóveis tinha que bater de porta em porta no condomínio onde alugamos um apartamento para ver se as pessoas não tinham problema com aquilo. Um motivo pelo qual tivemos sucesso, eu acho, é porque eu sou do Quênia. Eles podiam usar isso. A molecada vinha pra mim na quarta série e dizia, 'Eu queria te perguntar isso, e eu não sei como dizer, mas você é o Príncipe da África?' Sério. Esse boato me perseguiu durante toda a faculdade. Eu tinha 19 anos de idade, eu estava em um encontro, e alguém me disse, 'Eu não sei como dizer isso mas você realmente é o Príncipe da África?' Eu acho que isso começou com o corretor que estava tentando fazer com que os moradores locais aceitassem a minha família."

Tom Morello iria depois reivindicar o fato de ser a primeira pessoa de "pele marrom" a morar na cidade; ele certamente foi um dos primeiros, e mesmo em 1960 havia apenas um total de 7 residentes que não eram brancos, fazendo com que a cidade fosse 99,9% branca.

O censo de Libertyville em 2000 mostrou um aumento cosmopolita na cidade, que agora é apenas 92% branca. Certamente não é incomum para uma localidade branca Americana estar sobre uma terra que foi tomada de Índios Americanos, mas é interessante notar que até Agosto de 1829, a terra de Libertyville pertencia aos índios Potawatomi do Rio Illinois. Eles foram forçados a vender suas terras, pelas quais receberam 12 mil dólares em dinheiro e 12 mil dólares em mercadorias mais uma entrega anual de 50 barris de sal. Na metade dos anos 1830, o governo dos Estados Unidos havia disseminado os nativos. (Mas talvez o fato histórico mais notável para as pessoas é o de que Marlon Brando vivia em Libertyville.)

"A política já acontece no playground logo no primeiro dia," Morello disse sobre o fato de estudar em uma escola de brancos. "As pessoas começam a te chamar de nomes. E sua mãe explica o que é aquilo e ou ela te dá o discurso do Malcolm X ou o de Martin Luther King, dependendo do dia e do tamanho do oponente."

Tom Morello iria dizer mais tarde à revista *Alternative Press*, "Quando você é negro na América, você está envolvido em política, querendo ou não. Você não tem escolha. Quando eu tinha seis anos de idade, eu ficava em uma creche enquanto minha mãe estava dando aula. A filha da dona do lugar sempre me chamava de nomes, usando a 'palavra com N' pra lá e pra cá. Eu não sabia o que significava mas eu sabia que era ruim e que tinha a ver com o fato de ser diferente dela." Morello estava de saco cheio e eventualmente contou a sua mãe sobre o bullying que sofria, em meio a lágrimas. Ele recebeu sua primeira lição sobre a História dos negros e, atento ao trabalho de Malcolm X e outros revolucionários negros, ele agora sabia exatamente o que usar como resposta.

"A menina começou a me chamar de nomes novamente no outro dia," ele continuou, "mas dessa vez, eu disparei um 'Cale a boca, Branquela!' e a acertei com meu pequeno punho! Criou uma comoção grande o suficiente para que a mulher da creche viesse e 'lavasse a boca' da sua filha. Não é como se eu me sentisse na razão ou algo do tipo. Eu só meio que pensei, 'Hey, isso funcionou!'"

Mary Morello estava acostumada a problemas raciais. Ela havia participado do Movimento pelos Direitos Civis nos anos Sessenta, quando as tensões raciais atingiram seu pico. O movimento foi popularizado por nomes como Malcolm X (cujo nome verdadeiro é Malcolm Little) e Martin Luther King. Antes, em 1955, Rosa Parks também ganhou notoriedade e um lugar definitivo como ativista pelos direitos civis depois que se recusou a dar o seu lugar no ônibus a uma pessoa branca, como era a norma.

A moral desse episódio em particular diz respeito à aceitação passiva do que é chamado de normalidade. Muitos negros entenderam que era a lei dar seu lugar em um ônibus para uma pessoa branca. Eles estavam errados. Era simplesmente algo tão doutrinado na sociedade que era aceito sem questionamentos sob um falso pretexto. Somente quando alguém se posicionou e se recusou a seguir a norma foi que o sistema passou por uma análise mais detalhada. De repente todos perceberam que não havia uma única lei que fizesse com que esse comportamento ridículo fosse seguido e tudo caiu por terra.

Ainda assim outro padrão ainda existe e está colado na psique das pessoas brancas. No filme *Malcolm X*, o personagem Baines de Albert Hall dá uma lição a Malcolm quanto ao poder político. Ele o dirige ao dicionário e aponta as diferenças nas definições das palavras "branco" e "negro".

Apesar de ser uma cena de ficção, os paralelos com a realidade são marcantes e mostram quão profundamente enraizados os significados de o que é certo e errado estão e se misturam infelizmente com as definições de cores. Apesar de por sua natureza e relevância as cores precisarem ter diferentes descrições e conotações, é interessante perceber a seguinte disparidade. Negro: "*Caracterizado pela ausência de luz; envolto em escuridão. Sombrio; pessimista; Triste. Rabugento ou hostil; ameaçador. Sem qualquer qualidade moral ou bondade; mal; perverso.*"

Enquanto a definição de branco é: "*Ser da cor acromática de máxima luminosidade; com pouca ou nenhuma tonalidade como resultado de refletir quase todas as luzes incidentes; 'branco como neve'; Moralmente puro; inocente. Sem malícia; inofensivo.*"

Mary Morello também esteve envolvida com a Associação Nacional Para o Progresso de Pessoas de Cor (em Inglês abreviada NAACP) e próxima de casa com a Chicago Urban League. Essa liga era um coletivo de membros interraciais que apoiavam Afro-Americanos que vinham até Chicago a partir do Sul. Essencialmente ela é dedicada a ajudar com organização financeira, emprego, educação e empreendedorismo. Ocasionalmente Mary Morello encontraria itens da Ku Klux Klan em sua sala na escola em Libertyville e, uma vez, havia uma forca pendurada em sua garagem.

Talvez de forma não surpreendente, os Panteras Negras eram muito discutidos no lar de Morello e à medida que o jovem Tom crescia, experimentando seus próprios problemas com racismo e vendo as batalhas pessoais de sua mãe, ele flutuava entre os ensinamentos e textos de Huey P. Newton e Bobby Seale, fundadores do partido radical nos anos Sessenta.

As origens do partido remetem à autodefesa e autopreservação. À medida que muitos Afro-Americanos sofriam ameaças do governo ou de racistas brancos dentro dos Estados Unidos, Newton sentiu que precisava estabelecer um partido que poderia unir e se erguer em uma forma de auto-proteção. A pantera negra foi escolhida simplesmente como um símbolo de força e havia sido usada anteriormente pela Organização pela Liberdade do Condado de Lowndes (Alabama), um grupo que brigava por direito ao voto.

Inicialmente o partido pregava auto-defesa sem violência, esperando que conseguisse organizar e educar homens negros em um comitê de sabedoria e solidariedade. O novo partido tinha um programa de dez pontos que estabeleceu as necessidades básicas e desejos dos negros da América. Além disso, também destacava que a opressão aos negros tinha que acabar imediatamente e que seus membros iriam fazer qualquer coisa para conseguir esse objetivo. Talvez de forma previsível, essa conversa revolucionária bateu de frente com a resistência do governo Americano que, com medo de uma revolta negra em massa, foram rápidos em declarar o grupo como algo ilegal. Os Panteras também eram uma ameaça à força policial. Quando surgiram, o número de policiais negros ao redor do país era mínimo; eles chegaram a enfrentar uma escala de 10 para 1. Havia eventualmente conflitos entre membros dos Panteras Negras e a polícia, e durante o curso dos anos seguintes, 34 Panteras morreram em decorrência de rondas policiais e tiroteios. O FBI resolveu entrar no meio disso tudo para acabar com os Panteras e outros grupos organizados de "minorias". Em certo ponto, o fundador e chefe do FBI, J. Edgar Hoover, disse que os PN eram "a maior ameaça para a segurança interna dos Estados Unidos."

Em uma das tragédias mais conhecidas envolvendo o partido, os membros Fred Hampton e Mark Clark foram assassinados enquanto dormiam em uma batida feita por 14 policiais. Outros foram feridos durante a invasão. Clark foi assassinado com um tiro no peito enquanto dormia em uma cadeira. No Tribunal de Apelação dos Estados Unidos, em 4 de Janeiro de 1978, um juiz federal concluiu que a polícia havia disparado entre 82 e 99 tiros enquanto a maioria dos que estavam lá dormiam. Apenas um tiro ficou comprovado como vindo de uma arma dos Panteras Negras e essa arma era de Clark, que recuou enquanto era alvejado.

Vários incidentes parecidos aconteceram entre os Panteras Negras e a polícia e eventualmente o partido iria se dissolver em decorrência de custos legais altos e disputas internas. Alguns membros ainda estão na prisão até hoje devido a incidentes que aconteceram em decorrência de suas participações no partido, sendo que o maior deles é Mumia Abu Jamal, que foi sentenciado à pena de morte pelo assassinato de um policial em 1981. Falaremos mais de Jamal depois...

Apesar do partido se tornar conhecido mais pelos seus confrontos violentos do que pela política e seu desejo por mudança positiva (um resultado da histórica máquina americana de propaganda), suas visões eram claramente entendidas por muitos jovens negros que cresceram nos anos Sessenta e Setenta. Como Tom Morello iria explicar depois, "Uma coisa que me chamou a atenção sobre os Panteras é que ela não era apenas uma organização Nacionalista Africana. Ela tinha a ver com os problemas da injustiça econômica e o lance de 'dividir e mandar'. Como, se você mantém negros pobres, brancos, chicanos, coreanos ou seja lá quem for, um na garganta do outro, eles não vão perceber de quem é a bota que pisa no pescoço coletivo. Foram Newton e Seale que abriram meus olhos quanto a isso."

Claramente o impacto de sua mãe deu combustível ao fogo de Morello, e Mary se tornaria uma influência constante e fonte de informação à medida que seu filho crescia. Como o futuro colega de banda Brian Grillo (vocalista do Extra e Lock Up com Morello) iria comprovar. "Ela é a mãe mais legal que qualquer um poderia ter. Quando estávamos na estrada, ela mandava cópias da revista *The Nation* ao invés de cuecas limpas."

Quando adolescente, Tom Morello era mais influenciado por discos do The Clash do que pelo noticiário, entendendo logo jovem que a maior parte da mídia era oprimida, manipulada e nada além de uma enorme máquina de propaganda do governo. Existiam poucas – ou nenhuma – mídia alternativa em Libertyville então foi através de sua mãe e do punk político inglês que Morello desenvolveu um senso de justiça social e compreensão. "Eu achava que o disco *Sandinista!* tinha mais retratos precisos da política dos Estados Unidos na América Central do que Tom Brokaw relatava no noticiário," ele revelaria. "E aquilo disparou minha imaginação também."

Enquanto isso, a vários quilômetros de distância, em Long Beach, Califórnia, vários anos após a chegada de Tom Morello, Zacarías Manuel De La Rocha nasceu em 12 de Janeiro de 1970. Assim como Morello, Zack tinha apenas um ano de idade quando seus pais se separaram. Seu tempo era dividido entre sua mãe em Irvine, Orange County e seu pai na região de Lincoln Heights em Los Angeles. Roberto 'Beto' De La Rocha era um chicano, um americano com origens mexicanas. Há também afirmações conflitantes de que Beto era um Judeu Hassídico, de uma família espanhola de judeus. O que não se pode negar é que ele era membro do Los Four, um grupo de artistas que foi responsável por expor a arte chicana ao povo americano de Los Angeles e além.

"Eles eram artistas que perceberam que a arte como um meio é também muito política por natureza," seu filho Zack disse à *Raygun*. "Ele fazia uma série de pinturas para a United Farm Workers mostrando coisas como a história Mexicana, deixando a mesma visível para o público. Ele e os outros membros, Carlos Almaraz, Frank Romero e Gilbert Lujan, todos tentaram documentar aquilo e fazer com que fosse acessível à comunidade."

Em uma de suas várias entrevistas, Almaraz, (que infelizmente já nos deixou) afirmou que Beto disse que "Sua família era originalmente da Espanha. E você meio que acreditava, que ele era um tipo de pessoa muito diferente, muito delicada e muito brilhante, sensível e um artista maravilhoso." Almaraz também adicionou, "Ele havia viajado pelo mundo. Ele fez uma longa viagem com sua esposa e família pelo mundo todo, e tinha uma visão bastante sofisticada da vida, e era alguém introvertido, individualista."

O pai de Zack com certeza era um indivíduo sensível e atencioso; talvez tão envolto em talentos criativos que sofria uma espécie de tormento mental, como vários artistas antes dele. Quando Zack tinha onze anos de idade, Beto entrou em colapso. Ele destruiu boa parte de suas artes e passou por um jejum de quarenta dias que lhe deixou várias cicatrizes físicas e mentais. Por fim, Beto De La Rocha iria se recuperar razoavelmente ainda que tivesse muitos comportamentos inexplicáveis nos primeiros anos do crescimento de seu filho. De acordo com a *Alternative Press*, Zack até desenvolveu um leve problema com as drogas como um resultado direto da doença mental de seu pai.

O jovem De La Rocha revelou mais detalhes sobre a situação com seu pai. "Eu passava três finais de semana por mês na casa do meu pai, comia na Sexta-feira à noite e não comia novamente até a Segunda-feira de manhã quando eu voltava para a casa da minha mãe. Eu era tão novo naquela época que eu não perguntava muito a respeito. Eu amo meu pai, e não entendia o que estava acontecendo. Eu acho que nem ele tinha certeza do que ocorria." Os dois normalmente ficavam limitados ao apartamento de Beto com a porta trancada e as cortinas fechadas. Sem comida e sem diversão, Zack se encontrava em uma posição muito esquisita e nada invejável para alguém tão jovem. Parece que, de acordo com alguns relatos, ele tinha tanta presença de espírito que fez com que as visitas a seu pai não mais acontecessem. Dessa forma ele estava permanentemente com sua mãe na rica Irvine, um distrito predominantemente branco onde mais de 60% dos residentes são dessa cor, e a maioria dos 40% restantes é Asiática. No censo de 2000, ainda há apenas 1.45% de residentes negros na cidade.

"Vivendo em Irvine, eu era basicamente a exceção à regra," Zack iria lembrar à *Raygun*. "A regra para os chicanos era que você estava lá porque tinha uma vassoura ou um rodo em suas mãos, ou enchia cestas de frutas. Para eu e minha mãe, que era uma estudante com Ph.D. em Antropologia, havia diversas contradições que eu tive que enfrentar. Essas coisas iniciaram um processo para mim, que foi intensamente introspectivo e me fez questionar tudo ao meu redor. Eu me sinto como em algum lugar entre esses dois mundos. Há essa dualidade, porque eu me pego constantemente tendo que alternar entre essas duas experiências culturais."

Havia muitos preconceitos com os quais o jovem De La Rocha tinha que lidar e uma experiência em particular se destacou durante seus anos de ensino médio. Durante uma palestra, uma ironia equivocada de um professor alertou Zack quanto ao preconceito racial intrínseco que algumas pessoas expõem sem nem mesmo perceber. De La Rocha iria explicar à revista *Rolling Stone*, "Ele estava descrevendo uma das áreas entre San Diego e Oceanside, e como uma referência a essa área em particular da costa, ele disse, 'Você sabe, essa estação de 'wetbacks' (costas molhadas) aqui.'" Esse termo é um xingamento étnico, utilizado para falar sobre imigrantes mexicanos que entram ilegalmente nos Estados Unidos. Ele supõe que os imigrantes ilegais nadavam através do Rio Grande na fronteira entre o Texas e o México, à medida que entravam nos Estados Unidos, molhando suas costas durante o processo.

"E todo mundo riu," Zack continuou. "Eles acharam que foi a coisa mais engraçada que já tinham ouvido. Eu me lembro de sentar lá e quase explodir. Eu percebi que eu não era uma daquelas pessoas, eles não eram meus amigos. E eu me lembro de deixar isso para mim mesmo, de ficar em silêncio. Eu me lembro de como tinha medo de dizer alguma coisa."

Daquele ponto em diante, De La Rocha fez um pacto com ele mesmo de não aceitar isso para o resto de sua vida como muitos de sua origem étnica normalmente faziam. Zack manteve sua dignidade na escola e se manteve em silêncio. A experiência com seu pai também havia aterrado suas emoções e ele era uma figura solitária. "Eu me preocupo mais com o que aquela experiência fez comigo, como afetou meu modo de pensar," ele disse depois, se referindo aos problemas com seu pai. "Eu acho que me afetou em boas maneiras também, porque eu sinto que nesse ponto, o que mais poderia acontecer comigo que me machucaria ainda mais?"

Beto mesmo comentou (no site www.aaa.si.edu) sobre o incomum crescimento de Zack em suas mãos: "Eu não me arrependo. É uma experiência de aprendizado." Ele reconhece que fazer seu filho praticar o jejum porque ele também estava fazendo era errado. "Ele era muito jovem para isso," ele admite. Ainda assim foi algo que pareceu surpreender o pai De La Rocha quando seu filho estava ciente da experiência. "Eu só ouvi falar que ele se lembrou disso através de outras fontes," diz Beto. "Nós nunca conversamos a respeito. Ele vai aparecer quando estiver mais velho, como eu fiz."

De forma direta ou indireta, a posição política de Beto De La Rocha e suas atividades tiveram um efeito positivo em Zack e ele estava determinado a assimilar suas próprias visões com um objetivo de mudança fundamental. As sementes estavam crescendo mesmo que em um jovem adolescente, que tinha orgulho de suas raízes e modo de vida chicano. Zack depois falou sobre as crenças de seu pai e explicou sua primeira inspiração. "Suas tentativas de construir pontes entre os artistas de Los Angeles, os trabalhadores, e chicanos contra a Guerra do Vietnã, me conduziram, politicamente, em direção aos movimentos de Liberação Nacional," ele disse à *Nuevo Amanecer Press*. De La Rocha também dá crédito ao seu avô, que veio do estado mexicano de Sinaloa, com alguma influência política, dizendo que ele era um guerreiro revolucionário. Ele migrou para a América onde trabalhou na agricultura, em Silicon Valley, Califórnia.

"Seus dias de trabalho duravam de quinze a dezesseis horas por dia, suando e sendo obrigado a ficar em meio à pobreza," Zack explicaria, "Eu vejo sua experiência refletida nos testemunhos dos Zapatistas, os camponeses rebeldes indígenas que trabalham todo o dia para sobreviver." De La Rocha iria começar uma cruzada a favor dos Zapatistas, e explicaremos muito a respeito disso mais à frente neste livro.

Beto De La Rocha talvez também tenha passado sua herança mexicana para seu filho através de suas tantas atividades. Ele leva crédito por ter editado a publicação *El Malcriado*, do United Farm Workers. O UFW é um sindicato criado em 1962 e que está na ativa até os dias de hoje. Beto também ajudou a reintroduzir uma celebração mexicana conhecida como "Dia Dos Mortos". Esse evento cultural tradicional celebra as vidas de descendentes de mexicanos vivendo nos Estados Unidos e Canadá, após suas mortes. Esse feriado foi resgatado através da América e nos dias de hoje vai muito além, com celebrações acontecendo até mesmo na República Tcheca e Nova Zelândia.

Tom Morello e Zack De La Rocha nasceram em duas comunidades diferentes. Seus crescimentos foram diferentes em várias formas, apesar de ser fácil perceber alguns pontos bastante similares também. Ambos eram de etnias misturadas em uma era onde a correção política ajudava a mudar percepções. Seus pais tinham veias artísticas, criativas, inteligentes e todos lutaram por direitos humanos, especificamente os direitos de seus próprios povos.

Apesar do Quênia e do México estarem culturalmente e geograficamente distantes, as semelhanças nas brigas de seu povo indígena eram aparentes. Da mesma forma, a briga por emancipação de todos os residentes de raças misturadas na América, nos anos Sessenta e Setenta especialmente, é uma frente de união onde De La Rocha e Morello tinham muito em comum. A opressão traz o mesmo tipo de negatividade em qualquer língua ou cultura e as raças não brancas haviam lutado por muito tempo contra ditaduras, apesar de viver em uma terra de pessoas livres.

Seus crescimentos superficialmente opostos acabam se sobrepondo apesar de serem de períodos e lugares diferentes. Foi, você pode dizer, o destino que fez com que os dois se conhecessem eventualmente. Uma pista sobre o futuro de Zack De La Rocha estava com um amigo que ele fez na escola em Irvine, um cara mais velho que era um dos estudantes mais descolados e mente aberta do colégio. Diz a lenda que Tim Commerford veio até Zack um dia na cantina da escola e lhe ensinou a roubar comida de lá! A escola em questão, "University California Irvine Farm School" era um grupo de prédios que tinham abrigado abatedouros de fazendeiros.

Tim Robert Commeford era o mais novo de cinco filhos e nasceu em Irvine em 26 de Fevereiro de 1968. Ele era uma criança solitária e isolada e sua família foi devastada por tragédias enquanto ele ainda estava no ensino médio. Sua mãe, uma matemática e professora, teve câncer no cérebro quando Tim tinha apenas sete anos de idade e quando ele chegou à terceira série um ano depois, ela não conseguia entender ou lhe ajudar com suas tarefas de casa. Seu marido, um engenheiro aeronáutico, lutou com a doença dela e eventualmente os dois se separaram, antes dele casar novamente. Então a mãe de Tim, com câncer, teve que se mudar para a casa de sua irmã em Sacramento, Califórnia, enquanto passava por um tratamento de saúde intenso. Enquanto isso, Tim ficou em Irvine com seu pai, mas a relação dos dois era pobre. "Meu trabalho é lidar com minhas inseguranças," Tim iria revelar. "Eu me preocupo em me sentir bem comigo mesmo. Antes do RATM, havia um ponto em que eu não achava que era bom pra música. Eu quase abandonei tudo para me tornar um carpinteiro."

Pelo menos ele tinha De La Rocha, que iria se tornar uma influência muito forte em sua vida. Foi ele que apresentou o baixo a Tim e inspirou o jovem a tocar permanentemente, enquanto ainda achava uma saída emocional na poesia, algo com que continuou desde então.

Havia um laço de longa permanência entre os dois, e mais tarde durante sua carreira o baixista iria falar de seu amigo com afeição, lembrando-se de quando os dois cresceram juntos. "Quando eu o conheci em sua casa ele tinha um violão e me ensinou a tocar o disco inteiro do Sex Pistols. Ele estava dançando break na escola quando ninguém sabia o que era hip hop. Esse moleque tinha as manhas desde o primeiro dia."

De forma trágica a mãe de Tim morreria em decorrência do câncer no cérebro em 1988. Mais tarde Tim iria desenvolver um interesse por tatuagens e a sua primeira foi uma faixa negra ao redor de seu braço esquerdo para se lembrar de sua mãe.

NAS SOMBRAS

Apesar dos protestos da América negra e a valentia política constante de sua família, Tom Morello foi destinado a uma vida dupla assim que entrou na puberdade. De um lado estava a luta entre as várias raças no país e a guerra do Vietnã sobre a qual muitos protestavam e reprendiam; no outro lado estava o KISS.

A maioria das crianças dos anos Setenta tem memórias alegres de crescer junto com os quatro Cavaleiros do Apocalipse cuspidores de fogo e sangrentos conhecidos como o KISS. A cadeia de merchandising de Gene Simmons e companhia tinha desde lancheiras até embalagens de chiclete. O KISS era uma banda para crianças. Eles representavam estrelas do rock mas também eram personagens de histórias em quadrinho, ídolos fantasiosos. Quando Morello estava crescendo, o KISS nunca apareceu sem maquiagem e então carregavam um nível místico único entre os grupos de rock. Essa era apenas uma das razões porque eles eram a maior banda no mundo.

"Eu amava o KISS," Morello viria dizer a *Raygun*. "Eu amava rock de estacionamento do 7-11 do Meio Oeste. Era praticamente só nisso que eu me ligava quando tinha 13 anos de idade. Aquilo vinha de um lugar muito diferente, mas o que eu sempre me via querendo naquelas músicas, mesmo quando jovem, era conteúdo lírico. Era tipo, 'Bem, são vários riffs ótimos e eu estou sendo movido por eles, mas fala sobre dragões e magos!'"

Diferente de gerações futuras, o rock do KISS era "permitido" ao público e às grandes rádios dos Estados Unidos. Essa foi a forma como a maioria da molecada ouviu falar da banda pela primeira vez. O KISS tinha grandes compositores e com fartura de rocks pegajosos eles conseguiam se dar bem com qualquer álbum, seja os bons tempos de 1974 com sons como "Strutter" e "Deuce" ou o material do *Destroyer*, que trouxe uma quantidade enorme de fantasy rock com heavy metal. Havia o "tema oficial" do KISS "Shout It Out Loud" e a sacana "God Of Thunder", mas o *Destroyer* é conhecido pelo seu maior hit, "Detroit Rock City", com um riff inesquecível.

Foi essa música que fez com que Tom Morello se dirigisse até uma guitarra pela primeira vez. Ele foi até ao primeiro professor que conseguiu encontrar e lhe ofereceu cinco dólares para aprender o riff poderoso de "Detroit Rock City" ou "Black Dog" do Led Zeppelin. Ele ficou perplexo ao saber que a guitarra precisava primeiro ser afinada! Em conversa com a *Guitar World*, Morello iria se lembrar, "Eu achava aquilo uma perda de tempo enorme, já que havia tantas músicas boas pra se aprender! Mas eu afinei a guitarra, aí quando eu voltei na outra semana, ele disse, 'Agora temos que aprender como tocar uma escala de Dó Maior.' Foi isso, nada mais de aulas de guitarra para mim! Eu não toquei durante quatro anos."

Tudo poderia ter se resumido a isso. Como qualquer um que já aprendeu a tocar guitarra sabe, as dificuldades iniciais de se acostumar com as cordas e trastes podem ser desanimadoras, e se você precisa de determinação para tocar apenas um acorde, imagine então um riff. As escalas podem também alienar pessoas criativas; é o equivalente a aprender álgebra na escola ao invés de educação sexual. Alguns caras, os inovadores, querem sair por aí e tocar porque eles possuem a aptidão natural e estão doidos para se expressarem. Esse era o caso de Tom Morello. Seria necessário um novo tipo de som para educá-lo sobre a possibilidade de que escalas e até mesmo afinação não eram sempre necessárias.

Enquanto isso, no Reino Unido, o país tinha sido tomado por um contingente de punks agressivos e cheios de energia. Eles eram liderados pela anarquia desordeira dos Sex Pistols, cujo *Nevermind The Bollocks... Here's The Sex Pistols* era sem dúvida o maior álbum de punk de todos os tempos e tinha pérolas revolucionárias como "God Save The Queen", "Anarchy In The UK" e "Pretty Vacant". Era diferente de praticamente qualquer coisa que já havia aparecido – ou que viria aparecer. O ponto focal era o vocalista Johnny Rotten ("Rotten" é "Podre" em Inglês), chamado assim devido à situação precária de seus dentes. Ele tinha olhos amplos (resultado de uma crise de meningite quase mortal quando era criança) e um jeito de cantar que não podia ser ignorado. O clichê se provava verdadeiro: ou você amava ou odiava a banda. A maioria os odiava, especialmente nas áreas conservadoras de seu país de origem, e logo essa aversão iria se espalhar para outros países à medida que os Pistols construíam uma base de jovens anarquistas com pensamentos parecidos. Fosse apenas para deixar os pais loucos ou se engajar de verdade em questões das políticas da banda, esse era o perfeito grupo contrário ao sistema e o melhor de tudo, qualquer um podia tocar as músicas deles.

"Eu comprei o disco dos Sex Pistols, e como tantos outros suburbanos cheios de raiva e alienados, eu disse, 'Eu posso fazer isso também'," Morello iria explicar ao *The Progressive*. "Antes disso, eu era um grande fã de heavy metal, que envolvia extravagância. Você precisava ter amplificadores Marshall gigantes e guitarras Gibson Les Paul caríssimas. Você tinha que saber como tocar 'Stairway To Heaven' e ter um castelo em um lago na Escócia, limousines, groupies, e coisas assim. Tudo que eu tinha era um porão em Illinois. Nada disso iria aparecer para mim."

Havia outra trupe musical que iria formar o núcleo do futuro do jovem Tom e lhe mostrou que não era necessário ser uma fantasia do heavy metal para ser um grande músico. "Eu estava na Europa quando tinha 19 anos de idade, e eu ouvi um disco do Grandmaster Flash and the Furious Five em uma loja de discos," ele se lembrou para a *Guitar One*. "Foi a primeira vez que eu ouvi rap. Era chamado 'Revival' e eu comprei o disco de 12 polegadas na hora. Aquilo literalmente mudou minha vida, e me tirou do molde de rock branco suburbano. Até então, ou tinha sido punk rock ou hard rock. Eu nem sabia que outros tipos de música existiam. Claro, minha mãe tinha discos do James Brown e do Stevie Wonder pela casa, mas eu pensava, 'Cara, esses caras não têm solos de guitarra matadores. Isso não pode ser música.' Então essa viagem até a loja de discos foi uma mudança gigantesca. Desde então, tem sido muito importante incorporar esse elemento em minha música."

Grandmaster Flash And The Furious Five foram o primeiro grupo de rap, e se tornaram muito influentes, mais conhecidos pela faixa "White Lines (Don't Do It)". De fato eles foram tão importantes para a história da música que em 2007 se tornaram o primeiro grupo de rap a ser incluído no Hall da Fama do Rock'n'Roll.

Tom Morello iria deixar Libertyville ao final da adolescência quando foi aceito na Universidade de Harvard em Cambridge, Massachusetts. Antes disso, entretanto, um dia fora da aula de teatro, ele formou uma espécie de grupo de brincadeira. O conjunto iria eventualmente contar com o amigo de infância Adam Jones, que depois tocaria guitarra no Tool. O Electric Sheep era uma banda sem compromissos de "músicos" que em sua maioria não sabiam tocar. Mas ainda assim eles mostravam potencial ao compor e tocar seu próprio material ao invés de covers. Mesmo dentro da própria escola o Electric Sheep era desconhecido ,mas aqueles que gostavam da banda eram fãs fervorosos, aparecendo a qualquer hora para presenciar ensaios de garagem. Algumas das músicas são "She Eats Razors", "Oh Jackie O" e "Salvador Death Squad Blues", que davam pistas das florescentes crenças políticas de Morello. Eles gravaram uma cover, "Born To Be Wild" do Steppenwolf e é a única gravação conhecida da banda. Ela apareceu de um LP chamado *All Shook Up*, lançado pela escola para mostrar talentos dos seus estudantes.

"Adam não estava no line-up original," Morello explicou. "Tinha esse cara que era meio que o principal músico da banda – ele era o único no grupo com algum tipo de sabedoria musical, mas ele saiu porque achou que era muito superior ao resto do grupo. Adam entrou em seu lugar."

Parece estranho nos dias de hoje que Jones tenha tocado quatro cordas ao invés de seis mas ele tinha experiências anteriores, dizendo, "Eu toquei contrabaixo em uma orquestra e eu tocava baixo com meu irmão também. Ele tocava guitarra e eu ficava com o baixo de músicas do Police, Fleetwood Mac ou Chicago, ou seja lá o que ele estivesse curtindo no momento. Eu estava muito empolgado em estar oficialmente em uma banda. Claro, eu tinha que pegar um baixo emprestado porque eu não tinha um. O Electric Sheep tinha uma reputação pesada em Libertyville. Sabe: banda horrível, mas ótima para se assistir."

Morello iria estudar ciências políticas e eventualmente se formar com honras. Entre palestras e seus compromissos acadêmicos, ele foi atrás de uma rotina dura de trabalho com a guitarra. Amigos ficaram preocupados com ele, dada sua dedicação. Não era algo saudável ficar confinado 24 horas por dia e 7 dias por semana ou estudando ou tocando guitarra. Mas foi seu comprometimento que fez com que Tom se destacasse em relação a seus pares. Ele tinha um forte dom natural para as seis cordas mas ele era o primeiro a admitir que não era um Yngwie Malmsteen. Então ele foi inteligente o suficiente para perceber que tinha que trabalhar em sua arte e desenvolver um nicho, um modo próprio de expressar sua criatividade única. Isso iria eventualmente se manifestar nas raspadas, barulhos e mexidas nos botões tão evidentes em seu futuro trabalho. Não apenas pressionando as cordas para tocar a nota esperada, mas sim espremendo vida de cada nota grave ou aguda no braço do instrumento. Usando qualquer canto possível de uma guitarra para extrair algum tipo de barulho, por mais desafinado que possa ter parecido enquanto sentava em uma pequena sala com um amplificador em miniatura. Às vezes, inevitavelmente aquilo soava horrível, mas Morello podia imaginar algo maior, como aquilo que era aparentemente barulho poderia soar no contexto de uma banda. Uma banda que pudesse misturar todos seus interesses musicais em apenas um.

Ele era um trabalhador incansável. A maioria dos que frequentam instituições como Harvard ou Yale são, claro, inteligentes e capazes. Mas eles tendem a se divertir intensamente para compensar a dura agenda de estudos para conseguir um diploma. Morello era o oposto. Quando ele terminava de escrever suas teses, ele ia continuar seus estudos com a guitarra. Apesar das preocupações daqueles que eram próximos a ele, ele sabia que não era nada com o que se preocupar. Era seu método de relaxamento e lá no fundo ele não queria ser um cientista político ou algo tão corporativo – ele queria fazer rock. A única maneira com a qual ele poderia atingir esse objetivo era praticar até que seus dedos sangrassem. A cena de rock e metal dos anos oitenta estava impregnada com caras e mulheres que conseguiam tocar mais rápido que a velocidade da luz. A maioria deles não tinha alma e soava como outros músicos, mas a capacidade de arrebentarem um braço de guitarra nunca foi questionada.

Toda banda precisava de um gênio da guitarra como ponto focal e Morello já sabia que para ter sucesso ele precisava capitalizar seu modo único e se agarrar a isso ao invés de tentar competir com o mercado inundado de guitarristas rápidos mas sem graça. Da mesma forma, a maioria dos músicos que se mudava para Los Angeles para competir entre os principais nomes tinham pedido demissão de seus empregos, quando eles tinham um. Dessa forma eles poderiam literalmente sentar no chão repleto de pulgas de seus apartamentos e tocar o dia inteiro, perfeccionando suas escalas e técnicas complexas.

"Eu sempre achei que estava muito atrás," Morello iria admitir para a *Guitar World*. "Todas as revistas de guitarra diziam como Eddie Van Hallen, Jimmy Page, ou seja lá quem for, começaram com nove anos de idade. Eu achava que estava muito atrás e que teria que trabalhar muito duro para alcançá-los. A partir do momento que eu acho que não tenho talento natural algum, eu tive que lutar por cada milímetro de proeza nas guitarras. Então quando eu praticava durante oito horas por dia, durante duas horas eu só praticava escalas."

Sua rotina era forte e disciplinada. Ele tinha comprado um livro chamado *The Guitar Hand Book* que ele usava para estudar teoria de guitarra. Todo dia Morello iria passar duas horas estudando teoria, duas horas tentando compor músicas e mais duas horas experimentando com vários barulhos por toda a guitarra. "Eu comecei como um guitarrista de punk rock que se recusava a aprender qualquer coisa de qualquer um," ele ri hoje em dia. "Se você tentasse me mostrar um acorde com pestana, eu iria desviar meus olhos. E aí eu mergulhei em um hedonismo de excessos com a guitarra, começando com duas horas de ensaio por dia, depois quatro e finalmente oito. E eu não estou brincando quando digo que era uma desordem. Eu poderia ter uma febre de 39 graus e uma prova em Harvard na manhã seguinte e ainda assim tocar guitarra por três horas. Muitos dos meus amigos e família ficaram preocupados comigo!"

Morello iria admitir que ele fazia muitos plágios no começo, já que esse é o método mais rápido e mais fácil de aprender sem lições formais. Do guitarrista de jazz Al Di Meola até Eddie Van Halen, Tom Morello desenvolveu um gosto por tentar emular todos os guitarristas que o impressionavam e ao fazê-lo, construiu uma sabedoria forte de vários estilos, sempre melhorando suas ideias e invenções a proporções impressionantes.

Algumas influências ficaram com ele por mais tempo do que outras, seja Joe Strummer do The Clash ou, particularmente, Andy Gill do Gang Of Four. "Gill foi uma grande influência para mim," Morello disse a *Guitar One*, "Ele desconstruiu a guitarra de uma maneira que realmente me afetou e me fez pensar. Parecia que ele estava tocando uma música diferente do que o resto da banda. Quando eu o ouvi tocando pela primeira vez eu pensei, 'Isso é horrível.' Somente depois eu fui perceber como ele era genial."

Eventualmente Morello se tornaria tão adepto ao modo rudimentar de tocar que ele não precisaria emular mais ninguém e sua rotina de ensaios iria envolvê-lo em trabalhar em barulhos estranhos e novas maneiras de tirar o melhor de seu instrumento.

Enquanto ainda na posição de novato intrépido, ele acabou se deparando com a maneira "correta" de fazer as coisas, só que ele não percebeu como ou por que. "Eu percebi que eu tinha lidado com várias coisas durante minhas horas de ensaio que eu podia nomear. Os modos, por exemplo. Eu decifrei muito disso antes de realmente saber o que era, e como relacioná-los a claves e outras coisas," Morello iria dizer.

Ele iria ampliar seu estilo, contando a *Mad Stratter*, "Assim que você sai do caminho batido de acordes e notas, qualquer barulho pode ser seu próprio microcosmo de composição musical. Há uma profunda biblioteca de músicas que vão de Sol a Dó. Não há uma profunda biblioteca de músicas que usam uma chave de comutação e um pedal de wah wah. As possibilidades são infinitas com essas duas coisas. Adicione uma chave de fenda Allen que você pode usar para bater nas cordas e suas opções crescem exponencialmente. Eu amo isso."

Morello originalmente tinha uma guitarra Kay, que era basicamente um instrumento barato, de lojas de departamentos. Isso significava que as cordas eram mais duras para se apertar e em geral era mais difícil de acostumar, mas foi um bom processo de aprendizagem para o jovem guitarrista. Se ele podia tocar uma dessas, ele podia tocar qualquer coisa. Ele guardou dinheiro e eventualmente comprou uma Gibson Explorer. "Eu comprei a Explorer bem na época em que todo mundo estava comprando aquelas guitarras Kramer 'Eddie Van Halen' de um botão só," ele disse a *Guitar One*. "Aquela era a guitarra legal pra se ter. E aqui eu estava, sobrecarregado com esse monte de madeira que tinha vários botões de volume e tom. Não era nada descolado.Então eu achei que já que eu tinha aquilo e havia pagado por aquilo, era melhor eu encontrar algum tipo de aplicação. Então um dia em meu quarto na faculdade, eu estava brincando com a chave de comutação e o pedal de wah wah. Meu colega de quarto, o pobre coitado do meu colega que tinha que me aguentar tocando por duas horas, disse 'Oh não, você comprou um teclado.' E claro que não era um teclado. Eu tinha começado a tocar arpejos com a chave e o pedal. Eu achei que talvez estava começando a descobrir alguma coisa. Essa foi meio que a primeira revelação de que há outras maneiras de se tocar uma guitarra." Foi uma revelação que serviria muito bem para o jovem guitarrista.

Agora Morello havia se mudado para Los Angeles, já que ele achava que esse era o lugar para se estar se quisesse se tornar uma estrela do rock. "Então eu me mudei para lá sem ter raízes, amigos, apenas uma lista de nomes da Associação de Alunos de Harvard," ele iria explicar. "Minha mãe me apoiou bastante quanto à decisão. Eu me mudei com mil dólares no bolso, que eu gastei no meu primeiro apartamento na esquina da Normandie com o Santa Monica Boulevard."

Morello tinha que procurar emprego já que tinha se formado e precisava de apoio para perseguir seu sonho. Inicialmente ele desejava encontrar trabalho como professor substituto, mas não teve sorte no sistema de escolas de Los Angeles. Ele teve vários empregos sobre os quais se referia como "esmagadores de almas" mas não revelou especificamente o que fazia. Um trabalho tornou-se esmagador de alma por outro motivo e foi sua experiência mais educacional até então. Ele conseguiu uma posição como secretário do senador Alan Cranston, um político do Partido Democrata e autor.

"O trabalho com Cranston era algo para se fazer durante o dia, e me permitia fazer rock à noite," Morello diria a Jane Ganahl. "Oh, e ele era um dos senadores mais progressistas que você podia encontrar. Tão de esquerda quanto alguém pode ser e ainda assim elegível. Mas também foi uma experiência bastante desconcertante. Eu pude ver como é o funcionamento interno da máquina política e aquilo era cruel. Ele era um grande homem com vários ideais mas passava todo seu tempo ligando para caras ricos pedindo dinheiro! Até mesmo quando parávamos para abastecer."

Morello percebeu que mesmo que o admirável Cranston fosse eleito, ele ainda iria ficar devendo dinheiro às corporações a que ele era contra. Era um círculo vicioso onde, para conseguir lutar contra certas áreas ou organizações, Cranston precisava do dinheiro deles para financiar seu próprio trabalho.

Morello disse que ele começou a trabalhar no mundo da política porque foi o único emprego decente que pôde achar, dada sua graduação. Ele descreveu seu período com Cranston como "uma última tentativa nas políticas parlamentares." E ele se lembrou de um incidente em particular que lhe mostrou o nível de preconceito doutrinado que ele tinha que enfrentar.

"Eu tive que atender uma mulher que ligou enfurecida porque havia mexicanos se mudando para seu bairro," ele disse ao escritor Ben Myers em seu livro, *American Heretics: Rebel Voices In Music*. "Eu falei para ela que é muito melhor viver em um bairro de mexicanos do que em um bairro de racistas que falam muito. Eu achei que estava sendo bom para o senador mas eu fui criticado por todo mundo no partido. Eles estavam bravos, sabe? Eu achei que era por aquele motivo que eu tinha entrado na política – pra fazer a coisa certa – mas foi dolorosamente óbvio perceber que não funciona assim. Qualquer assunto real de mudança – seja nos direitos dos trabalhadores, civis ou da mulher – não virá a partir de governantes que ficam por aí distribuindo presentes. É sua força de organizar as pessoas em um nível de base."

Depois de dois anos e meio com Cranston, Tom Morello inadvertidamente viu seu chefe em meio a um escândalo financeiro. Ele agora tinha que encontrar um novo emprego mas com certeza já tinha visto o suficiente do meio político. Parecia que para ele seria a música ou nada. Mas ele tinha uma séria desvantagem: os anos 80 foram notórios por cabelos compridos, cabeças vazias e pop metal cheio de gloss. Para entrar você tinha que se vestir de acordo, e isso significava ter péssimo gosto para roupas e o obrigatório pepino nas calças. Isso não era a cara de Tom Morello. Ele vinha de misturas raciais, com cabelo curto, e se vestia como um cara normal. Ele não se expressava com ações ou roupas extravagantes, mas sim com suas palavras e crenças. Ele queria encontrar pares que pensassem como ele, com um pé na política e talvez um pouco de anarquia.

O que ele encontrou foi uma cena dedicada aos grandes clipes de rock na MTV, uma latrina desesperada de pessoas levemente talentosas e muito desiludidas. As bandas da época eram pragas para se jogar fora e que não poderiam ser consideradas sérias ou com letras com sentido. As músicas falavam sobre mulheres, festas e ficar muito louco. Claro que não havia nada de errado com tal escapismo, e Morello queria fazer rock como todo mundo. Mas se vestir como uma mulher não era sua ideia de um meio para se alcançar o sucesso.

Bandas como o Poison se pareciam com mulheres, ainda assim pegavam mais mulheres do que o político corrupto médio. E eles tinham músicas como "Talk

Dirty To Me" e "I Want Action". Essa não era a cena para um cara formado em Harvard. "Eu fui para LA no pico do movimento glam quando o Poision e o Faster Pussycat estavam no topo," Morello disse a *In Jersey Rocks*. "Porque meu cabelo não era comprido, e por causa da cor da minha pele, eu não conseguia entrar em uma banda para salvar minha vida! Isso resultou em anos de frustração."

Ele também tinha uma desvantagem estilística a mais, em boa parte produzida por ele mesmo. Enquanto todo mundo do Metallica ao Guns N' Roses segurava suas guitarras o mais lá embaixo possível, só porque você parecia menos geek ao fazê-lo, Morello segurava a sua quase logo abaixo de seu pescoço.

Isso se devia em parte à necessidade de mexer constantemente em chaves e usar cada milímetro da guitarra para encontrar seus sons, mas também em parte devido a uma natureza rebelde do cara contra a "norma". Tom Morello era a antítese do músico de hard rock do final dos anos 80. Ele sofreu um impacto tremendo quando conheceu bandas como Fishbone e Jane's Addiction. Ali estavam guerreiros da rua com estilo interessante do funk e letras inteligentes. No caso das duas bandas, seus sons também eram únicos. Isso estava mais próximo do que Morello desejava. A cena do rock de virilhas ficou de lado à medida que Morello gradualmente aprendeu onde havia uma cena menor de pessoas que pensavam como ele em Los Angeles. De repente ele encontrou um reduto de músicos capazes que tinham suas mentes abertas e também estavam desesperados para não se tornarem parte da cena dos cabelos.

Então a cena do rock estava dividida em dois acampamentos: as bandas de cabelos grandes de festa contra aqueles na cena alternativa que gostavam das guitarras pesadas mas não precisavam ser sexistas ou estúpidos para se expressar. Entretanto, havia poucas bandas com integrantes negros em ambas as cenas. Talvez a mais famosa delas fosse o Living Colour de Nova York. O guitarrista Vernon Reid tinha inicialmente formado o Black Rock Coalition, uma organização que tinha como objetivo unir os roqueiros negros. Foi através desse serviço que ele encontrou vários músicos que iriam ajudá-lo na cruzada para formar uma banda que ele iria batizar de Living Colour. Eventualmente ele iria decidir por um line-up estável e a banda iria se tornar um dos principais nomes da fusão de rock, soul e funk. Eles também iriam inspirar vários outros músicos negros a formar bandas de rock/metal, desde 24-7 Spyz até The Hard Corps. Com o sucesso do Living Colour, as grandes gravadoras perceberam que de repente até os jovens brancos estavam interessados em hard rock de negros, algo que eles haviam evitado até então.

A ignorância subliminar dentro da cena do rock era tanta que quando um guitarrista negro aparecia, ele era logo chamado de o próximo Jimi Hendrix. Afinal, nunca houve outro guitarrista negro tão famoso, então cada novo músico tinha que encarar a irracionalidade da comparação com um gênio único.

"Eu sempre me deparei com o que eu chamo de a maldição do fantasma de Jimi Hendrix," Morello iria dizer. "As pessoas sempre me perguntam sobre ele – em todas as entrevistas ao redor do mundo. Eu amo e aprecio Hendrix, mas sempre fiquei completamente longe de qualquer influência óbvia. Porque não importa qual estilo de música você toca, não importa qual tipo de guitarrista você é, se você tem alguma coisa a ver com rock e sua pele é marrom, algum idiota na plateia vai gritar por 'Foxy Lady' ou gritar, 'Toque com seus dentes!'. Então eu evitei essas coisas de propósito, e a reação comigo é muito diferente agora."

Morello tinha entrado em uma banda de soul/funk/rock chamada Lock Up no final dos anos oitenta. Ele entrou no lugar do guitarrista original (que tinha formado a banda). Mike Livingston, que tinha quase 20 anos de idade a mais que Morello, tinha sido um quarterback no time profissional de Futebol Americano do Kansas City Chiefs. Talvez dado o sucesso do Living Colour, as grandes gravadoras estavam dispostas a arriscarem e a Geffen pulou em cima do Lock Up após alguns shows locais e uma reputação construída através do boca a boca. Talvez esse fosse o próximo Living Colour...?

Em uma virada curiosa, o futuro baterista do Rage Against The Machine, Brad Wilk, iria fazer uma audição para entrar no Lock Up em certo ponto. Nascido em Portland, Oregon em 1968, Wilk cresceu em Chicago antes de sua família se estabelecer no Sul da Califórnia. Ainda jovem ele se acostumou a fazer e perder amigos rapidamente já que seu pai viajava muito trocando de emprego com uma frequência alarmante, indo de joalheiro a editor de livros. "Eu tento viver minha vida e encontrar felicidade em coisas bem básicas e não colocar muita ênfase no dinheiro," seu filho diria a *Raygun*. "Aquilo era tudo para meu pai, e ele foi destruído por isso. Fez-me realmente apreciar as coisas que não custam nada, que são as coisas que deveriam ser apreciadas mesmo."

O jovem Wilk – que tem diabetes do Tipo 1 – também viu oposições nas crenças religiosas de sua família. Enquanto seu pai praticava o Judaísmo, sua mãe era Católica. "Logo de cara, isso coloca alguns questionamentos em sua mente," ele disse a *Raygun*. "Contradições. Parece para mim que uma coisa que todos tinham em comum – todos que eu conhecia, pelo menos – entre as religiões era o medo. O fato é que não temos ideia de onde viemos. É o jeito que as coisas são, então é irrelevante para mim. Quando chegamos ao ponto principal, boa parte do motivo pelo qual as pessoas procuravam a religião era o medo. E não há respostas concretas."

Wilk não teve sucesso em entrar para o Lock Up. Ainda assim, formou-se um laço entre ele e Morello, e o guitarrista iria manter seu novo amigo em mente para o futuro. O Lock Up era uma banda conhecida entre os músicos locais e figura proeminente na cena de Los Angeles que atraía músicos veteranos. O baterista original Michael Lee iria tocar com Robert Plant e Jimmy Page, enquanto seu substituto foi D.H. Peligro, do Dead Kennedys. A banda iria lançar seu álbum de estreia em 1989, intitulado Something Bitchin' This Way Comes. Estranhamente, considerando suas aventuras futuras, o trabalho de Morello no álbum é próximo ao padrão da época – com muitas mudanças rápidas e solos frenéticos. Havia, entretanto, traços de sua inovação, com os sons conhecidos dos acionamentos das chaves em "Punch Drunk" e "Can't Stop The Bleeding".

Something Bitchin' This Way Comes não rendeu frutos a Geffen e como consequência da apatia que rolou no lançamento do álbum, o Lock Up foi demitido apesar de ter assinado um contrato de dois discos. Morello iria dizer, "Nós perguntamos sobre o segundo disco e eles disseram 'Vocês têm dinheiro para nos processar?' E, claro, nós não tínhamos." Não foi através dos shows do Lock Up que Morello teve o gosto da fama, mas sorrateiramente ele se deparou com um incidente que lhe mostrou as luzes da popularidade.

Na Alternative Press, ele explicou, "Em 1989, Perry Farrell do Jane's Addiction nos pediu para imitar a banda em um show de Ano Novo. Então as luzes iriam se apagar e eles diriam 'Por favor deem as boas vindas ao Jane's Addiction!' e seria minha banda no lugar, sabe, eu com uma peruca de Dave Navarro, o vocalista com tranças, e tocaríamos 'Pigs In Zen'. Era uma piada com seu público, certo? Então nós aparecemos no palco e estava escuro o suficiente para que as pessoas achassem que era a banda e eu nunca tinha sentido algo como a adrenalina e aquela eletricidade. Foi como pegar um cabo de energia desencapado ao ficar naquele palco, de tanta intensidade. Nós fizemos nossa piada. Eles vieram e concluíram o set e eu saí do palco pensando, 'Cara isso é inacreditável.' Eu nunca tinha experimentado nada como aquilo no palco em minha vida."

O fim do Lock Up provou ser uma bênção disfarçada. Ele poderia agora formar sua banda com músicos de sua escolha, assim como seu som e visual. Sua primeira lembrança foi Brad Wilk, que agora tocava em uma banda chamada Greta.

Ironicamente esse grupo também iria lidar com a ira de uma grande gravadora. Eles lançaram dois álbuns pela Mercury Records antes de oficialmente terminar em 1994 – quando Wilk já tinha saído há muito tempo para se juntar a Morello.

Toda história do nascimento de uma estrela ou de um grupo de estrelas é marcada por momentos decisivos e fatídicos, além de primeiros encontros. Nesse ponto da história de Tom Morello e do RATM veio tal encontro. Relatos conflitantes sugerem que por indicação de um amigo, Tom Morello viajou a Orange Country, Califórnia, onde ele encontrou uma cena alternativa muito mais legal que a de Los Angeles. Aqui estava um refúgio de músicos inovadores do hardcore/punk e poetas inspiradores, e lá ele conheceu um vocalista poético. A outra versão foi que Morello viu uma performance em um clube de Los Angeles onde encontrou um vocalista que sabia que deveria trabalhar junto.

Seja lá qual história seja verdadeira, foi nesse ponto que Tom Morello conheceu um jovem chamado Zack De La Rocha.

FANTASMA NA MÁQUINA

Como muitos jovens que descobrem o hardcore, Zack De La Rocha mudou de vida quando se deparou com a música e o estilo de vida mais descompromissados o possível. Pra resumir, aquilo mudou a vida dele. Ali estava um movimento que tinha tudo que ele apreciava – uma visão positiva sobre como mudar sua vida e a sociedade ao seu redor, força, provocação, persistência, perseverança. Essas eram as qualidades que ele tinha buscado quando estava crescendo e de repente uma cena musical dava brilho a todos seus pensamentos e medos. Bandas como Youth Of Today e Minor Threat permearam a juventude de Zack, e ele se encontrou envolvido no estilo de vida "straight edge" endossado por essas e outras bandas da mesma linhagem.

O estilo de vida não tolera o uso de álcool e drogas de qualquer tipo. Alguns até vão mais longe e cortam a cafeína de suas vidas assim como sexo promíscuo. Há também aqueles que seguem dietas vegetarianas ou vegan. O termo foi cunhado pelo Minor Threat na música "Straight Edge", que trouxe a base para uma cena que adotou sua mensagem literalmente.

De La Rocha tinha inicialmente brincado com uma guitarra, tendo até entrado em uma banda chamada Hard Stance onde tocava as seis cordas. Mas logo ele combinou seus amores por poesia e rap para tornar-se vocalista. Quando estava crescendo ele tornou-se fã da cultura rap e de artistas como EPMD e Ice Cube. Foi em um show do último que Zack percebeu o potencial de suas letras. Ali estava uma estrela gigantesca com a oportunidade de dizer e fazer qualquer coisa que as pessoas iriam parar para ouvir. Zack decidiu que sua sensibilidade do hardcore poderia facilmente ser transformada em rap, como algumas bandas de hardcore dos anos oitenta quase já haviam feito. O vocalista do Youth Of Today, Ray Cappo, pregava tolerância sociopolítica e depois tornar-se-ia Hare Krishna, definindo o termo Krishnacore com sua banda pós-YOT chamada Shelter. A primeira banda de De La Rocha como vocalista se chamava Inside Out e Cappo seria importantíssimo para o início de sua carreira.

O Inside Out iria lançar apenas um CD/EP e um single de 7 polegadas – No Spiritual Surrender e "Benefit" (um split ao vivo com o Youth Of Today) respectivamente. Ao ouvir No Spiritual Surrender, é maravilhoso perceber a transição no estilo da voz de Zack De La Rocha. Seus sons antigos estavam mais próximos do estilo do Suicidal Tendencies em começo de carreira e o Black Flag liderado por Keith Morris, e não mostravam traços de todo seu poder do hip hop. Os vocais eram uma estranha mistura de cantos melódicos e apaixonados (veja o refrão de "By A Thread") e os típicos gritos e coros em grupo. Musicalmente a banda mostrava tremendo potencial, com sons de guitarra e baixo que seus congêneres não tinham.

Apesar de terem sido muitas vezes caóticos e aparentemente desestruturados, a vitalidade e a fúria do Inside Out era inegável. De La Rocha é mais profundo, rouco e consistente em seus vocais, há menos dinâmicas em jogo do que em seu trabalho posterior com o Rage. É interessante notar que o ano de lançamento do trabalho dos caras foi 1990, e isso coloca a banda entre o período que bandas clássicas do hardcore dos anos oitenta como Minor Threat e Bad Brains eram soberanas, e o final dos anos noventa, onde o hardcore tornou-se emocional e experimental. O Inside Out era uma combinação de tudo isso que veio antes e de tudo que surgiu depois e razoavelmente fora de contexto quando o assunto era "estilo certo na hora certa". Seu senso de ser uma banda única era bastante acentuado, como é possível perceber na emotiva "Sacrifice" que não lembra nenhuma outra banda ou período de tempo. Simplesmente soa como Inside Out.

"Eu acredito em redenção," Zack anuncia de forma convincente naquela que é possivelmente a faixa mais pegajosa, chamada "Redemption". Alguns dizem que se o EP tivesse contado com uma gravação melhor, então essa banda poderia ter sido um dos maiores nomes da cena do hardcore, ao invés disso eles acabaram ficando mais conhecidos por suas performances ao vivo, um fato que veio pela falha do CD não conseguir transmitir toda a energia da banda.

Formada em parte pela lenda do hardcore Ray Cappo, a Revelation Records iria contratar o Inside Out pela força de seus shows incendiários e material frenético. Quando Cappo acabou com sua banda Youth Of Today e formou o Shelter, ele decidiu levar o Inside Out para excursionar com eles, começando em 15 de Junho de 1990 no clube Anthrax em Norwalk, Connecticut. De forma bizarra para um grupo que pregava o amor, o Shelter teve problemas com manifestantes no show, vários punks ateístas que distribuíram panfletos com o objetivo de "promover um debate".

Era hora de Zack De La Rocha se impor pela primeira vez no palco. Durante o set do Inside Out, ele segurou um dos panfletos e disse, "Se alguém acha que essa suástica pertence ao mesmo pedaço de papel que esse símbolo Krishna, vocês são todos ignorantes." Como todos grandes músicos, Zack podia sustentar suas visões e palavras com uma performance explosiva e de tirar o fôlego. Ele se contorceu e pulou pelo palco gritando as letras da próxima música da banda, "Burning Flight". Como o Shelter, isso era música e mensagem.

"Quando eu ouvia bandas como Government Issue, Minor Threat ou Scream," Zack iria dizer, "sempre me fazia sentir como se eu fosse ficar louco quando tivesse um microfone em minhas mãos. Subir ao palco e desabafar é algo muito saudável, especialmente na cena do hardcore. Qualquer um pode subir lá e se expressar. Qualquer um."

Claramente De La Rocha não se sentia como uma "estrela" ou alguém particularmente especial. Na verdade esse ponto de vista era parte de sua identificação com os Zapatistas e qualquer pessoa vivendo na pobreza. Seu lugar não era algum a se pregar ou dar aulas e ele não sentia como se ele fosse melhor do que qualquer um na plateia só porque ele estava alguns centímetros mais alto; além disso, tudo aquilo era o conjunto de meios para um fim. O Inside Out infelizmente não iria durar muito tempo quando o guitarrista Vic DiCara decidiu tornar-se um monge Hare Krishna em tempo integral. Zack iria tentar manter a banda ativa mas o brilho havia passado e ele sabia que tinha que encontrar uma nova inspiração. O Inside Out acabou em 1991.

Algum tempo depois, De La Rocha iria olhar para trás e comentar sobre a banda, "Naquele período eu não estava muito ativo. Eu deixava minhas visões serem conhecidas mas não via potencial na música como uma arma política – uma ferramenta para ação direta. Hoje nós conseguimos criar uma mídia alternativa que alcança uma quantidade enorme de pessoas, ao invés da mídia comum que desinforma e só traz estórias que servem para as classes dominantes, ao invés de falar para a população o que realmente está acontecendo."

Ele sabia que sua próxima banda poderia ser algo sério – uma ferramenta para mudança e uma chance para dizer as coisas que realmente precisavam ser ditas, as coisas que ninguém via no noticiário. Ele chamou seu antigo amigo de ensino médio Tim Commerford (que estava jogando futebol americano na época) e concentrou-se em encontrar o guitarrista e o baterista certos. Ele logo deparou-se com Tom Morello e Brad Wilk, que era um Budista.

Como Morello, o último também havia crescido na cola de heróis do hard rock como o KISS, mas ao invés de seus novos companheiros de banda ele sempre soube o instrumento que gostaria de tocar. "Quando eu tinha mais ou menos 13 anos de idade, em Chicago, um amigo que vivia perto da minha casa tinha uma bateria Ludwig Silver Sparkle com um logotipo gigante do KISS na pele do bumbo," Wilk iria dizer. "Eu estava apaixonado pela bateria, ponto final. Sempre que eu podia, eu estava tocando, sem ter ideia do que estava fazendo, mas batendo naquele instrumento loucamente."

Talvez por causa de suas tendências "de polvo", Wilk estava destinado a ser comparado com o único baterista que tinha carisma e charme de menino, podia bater como um vulcão e ainda assim tinha um elemento imprevisível em seu estilo: Keith Moon. O baterista do The Who atingiu os ouvidos de Wilk pela primeira vez com o álbum clássico de 1979 *The Kids Are Alright*. "Aquele disco foi gigantesco para mim," ele disse à revista *DRUM!* "Ele vinha com aquele livro, com tantas fotos sensacionais, e eles tinham o filme também. Eu fiquei fascinado com a energia e o The Who em geral. A excitação que eles estavam mostrando como uma banda, acho que teve um grande efeito em mim, definitivamente."

O The Who era uma banda de rock, e boa pra caramba, mas esse era apenas um estilo de se tocar bateria. Para Wilk avançar em suas qualidades e desenvolver a técnica necessária para tocar em uma banda séria ele iria precisar de uma luz em seu estilo pesado de bater no instrumento. Sua influência veio na forma do baterista do Tower Of Power, David Garibaldi. Ele era um baterista de funk/soul, mas como os melhores, podia transformar sua mão para qualquer estilo. De forma justa ele foi reconhecido como um dos bateristas mais influentes de sua geração. Garibaldi dava aulas e encontrou um ávido Brad Wilk com seus 19 anos de idade que absorveu a atitude do grande homem e aprendeu as técnicas corretas.

"Seu apelido era 'O General'," Wilk continuou. "O cara era tão intimidador que você via isso em seus olhos: ele tinha confiança lá. Era demais. Ele tinha a confiança de saber o que estava fazendo. Eu amo o fato de que Keith Moon tocava com sua confiança inacreditável, mas estava à beira da insanidade. Ele era uma força poderosa, mas estava sempre prestes a enlouquecer."

Para Wilk havia um perigo em estar próximo a perder uma batida ou não poder tocar o seu máximo. Ele precisava aperfeiçoar suas habilidades e manter a força da mente. Durante os seis meses que Wilk esteve sob a tutela de Garibaldi, ele aprendeu a se expressar como sempre desejou, mas com a segurança de saber que dessa vez ele estava fazendo tudo da maneira certa. Ele depois explicou a *DRUM!*, "Confiança para mim é ser capaz de sentar atrás de uma bateria, olhar para ela e saber que você pode tocar qualquer coisa que imaginar. Você tem um bom senso do que está acontecendo musicalmente, e você se sente confiante com suas habilidades. Eu não estou dizendo que sempre toco assim! Eu já me bati mais do que qualquer pessoa poderia ter feito. Eu me preocupo em me sentir bem quanto ao que estou fazendo. Qualquer um que é muito confiante pode estar se subestimando. Mas se você é David Garibaldi, é meio que tipo ser o Deus da bateria. Ele pode."

Garibaldi levou Wilk a melhorar suas técnicas ao entrar no reino do funk, orientado pelo ritmo. Ele tinha previamente se restringido às noções básicas do rock e a tocar bateria com força, aí de repente percebeu que baterias realmente boas tratavam-se daquelas que lidavam o espaço entre as batidas como a própria batida. "Garibaldi realmente me ensinou a focar no que está acontecendo entre as batidas, aquilo que é meio sentido e não tão ouvido. Não necessariamente o espaço, mas o sentimento de notas fantasmas, se você quiser chamá-las assim. A sensação entre o bumbo e a caixa e onde você põe aquilo exatamente, realmente tem tudo a ver com o que faz você diferente dos outros bateristas."

Com o line-up para uma nova banda revolucionária agora definido, o quarteto precisava de um nome. Eles escolheram o título de um álbum do Inside Out que nunca foi lançado (ele foi mencionado em um zine chamado *No Answers*, escrito pelo veterano da cena hardcore e dono da Ebullition Records, Kent McClard, que era amigo de De La Rocha). Era um nome que resumia sua retórica coletiva e lhes daria uma plataforma para poder falar: Rage Against The Machine. Era uma declaração forte expondo a linha de pensamento de De La Rocha que as instituições que mandavam no mundo eram frias e desumanas. Algo realmente a se opor com fúria.

Rage Against The Machine

LIBERDADE DE EXPRESSÃO, MAS CUIDADO COM O QUE VOCÊ FALA

Dia 29 de Abril de 1992 foi um dos dias mais importantes na história da política moderna. Não importa se você era branco ou negro; a injustiça reverberou ao redor do mundo. Quatro policiais da Polícia de Los Angeles foram absolvidos de usarem força excessiva ao baterem em um taxista Afro-Americano chamado Rodney King. O incidente em que os quatro bateram em King várias vezes enquanto outros policiais ficavam olhando foi filmado e mostrado ao mundo inteiro. Houve rumores, da mídia mainstream entre outras, de que King teria atacado os policiais primeiro e foi por isso que eles revidaram, mas o vídeo não mostra nada disso.

Não havia policiais o suficiente para segurá-lo mesmo que tivesse sido violento? É para isso que o treinamento policial deveria servir. Mas os moradores negros de Los Angeles, mais especificamente os da área de South Central, estavam acostumados à brutalidade da polícia. Artistas de rap – principalmente Ice T – já falavam de injustiças sociais e violência da polícia há anos. A maioria dos filmes que falava sobre o problema, mesmo aqueles com brilhantes reflexões sobre o assunto como *Boyz N' The Hood*, pegavam leve na questão policial de tudo, focando mais nas guerras entre as gangues e batalhas pessoais. Vários residentes de Los Angeles atingidos pela pobreza sentiam, entretanto, que a polícia só exacerbava a estrutura frágil do cotidiano. Logo se tornaria um clichê, mas era uma situação real que continua até hoje para vários que vivem nas ruas. Parecia que as pessoas estavam vivendo em um estado policial, que o Dictionary Of Cultural Literacy define como, "Uma nação cujos governantes mantêm a ordem e a obediência através da ameaça policial ou força militar; um local com governo brutal e arbitrário."

Foi uma advertência agridoce o fato de que um ataque tão brutal foi gravado em fita, e ele acordou o resto da nação e introduziu o conceito da Polícia de Los Angeles como uma instituição racista para o mundo. Aí, quando os quatro homens que bateram em Rodney King foram absolvidos, Los Angeles respondeu com pura anarquia. Houve inicialmente demonstrações pacíficas de indignação quanto ao veredito mas gradualmente elas foram substituídas por ações violentas com ataques a brancos e latinos, desentendimentos com policiais e até mesmo destruição de propriedades, estabelecimentos comerciais e saques. Essa situação continuou por muitos dias e foi uma indicação da nova era da mídia em que cada movimento estava sendo visto. A maioria dos canais de televisão de notícias cobriu cada passo das manifestações, à medida que o mundo todo se tornou um grande voyeur. Equipes de helicóptero sobrevoavam a cidade à medida que ela pegava fogo, pessoas que não tinham nada a ver com a história eram atacadas, lojas eram invadidas e roubadas e manifestantes atiravam na polícia.

Houve aproximadamente 55 mortes e mais de 2.000 feridos durante os protestos e as estimativas de prejuízo material vão de 800 milhões de dólares até 1 bilhão de dólares. Houve mais de 3.000 incêndios, o que resultou em mais de 1.000 construções sendo queimadas até o chão e os bombeiros estavam sobrecarregados com uma nova ligação a cada minuto. Mais ou menos 10.000 pessoas foram presas. "Nós sentamos em um quarto de hotel em Calgary, assistimos à CNN e pensamos que deveríamos estar no meio daquilo," Tom Morello disse ao escritor Ben Myers.

A sociedade estava se tornando mais violenta, ou simplesmente ela estava sendo mais vigiada pelas mídias? Algo sobre os protestos trouxe amargura à sociedade, dos pobres aos influentes. Uma rápida observação pela cultura popular daquele tempo mostra o novo desejo por sangue. Um dos maiores filmes daquele ano foi o debute de Quentin Tarantino, *Cães de Aluguel*, recheado de sangue e histórias de gângsters. Talvez tenha sido irônico que *Malcolm X*, filme sobre a vida do líder negro estrelando Denzel Washington como o Sr. X tenha sido lançado. E apesar de que em Janeiro de 1993 haveria um presidente Democrata no poder, parecia que o futuro seria mais difícil do que nunca.

Mas foi através da música que os problemas da sociedade foram verdadeiramente refletidos de uma maneira inédita. O heavy metal como se conhecia estava morrendo com o advento de nomes como os reis do grunge Nirvana e Pearl Jam. Havia um novo e mais feroz tipo de agressão musical que vinha da mistura do metal com o hardcore. Bandas como Biohazard, Madball e Sick Of It All tinham surgido da clássica cena de hardcore de Nova York nos anos oitenta, onde os chefões eram Agnostic Front e Cro-Mags.

A banda que obteve maior sucesso ao misturar hardcore, metal e até mesmo elementos de hip hop foi sem dúvida alguma o Biohazard. Eles estavam na ativa desde o final dos anos oitenta e na época do disco *Urban Discipline* de 1992 eles haviam subido o nível do rap pesado com guitarras ainda mais pesadas. Aquilo era hardcore, metal, punk e hip hop, tudo junto, e ainda assim extremamente pegajoso. Talvez devido a sua etnia branca, o Biohazard não foi levado a sério como grupo de rap, apesar dos duelos vocais dos talentosos Evan Seinfeld e Billy Graziadei. Isso era música para jovens brancos, talvez até mesmo jovens brancos do subúrbio para a maioria, o que era irônico dado que o Biohazard cantava sobre a depravação da cidade, atividade de gangues, pobreza e tantas outras injustiças sociais. Como a faixa título do trabalho de 92 diz, por exemplo, "Os modos da vida urbana não são como parecem, se impor e lutar é o que viver aqui significa. Para sobreviver você tem que ganhar respeito." O Sick Of It All era outra banda de brancos que combinava talentos do rap com uma mistura de hardcore e um toque de metal, mas seu apelo ficou limitado em grande parte à população branca suburbana.

O que o mundo da música precisava para acordar da sonolência da lama grunge ou dos absurdos do metal era um vocalista que pudesse dizer a verdade mas tivesse caráter e créditos das ruas para atingir um nível maior. Dê um passo a frente, Ice T.

Tracey Marrow mudou seu nome para Ice T no começo dos anos oitenta e começou sua carreira com batidas tranquilas e contos sobre mulheres e festas. Foi quando decidiu cantar sobre suas experiências do dia-a-dia que ele começou a desenvolver um nicho por contar a realidade sobre brutalidade policial, gângsters, cafetões e liberdade de expressão. De repente Ice T era um nome grande e através dos anos oitenta ele iria sustentar seus pontos de vista com músicas maiores e melhores, incluindo o seminal disco *Original Gangster*, que trouxe uma de suas melhores e mais famosas faixas, "New Jack Hustler". Foi em sua obra de 1991 que Ice finalmente deu um gosto das bandas de hardcore/metal que seus fãs estavam ouvindo falar. Ele lançou uma faixa chamada "Body Count" que soava fora de lugar em um disco de rap, mas que era uma indicação de onde a música poderia ir.

Ice T não era o primeiro a experimentar com rap em cima de guitarras pesadas. Até a inspiração de Morello, o Clash, tinha tentado um novo estilo no disco *Sandinista!* de 1980 com sons como "The Magnificent Seven" e "Lightning Strikes (Not Once But Twice)". Mas foi em 1986 que o gênero do rap rock iria receber sua primeira encarnação real com a união de Run DMC e Aerosmith. O Run DMC, um trio de hip-hop de Nova York, pegou o riff de um clássico do Aerosmith e fez rap em cima das letras. Eles até se juntaram à banda em um vídeo memorável.

1996 também foi o ano do álbum de estreia de uma banda chamada Beastie Boys – um trio de rappers brancos de Nova York e sua esnobe e imprudente forma de maldade suburbana que trazia traços do peso da cena do heavy metal. Em "No Sleep Til Brooklyn" o grupo até mesmo chamou o guitarrista do Slayer, Kerry King, para um solo.

Dois anos depois um dos maiores álbuns de hip-hop de todos os tempos foi lançado. *It Takes A Nation Of Millions To Hold Us Back* do Public Enemy era inteligente, subversivo e uma coleção musical boa pra caramba. Ele tinha vários números memoráveis, desde "Don't Believe The Hype" até "Bring The Noise". Também foi outra oportunidade para uma trupe negra do rap mostrar seu apreço por guitarras pesadas. "She Watch Channel Zero?!" fazia nova referência ao Slayer, usando o riff da lendária faixa "Angel Of Death". Em 1991, o Public Enemy iria se juntar à banda de thrash metal Anthrax para uma turnê mundial sem precedentes. Os dois também escreveram uma das faixas de rap metal mais famosas – uma versão de "Bring The Noise".

Mas todos esses pontos onde o rap encontrou o metal foram simplesmente momentos na história onde um flash de inspiração levou a um sample ou uma faixa. Foi com a banda Body Count, de Ice T, que o rap metal apareceu com potencial total. O álbum homônimo era uma rebeldia através de riffs simples mas pegajosos, refrães e um arsenal de letras revolucionárias. Ice pegou suas letras diretas do rap e as levou um nível acima, com o apoio de guitarras dissidentes e baterias rápidas. Sua rebeldia foi amplificada a extremos. Havia vários pontos altos desde o conto de prisão "Bowels Of The Devil" até a faixa mais pesada do álbum, "There Goes The Neighbourhood", que era uma crítica sarcástica àqueles que não entendiam porque um grupo de músicos negros estavam tocando rock pesado.

Havia raps sexy pelos quais Ice era conhecido ("Evil Dick" e a hilária "KKK Bitch") e sátiras que eram ferozes e educativas. Quantos jovens brancos aprenderam pela primeira vez que havia mais negros na prisão do que na Universidade, por exemplo? Infelizmente para o Body Count, muito da genialidade do álbum foi perdida em comparação à faixa final "Cop Killer". Ela trazia Ice T em seu pico de provocação e confronto e ele provavelmente sabia que haveria reações hostis quanto a sua letra, que é talvez o motivo pelo qual ele a tenha escrito.

A música veio antes das manifestações pós-julgamento dos policiais em Los Angeles (apesar de citar Rodney King) e como dito antes, trouxe a brutalidade policial vista todos os dias pelos moradores de South Central e além. Ice grita, "Minha adrenalina está bombeando, eu estou com meu som bombando, e estou prestes a matar algo, um porco me parou por nada!" E o refrão era simples mas efetivo: "Matador de policiais, melhor você do que eu, matador de policiais, foda-se a brutalidade policial! Matador de policiais, eu sei que sua família está de luto (foda-se eles), matador de policiais, mas essa noite nós ficaremos quites."

A música deixou as instituições conservadoras furiosas, incluindo suspeitos comuns. Tipper Gore, fundadora da organização de direita PMRC (falaremos mais na sequência) e o vice-presidente dos Estados Unidos, Dan Quayle, falaram abertamente sobre os "perigos" de tais artistas e suas letras. Alguns políticos foram bravos o suficiente para defender o direito à liberdade de expressão mas suas palavras foram suprimidas e quase ninguém as ouviu. Quayle classificou a música como "obscena" e até o então presidente George H.W. Bush se meteu, criticando a gravadora por lançar tal música. Várias lojas foram forçadas a remover o álbum de suas estantes após ameaças do governo através de policiais locais. Em uma loja na Carolina do Norte, a gerência foi avisada que a polícia não iria responder a nenhuma chamada de emergência da loja se o álbum não fosse removido de lá. Depois, executivos da gravadora do Body Count, a Warner Bros. (não exatamente a empresa mais subversiva do mundo) receberam ameaças de morte e acionistas ameaçaram remover seu dinheiro a não ser que o disco parasse de ser produzido. Por decisão própria, Ice T decidiu tirar a faixa, agora que ela havia causado o máximo de ofensa mas também havia começado a difamar a música e outras mensagens. O álbum foi então relançado com uma faixa irônica chamada "Freedom Of Speech" ("Liberdade de Expressão") em seu lugar. Essa faixa já tinha sido lançada no álbum de 1989 de Ice T, *The Iceberg/Freedom Of Speech ... Just Watch What You Say* mas foi modernizada e inserida apropriadamente. A letra completa vale uma leitura mas, em particular, o foco na arte e censura é impagável, incluindo uma referência a Tipper Gore.

O Parents Music Resource Center (PMRC) foi criado pela esposa de Al Gore, Tipper, e várias outras esposas de políticos poderosos em 1985. Elas se tornaram conhecidas como as "Esposas de Washington" e sua intenção era "educar e informar os pais" sobre "a crescente tendência da música para letras que são sexualmente explícitas, excessivamente violentas, ou glorificam o uso de drogas e álcool" (apesar, claro, do álcool pagar seus impostos ao Governo e estar disponível em cada esquina dos Estados Unidos). Dessa forma eles introduziram o conceito do adesivo contendo a frase "Parental Advisory" que deveria ser colocado na frente de qualquer álbum que tivesse letras consideradas "explícitas". Isso englobava tudo desde palavrões até letras sexuais ou violentas. Qualquer coisa remotamente incendiária ou ambígua era instantaneamente classificada como imprópria e aí ganhava um adesivo.

A verdade era que se um pai estava interessado na vida e atividade social de seu filho, ele já iria se preocupar com o que ele ouvia – sem precisar de um adesivo que lhe dissesse para ler a letra antes. Adicionalmente, se os pais eram parte integral da vida dos filhos, eles seriam os primeiros a explicar uma letra de música em particular, com o conteúdo que fosse. Não houve tentativas de classificar músicas por idade, foi apenas um modo das instituições marcarem um álbum que eles sentiam que era perigoso, não para a juventude, mas sim para o sistema. Obviamente, como Ice T e tantos outros apontaram, os adesivos só serviram para chamar a atenção aos discos ao invés de fazer com que eles fossem menos ouvidos.

O PMRC começou como uma reação a certas letras de artistas pop – principalmente Prince e Madonna, por suas palavras e ações sexuais "sugestivas". Mas logo eles abriram uma inesperada caixa de Pandora quando começaram a pesquisar os alcances mais pesados da música. Eles começaram a incitar a fúria de toda a comunidade do heavy metal ao tentar tornar ilegais gravações de todo mundo desde o Judas Priest até o Mötley Crüe. Algumas ameaças à segurança de menores talvez fossem mais compreensíveis que outras. Quando o PMRC falou sobre a sexualidade agressiva de "Animal (Fuck Like A Beast)" do W.A.S.P. e as letras "ocultas" do metal satânico do Mercyful Fate, talvez houvesse um argumento para ser explicado para os jovens. Mas eles foram muito longe ao ridiculamente citar bandas calmas como o Def Leppard e o Twisted Sister por letras "perigosas" e foi aí que a congregação musical se rebelou.

Além disso, não era a questão de alguns álbuns merecerem censura e outros não. Afinal de contas, quem deveria decidir quais letras eram aceitáveis? É claro que seria o próprio PMRC. Dessa maneira cada pessoa de direita e lutadora pela liberdade deveria discutir os méritos de tudo e qualquer coisa ser permitido. Durante os anos seguintes, várias bandas foram culpadas de tentar superar o que veio antes delas com mais violência e machismo, em uma tentativa de estimular as controvérsias e aumentar a venda de discos, o que normalmente acontecia.

Em 1987, como uma reação ao PMRC, a mãe de Tom Morello, Mary, – que é, lembre-se, meio Italiana e meio Irlandesa – formou sua própria coalizão, a brigada contra a censura chamada Parents For Rock And Rap. Ela deixou seu emprego como professora, onde estava há 22 anos, para falar sobre censura.

"PFR&R é um cão de guarda para a liberdade artística na indústria da música," ela disse no site oficial. "Ela vai monitorar a legislação e trabalhar para expor e combater todas as formas de censura na música. Tudo surgiu como resultado de minha extensa pesquisa sobre o PMRC. Parece que há uma necessidade de contra-atacar as medidas que eles usam para suprimir a liberdade artística. Foi o resultado da cobertura tendenciosa sobre o rock e o rap em alguns veículos de informação. A partir do material que eu li, eu percebi que havia muitos pais que apoiavam a Primeira Emenda e o direito à liberdade artística e essa maioria silenciosa precisava ser reunida para ser ouvida."

Ela iria dizer ao entrevistador Kevin Johnson, "Eu acho que é a prerrogativa de uma pessoa falar o que quer. Deve haver vários comediantes em clubes noturnos que falam de forma parecida e eles não são incomodados. Eu acho que pode ser algo parcialmente racial e eu sempre lutei por justiça racial." Ela até mesmo adicionou que seu filho Tom era um músico de hard rock mas também um "bom garoto", dizendo, "Você não pode esconder o mundo dos jovens. Você lhes dá uma boa base ética para sobreviver e viver. Aí eles fazem suas escolhas e você os apoia."

Mary Morello definiu os seguintes pontos para os objetivos que queria alcançar com o PFR&R:

1. Ter o centro de uma rede onde pessoas podem ser alcançadas para pressionar governos em níveis locais, estaduais e federais que tentam tirar a liberdade de artistas.
2. Responder em massa a outros tipos de organizações que tendem a censurar ou eliminar trabalhos artísticos.
3. Boicotar corporações e outras organizações dispostas a apoiarem aqueles que censuram.

Ela também pediu às pessoas para que entrassem em contato com o centro, "Quando você ouvir, ler ou vir evidências do que foi citado acima," e "a rede vai te ajudar a pressionar a organização a retirar sua tentativa de suprimir a liberdade artística."

No fim das contas, grupos moralistas como o PMRC eram meios de controlar e suprimir a população em geral, um departamento do governo e uma tentativa de oprimir a sociedade a certo ponto onde ela não teria como mudar, se comunicar e se educar. Como Ice T disse a Mike Heck, "Tipper Gore era tipo a pessoa dos valores familiares conservadores onde os Democratas podiam dizer, 'Bem, nós representamos os valores familiares, nós temos a Tipper.' Eu acho que o que ela faz agora vai ser mais secreto. Em outras palavras, você não a verá falando; você só perceberá as ações saindo da Casa Branca. Eu não acho que ela vai sair por aí falando e fazendo o que fazia. Nós veremos mais ações. Então as pessoas têm que começar a perceber que nós temos que nos meter mais nos assuntos e em nossos próprios meios de comunicação underground. Se eles determinarem que as pessoas estão falando muito umas com as outras e começando a se entender, eles irão cortar a comunicação." Ele estava absolutamente certo.

Nomes como Ice T e Mary Morello conseguiram conter a onda de organizações como o PMRC e, como sugerido anteriormente, Tipper Gore realmente saiu dos holofotes e parou de fazer campanhas tão fervorosas, e começou a fazer comentários bizarros em entrevistas e escrever livros sobre "Valores Americanos". De qualquer forma o estrago tinha sido feito.

Ice T certamente não recebe todo o crédito que merece pelo movimento do rap metal. Sem ele o gênero teria sido bem diferente e talvez nem tivesse surgido da mesma forma (o Rage Against The Machine teve muito a ver com isso, dada a sua primeira aparição em uma grande turnê com o Body Count em 1992, claramente aprovando a carreira e os pensamentos de Ice T). E ali poderia haver mais influência ainda. Se lembra da faixa inicial do Body Count, homônima de 1991? A letra falava sobre as brigas de jovens negros na cidade e o refrão era algo como, "Nos diz o que fazer... Vá se foder!" É extremamente parecido com uma frase que o RATM iria usar com bastante sucesso um ano depois.

Não foi apenas Ice T. O Clash com seu rap pré hip-hop, o Public Enemy com sua visão inovadora e subversiva do rap, com um traço de metal, e outros movimentos incidentais dentro da história do rap/rock – tudo isso se combinou para influenciar, inspirar ou apenas dar uma base à direção que o Rage Against The Machine iria tomar no início da carreira. O termo eventualmente iria se tornar algo ruim, mas no começo dos anos noventa o som do rap e metal juntos era algo excitante. Até então, ninguém tinha combinado os gêneros em um nível tão importante como o Body Count. Mas um rude despertar iria aparecer para os advogados da censura e as pessoas contra ela. 1992 foi um ano tumultuoso que deu combustível à raiva e aos ataques na forma de dez faixas de discurso político. Era hora de se enfurecer contra o sistema.

PREPARANDO A MENSAGEM

A mistura musical dos Srs. De La Rocha, Morello, Commerford e Wilk foi um sucesso instantâneo. A maioria das bandas luta até conseguir encaixar seus talentos quando tocam pela primeira vez. O baixista e o baterista fecham um ritmo mas o guitarrista não consegue encontrar as notas certas para acompanhá-los. O vocalista tem várias letras incendiárias, que ele está desesperado para comunicar ao mundo mas a música não tem brilho ou não serve como uma base boa o suficiente para que ele consiga atingir as notas. Às vezes o guitarrista é brilhante mas o baterista não consegue segurar o ritmo. Talvez, como a maioria das bandas, não era pra dar certo.

Com o Rage Against The Machine, sem dúvidas, era pra dar certo. Quais eram as chances de Morello e De La Rocha se encontrarem, tendo nascido em lados opostos do país e passado por infâncias totalmente diferentes e ainda assim similares? Quais eram as chances de De La Rocha e Commerford já serem uma dupla e Morello e Wilk terem se unido separadamente antes dos quatro juntos? Talvez grandes bandas não nasçam – elas se encontram. Talvez uma grande banda surge através da Química.

"A única certeza é a natureza imprevisível das coisas," Tom Morello reconheceu. "Você nunca pode prever as coisas mais importantes. Você poderia ter reunido todos os grandões da indústria da música e eles não iriam surgir com o Jane's Addiction, por exemplo. Mas em algum lugar crescendo em algum porão ou sótão estará algo tão grande como o Jane's Addiction ou o Nirvana ou o Clash ou o Public Enemy. Essas bandas não aparecem de uma sessão planejada, elas surgem a partir da imaginação de algum músico."

Morello provou que não tinha talento para a clarividência e se surpreendeu com o eventual interesse na banda. "Como a banda era diferente de qualquer outra, nós não tínhamos ambições de fazer nem mesmo um show," ele disse a Ben Myers. "Havia grandes barreiras naquela época. Nós éramos uma banda inter-racial – um cara negro, um Chicano, outro metade Judeu... isso era raro. Combinado com a polêmica Marxista e a nova mistura de rap com rock, não havia lugar algum para que a gente tocasse."

Dentro de algumas semanas após sua formação, o recém batizado RATM já tinha reunido várias músicas, incluindo a futura bomba dos shows da banda "Bullet In The Head". Essa não era uma ligação comum; não era algo que Morello teria conseguido com o Lock Up, ou De La Rocha com o Inside Out. Essas bandas eram entidades diferentes e ambas tinham potencial mas elas nunca iriam se manifestar além de um estúdio de ensaio. Para essa dupla particular de músicos encontrar sucesso e seu nicho, eles precisavam um do outro. Tratava-se menos de uma amizade pessoal, e mais de um objetivo em comum. Como todas as melhores combinações entre um vocalista e um guitarrista, havia um leve desinteresse entre ambos. Você não veria Morello se juntando a De La Rocha no microfone com sua cabeça no ombro do vocalista, como forma de admiração, mas havia um laço que era forte o suficiente para fazer daquela uma união real. Eram dois pares de amigos se unindo, e cada par era essencialmente mais próximo a seu primeiro companheiro.

"Com o primeiro disco, nós escrevemos a maioria das músicas durante o primeiro mês após nos conhecermos," Morello iria explicar a *Kerrang!*. "Zack tinha um livro de poesias e letras, e nós as esmagamos nos primeiros ensaios." Apesar do disco homônimo conter eventualmente apenas 10 faixas, a banda compôs 15. Elas surgiram sem muito esforço, e dada a intensidade e volatilidade do material, isso foi marcante.

Tim Commerford iria dar mais detalhes sobre o processo de gravação, dizendo: "Nós escrevemos a música antes. Nós fazemos rock de riffs, sem dúvida alguma. Nos reunimos, inventamos riffs, os ligamos a outros riffs que já temos e aí arrumamos as músicas. Nós ouvimos os vocais na maioria das vezes, e o refrão, e então damos as músicas a Zack para que ele possa passar um tempo com elas e compor as letras. Quando alguém traz um riff, ou nós arranjamos uma música, eu, Brad e Tom podemos ir para casa, trabalhar em cima dela, e melhorar um pouco aqui e ali, enquanto Zack tem que ir e pensar nas palavras e ele não pode trabalhar na música até que as letras estejam prontas, então leva um tempo."

Para começar, Zack fazia *freestyle* em cima da música para sentir onde as palavras poderiam se encaixar. Quando o vocalista tinha as letras em seus lugares certos, ele começava a fazer rap com elas com o máximo de ferocidade possível. Quando aconteceu pela primeira vez, a banda estava surpresa e agradecida em ter alguém com o calibre de De La Rocha liderando. Os gritos e a raiva de futuros shows já eram parte da performance da banda, desde o primeiro ensaio.

"Zack já fazia aquilo em nosso primeiro ensaio juntos," Morello viria a dizer sobre a inflamada presença de palco de seu vocalista. "Tipo, quanto nós estávamos compondo as músicas. Eu lembro que teve um dia fatídico onde eu acho que estávamos escrevendo 'Township Rebellion' e, até então, Zack só tinha feito alguns raps. Não tinha nenhuma das partes mais gritadas." Como o Inside Out tinha sido algo mais próximo com os berros precisos pelos quais Zack se tornaria famoso, seu velho amigo Tim sugeriu que ele começasse a trazer um pouco mais daquele fogo à música. "Ele deu um grito assustadoramente lindo," Morello disse, "e desde então, isso se tornou parte integral da sua expressão durante as músicas."

Era hora para Tom Morello mostrar todo seu conhecimento em criar barulhos não convencionais e inspiradores a partir de sua guitarra. Ele iria reconhecer que um de seus primeiros trabalhos era ser também o DJ da banda, dada a forte influência de hip hop no grupo. Ele iria ouvir à estação local de hip-hop KDAY e anotar os barulhos feitos pelos DJs. Lembre-se, esse era um jovem que estava acostumado predominantemente ao rock e os elementos surpresa de seu modo de tocar guitarra eram unicamente dele. Ele nunca havia os colocado no contexto de uma banda real e também nunca tinha sido tão inundado com hip-hop como quando conheceu Zack De La Rocha.

Morello iria dizer que ouvir barulhos dos DJs e tentar convertê-los para a guitarra "realmente levou meu modo de tocar a outro reino. A chave de comutação agora se tornou o botão de desligar de um DJ. Eu comecei a pensar na guitarra de uma forma completamente diferente. Eu não olhava para ela como um modo de aplicar teoria musical a acordes, notas e escalas. Eu olhava para ela como um pedaço de madeira com seis fios e alguns componentes eletrônicos que poderiam ser manipulados em uma variedade de maneiras muito maior. E aí eu comecei a utilizá-la não apenas como a cobertura do bolo, mas sim como a refeição completa. Eu comecei a tentar construir músicas a partir de barulhos e texturas."

Para o Rage Against The Machine tudo começou com as performances ao vivo. É um clichê que muitas bandas gostam de dizer, "Ao vivo é que realmente mostramos quem somos". O RATM era especialmente muito mais do que uma hora de show em cima de um palco, já que seus shows ao vivo os definiam. Se você queria saber do que a banda se tratava você tinha que assistir a um show dos caras quebrando tudo no palco. E as performances nunca eram menos do que impressionantes. Eles não faziam shows fracos ou davam menos de 100%. Commerford e Wilk sempre estavam fenomenalmente ligados, Morello nunca errava uma nota e De La Rocha era um fio desencapado, pulando pelo palco com energia infinita mas capaz de parar e pronunciar suas palavras claramente quando ele precisava deixar algum assunto bem claro.

Rapidamente ficou claro que havia poucas, ou nenhuma, bandas que poderiam se comparar aos shows do Rage Against The Machine, certamente nenhuma de sua época. É claro que existiam bons grupos ao vivo e várias bandas que poderiam replicar suas gravações de estúdio nota por nota, o que era algo impressionante. Mas isso estava muito além da simples reprodução; se tratava de cada música ganhar nova vida noite após noite. Nenhuma canção era a mesma por duas vezes e ainda assim, cada vez elas eram executadas sem falhas, de forma passional e cheia de sentido. Era necessário ser uma banda corajosa para levar o RATM para a estrada em turnê conjunta, e várias bandas iriam perceber isso.

Apesar da banda ter tocado em uma festa na casa de um amigo em Orange County para sentir como seu material iria se comportar à frente do público, seu show de estreia propriamente dito foi no Jabberjaw em Los Angeles em 1991. Haviam se passado três meses de ensaios e a banda estava pronta. Normalmente há pequenos erros no primeiro show de todas as novas bandas mas foi difícil encontrar um aqui. O público ficou encantado e através do boca a boca foi divulgada a palavra de que essa banda estava claramente acima da média: eles só estavam juntos há alguns meses, e já estavam tocando *assim*!?

"A reação do público foi tão intensa que foi uma grande celebração de frustração e raiva," Morello disse a respeito do primeiro show da banda. "Foi um sentimento inesquecível. Eu percebi que tínhamos algo especial e que talvez nós fôssemos levar aquilo adiante."

Brad Wilk concordou, dizendo a Ben Myers, "Foi um show maravilhoso e ainda é um dos pontos altos de nossa carreira. O que nós fizemos foi ensaiar durante três meses, dizer um 'Foda-se' às grandes gravadoras e gravar uma fita para vender em nossos shows, apesar de honestamente achar que nenhuma gravadora teria interesse em uma banda como a nossa. Mas naquele primeiro show a reação do público foi tão intensa e tão ligada com aquilo que estávamos passando que foi uma grande celebração comum de frustração e raiva. Foi um sentimento inesquecível para um show de estreia. Foi depois que eu percebi que tínhamos algo de especial, já que antes eu não tinha certeza. Eu percebi o efeito que nós poderíamos ter no público. Aquele sentimento nunca foi embora. Eu o amo."

A banda estava organizada o suficiente para produzir aquela fita a tempo de sua performance, talvez sentindo que assim que o público visse seu show, as pessoas iriam instantaneamente querer ouvir o material do RATM por mais e mais vezes. Sem uma gravadora para dar apoio e nenhuma experiência, os membros da banda produziram uma fita cassete de 12 músicas, meio demo, meio álbum. Havia uma declaração política logo de cara já que a capa da fita trazia uma foto da bolsa de valores e havia um fósforo colado ao encarte, com a mensagem dizendo: foda-se o sistema, queime-o.

Muitas das músicas seriam usadas para o álbum de estreia; números como "Bullet In The Head" já estavam bem estabelecidos. De fato essa versão em particular foi deixada exatamente como na demo, dada sua ferocidade. Havia outras faixas que a banda achou que não eram fortes o suficiente. Apesar de uma música em particular ter sido deixada pra trás com saudades, "Darkness Of Greed", outras não foram tão sentidas; "Auto Logic", "The Narrows", e "Mindset's A Threat" entre elas. Ainda assim, a banda conseguiu vender 5.000 cópias de seu álbum produzido por conta própria. Isso levou a um interesse imediato das gravadoras. Se uma banda poderia vender 5.000 fitas por conta própria e arrastar as multidões, era óbvio que havia um potencial financeiro ali.

Morello estava inflexível quanto ao fato de sua banda não seguir o caminho do Lock Up, e ele também não queria financiar seus próprios discos como o Fugazi com a Dischord Records. Ele sabia que havia um grande potencial na banda e ele iria precisar de uma grande gravadora para passar a mensagem do Rage às massas. Mas não havia possibilidade dele perder o controle. Ele lia cada milímetro de qualquer contrato que era oferecido para a banda e insistia que o grupo tivesse controle criativo. Ele era jovem quando esteve no Lock Up e não era o líder da banda então tinha menos a dizer quanto a suas decisões. Com o Rage, entretanto, ele sabia o que era melhor.

Morello iria explicar sua teoria por trás da indústria da música, que era intelectual e reveladora. Ele disse ao crítico Robert Hilburn da *Times Pop*, "Eu cheguei à conclusão que a indústria da música é uma camada de pessoas – os gerentes, advogados, executivos de gravadoras – que são tipo os senhorios de um imóvel que é a própria indústria. Ao falar dos anos Oitenta ou Noventa, as bandas apenas alugam um quarto durante um período de tempo. Esses senhorios se conhecem e têm esquemas uns com os outros, antes mesmo de você começar sua banda e depois da gravadora despejá-la. Seu interesse maior é em manter o prédio bem cuidado ao invés de se importar com as pessoas que moram nele. Quando você tem a sorte de estar em uma banda de tanto sucesso quanto o Rage Against The Machine, você consegue alugar a suíte presidencial, mas só pelo período em que consegue vender discos."

Essa não era uma revelação futura; Morello já entendia as maquinações internas da indústria quando o RATM surgiu. À medida que alguém conhece o sistema, ele pode explorá-lo. "O importante é saber com o que você está lidando," ele iria dizer. O Rage, como eles mesmos admitiam, tinham sorte no sentido de que seus primeiros shows foram abrindo para uma banda local extremamente popular formada por um velho amigo de Morello, Adam Jones – o Tool. Só levou dois shows abrindo para a banda de art rock em casas lotadas para que uma grande gravadora oferecesse um contrato ao Rage. Vários selos mostraram interesse mas também mostraram sua falta de entendimento sobre o que eles poderiam "fazer" com uma banda assim. Grande energia, grandes riffs, mas onde eles se encaixam? Como podemos vender isso?

A Epic Records, entretanto, mostrou uma compreensão impressionante sobre o estilo do Rage e parecia saber exatamente como comercializá-los. "Eles realmente pareciam entender de onde estávamos vindo," Morello disse, "e eles estavam dispostos a colocar no contrato o fato de termos 100% do controle criativo de cada aspecto de nossa carreira, o que era fundamental para nós. Assim que isso ficou claro, então eu não tinha nenhum problema em estar em uma grande gravadora."

A Epic definitivamente era grande. Inicialmente criada pela CBS nos anos Cinquenta como um selo de jazz e música clássica, eles foram adquiridos pela Sony nos anos Oitenta. Ao longo dos anos a Epic tinha sido responsável pelo sucesso do Clash (algo que provavelmente não passou despercebido por Tom Morello), Michael Jackson, Ozzy Osbourne e Meat Loaf. Assinar com uma grande gravadora parecia ir contra os ideais da banda, já que essa é uma das representações mais fortes de uma corporação no mundo material. Ainda assim o contrato que eles negociaram foi marcante. O RATM insistiu para que tivesse a garantia de três álbuns. Se a Epic saísse depois do primeiro álbum, eles teriam que pagar à banda uma quantia exorbitante. Isso não era senso comum, era prática empresarial do tipo que os melhores advogados de Nova York cobrariam 1000 dólares por hora para negociar. Quando o Rage foi contratado, uma das maiores bandas da Epic era o ícone do grunge Pearl Jam que tinha lançado seu clássico álbum *Ten* em 1991. O representante da Epic, Michael Goldstone, que contratou o RATM, também foi responsável pelo Pearl Jam, e garantiu para Morello e companhia que o Rage era tão importante quanto. Eles sabiam que estavam lidando com algo grandioso.

Ainda assim, a Epic provavelmente não esperava muito da banda. Não é do interesse de uma grande gravadora ser esperançoso; eles ogeralmente cobrem as perdas antes mesmo de começarem. O Rage pode até ter lhes abençoado com a insistência por três álbuns porque se o primeiro fosse mal sucedido, eles teriam mais duas chances para recuperar seu investimento. A banda também não estava muito otimista quanto ao seu potencial de vendas, apesar de ter esgotado todas suas fitas cassete. Era um grande passo para uma grande gravadora, e se aqueles 5.000 que compraram as fitas fossem os únicos interessados? Também não foi difícil ver a ironia em uma instituição corporativa gigante dando apoio a uma banda com letras revolucionárias e que batiam de encontro com as corporações.

Essa era uma banda que não poderia evitar o seu aspecto político, especialmente agora que havia um conjunto de defensores da liberdade com Morello e De La Rocha. Muitos assumiriam que, pelo fato do último escrever as letras, essas eram apenas as suas visões, mas Morello era tão rigoroso ao defender os interesses da banda que ele não poderia concordar com visões que ele não tinha, ou pelo menos simpatizava.

No futuro, Zack iria escrever sobre os Zapatistas, o que não era exatamente uma grande preocupação para Tom Morello mas ainda assim o guitarrista apoiou os sentimentos. E lembre-se, seu pai tinha sido fortemente ligado às políticas da África.

"Havia uma atmosfera política em minha casa que eu ignorei," Morello disse de sua vida quando era jovem. "Nós tínhamos fotos de Jomo Kenyatta e Kwame Nkrumah [primeiro Presidente de Gana] pela casa. Quando eu entrei no ensino médio e comecei a estudar história mundial e história dos Estados Unidos, eu ouvi uma perspectiva diferente sobre os eventos globais e aquilo me fez desafiar muitas coisas." Morello estava se referindo à falsa versão que as crianças do ensino médio recebem sobre a História, especialmente nos Estados Unidos.

O Rage Against The Machine seria muito criticado por expor certos pontos de vista que pareciam opostos aos ideais de uma grande gravadora. Ainda assim a integração de sua arte com a política sempre iria se cruzar, quer eles gostassem ou não, então eles decidiram usar o sistema em favor próprio e espalhar seus pontos de vista para o maior número de locais possíveis. Olhando para trás, eles podem ser vistos como alguém que fez exatamente a coisa certa, e não apenas porque eles vieram a vender milhões de discos.

Sim, olhando para trás, Tom Morello tinha justificativas o suficiente para assinar com uma grande gravadora quando o fez. Claro, o Rage poderia ter desenvolvido uma reputação ainda maior e ter vendido seu próprio material, talvez até mesmo ao redor do globo. Mas no fim das contas suas palavras teriam sido ouvidas por apenas um décimo das pessoas que eles conseguiram atingir com a distribuição oferecida pela Epic. E o melhor de tudo, o RATM era defensor da liberdade de expressão e falava de questões verdadeiras que afetavam a sociedade – as letras de Zack eram inteligentes, subversivas e poderiam incitar a insurgência.

"A atividade política e o posicionamento quanto a seus direitos são tão parte da história do ser humano quanto corações partidos e dirigir em carros durante o Verão, todos assuntos que ganharam muitas músicas a respeito," Morello iria dizer a www.morphizm.com. "A música pode ser uma ferramenta tremendamente inspiradora para agitação e organização. Eu sei que foi para mim e eu sinto que algumas das músicas com as quais eu me envolvi no passado fizeram isso para outras pessoas. Então seria estúpido alguém argumentar que política e arte não devem se misturar. Música escapista é bastante política no sentido de sustentar o status quo. Essa cultura molda a paisagem social e faz certas coisas parecerem corretas. Você pode não odiar os gays, mas se dez de seus artistas de rap favoritos estão constantemente cantando músicas homofóbicas, isso contribui para uma atmosfera onde é correto não gostar dos gays. Então nesse sentido todas as formas de música são políticas."

Uma das melhores coisas sobre o Rage era sua inexistência de arrogância, discursos falsos ou sensação de superioridade. Eles não estavam dizendo que eram melhores que ninguém por saber as coisas que sabiam e não estavam reclamando seu posto como donos da verdade. Eles simplesmente disponibilizaram suas letras para que as pessoas aprendessem e fizessem suas próprias interpretações e descobertas. Por exemplo, o baterista Brad Wilk iria admitir a *Raygun* que, "antes de eu estar nessa banda, eu estava meio que no mesmo barco de muita gente. Não necessariamente sedado pela mídia, mas eu não sabia de outras fontes de informação. E meus olhos foram abertos substancialmente. Mas é difícil sentar e dizer que eu sou tão politicamente motivado como por exemplo o Tom, porque eu não sou. Eu acho que abrir os olhos das pessoas é importante, e acho que está no mesmo nível das músicas."

O RATM estava fazendo uma declaração com mais que sua música explosiva. A primeira leva de camisetas que a banda fez trazia instruções para se fabricar um coquetel Molotov nas costas. Retirada do livro *The Anarchist Cookbook*, a imagem não provocou a reação que a banda esperava. Foi apenas na França que eles sentiram que teriam problemas com as autoridades, então eles saíram do país rapidamente. Mas eles tinham deixado sua marca, com Morello dizendo, "Eu acho que esse tipo de coisa é importante. Se as pessoas não estão mais pegando o *The Anarchist Cookbook* na biblioteca, elas sempre poderão olhar nas costas de uma camiseta do Rage Against The Machine quando uma desordem civil acontecer em seus bairros."

O PRIMEIRO MANIFESTO

É impossível exagerar sobre o impacto e a genialidade do disco homônimo de estreia do Rage Against The Machine. Excitante, inovador, lutador e fantástico musicalmente, o álbum pulsava uma energia que poucos conseguiram igualar, se é que alguém o fez. Basicamente nada como isso havia sido ouvido anteriormente. Como vimos anteriormente, havia elementos do metal no rap e vice-versa. Foi quando o Rage apareceu que o gênero recebeu seu primeiro grande defensor. As guitarras soavam muito bem, pesadas como uma marreta e com elementos de funk. Os ritmos eram inundados com alma, enquanto os vocais eram de outro planeta. Ali estava um poeta lírico cheio de alma que poderia gritar com o seu melhor. Gritar não era algo do rap; era mais uma coisa do metal. Rappers normalmente falavam direto, porque cada palavra precisava ser ouvida claramente. Com o metal, entretanto, a habilidade de ecoar vozes roucas e furiosas era muito bem-vinda. De fato, o metal tinha que ser duro e furioso. Então aqui tínhamos rap furioso sobre uma besta do rock cheia de groove que se movia com dinâmicas interessantes. Hoje o rap rock é conhecido, mas em 1992 era algo novo. A instantaneidade do hip-hop, onde as letras eram perfuradas diretamente e rapidamente no cérebro e a brutalidade e groove da cena do metal formavam uma combinação maravilhosa. O álbum ainda soa novo e vivo e provavelmente nunca irá ficar velho mas especialmente em '92, isso era algo cheio de ritmo e causou um impacto gigantesco no mundo da música.

Tudo a respeito da banda era único. Havia ritmos em cascata que não tinham o direito de estar na mesma página, muito menos na mesma música. A habilidade vocal que nunca tinha sido ouvida antes – o rap rancoroso, as repreensões guturais e a beleza lírica junto com sua efetividade. E a habilidade autodidata de Tom Morello ao ouvir os DJs tinha dado novos níveis de profundidade à maneira como ele tocava guitarra. A banda tinha orgulho em declarar "Nenhum sample, teclado ou sintetizador foi utilizado ao gravar esse disco." Eu não me importo de admitir que quando ouvi algumas faixas pela primeira vez, estava convencido de que ali existiam vários samples, DJs e acessórios de hip-hop. Eu li o release e quase não acreditei, até chegando a pensar que ele pudesse não ser verdadeiro. Aí eu vi a banda ao vivo e percebi que tudo podia ser fielmente recriado. Sem dúvida alguma, Tom Morello *era* um visionário.

Ele iria explicar depois: "A razão pela qual fizemos o lance de 'nós não usamos samples' etc., não foi para pregar um discurso contra os samples, foi porque, através da química única da nossa banda, nós conseguíamos criar sons e texturas inovadores com um line-up de punk rock. E nós queríamos que você soubesse o que estava ouvindo, nós que fizemos aquilo, dentro de um estúdio com os instrumentos ligados."

Para a genialidade do RATM como um coletivo, os outros precisavam oferecer sua próprias técnicas. Ter um modo de tocar tão cheio de alma quanto a seção rítmica da banda era um dom. Havia elementos estranhos tanto na bateria quanto no baixo – o último tinha papel fundamental no resultado final do som da banda, muitas vezes carregando uma música inteira enquanto Morello tocava barulhos estranhos em cima, como no verso de "Bullet In The Head". Isso não era comum para uma banda de rock, já que muitos grupos dessa linha tinham dois guitarristas, com um que tocava o ritmo junto com o baixista. Mesmo que houvesse apenas um guitarrista, ele normalmente tocava seus ritmos durante a música, deixando pouco espaço para o baixo respirar. Apenas alguns grupos únicos como o Pantera podem ser citados como diferenciados. Eles iriam deixar a guitarra de Dimebag Darrell tomar a posição central quando requisitado e somente tocar o solo, deixando o baixo enfatizar o ritmo.

Certamente a proeminência do baixo no manifesto do Rage tinha mais a ver com o fato de manter as raízes do rap e, até certo ponto, do reggae. O riff constante ou faixa base carregava a música e os vocais simplesmente agregavam conteúdo ao resultado final, tomando uma posição principal. Com o Rage a diferença, e fato único, foi que as guitarras apareciam quando era preciso trazer uma dinâmica com batidas. Você poderia reduzir todas as músicas no álbum a um som de rap direto, sem histrionismo ou gritos e, ainda assim, pelo menos quanto às letras, seria desafiador e impressionante. A essência de uma música do RATM é a batida do hip hop com o baixo estrondoso e a entrega vocal de De La Rocha. Isso seria mais do que suficiente para a maioria das músicas de rap. Ainda assim sua arma secreta era sem dúvida a adição dos barulhos de guitarra ao fundo e mais importante as seções onde as guitarras tinham o papel principal com um riff ou acorde poderoso.

Liricamente o álbum segue um padrão similar mas ainda assim tem inúmeras diferenças, que fazem cada faixa ser única. Na verdade, Zack poderia estar cantando sobre comprar uma caixa de leite, que se ele o fizesse com a mesma paixão que canta suas músicas, ainda seria maravilhoso. Mas é por causa das letras que você podia ler no encarte, que todo o disco ganhou uma nova dinâmica. Aquilo era *poderoso*.

"Eu tento me colocar em situações aonde o ambiente ao meu redor me conduz a tentar criar figuras mais realistas de como é viver na América," Zack disse a Ben Myers quando falou sobre sua abordagem para compor. "O que a experiência Americana realmente é. Eu também tento escrever sobre algumas das experiências fora da América. No último álbum eu tentei aumentar o volume de vozes das pessoas que estão tentando lutar por sua própria liberação, o que para mim é a essência do que eu faço como poeta; eu tento pegar minha própria experiência e as de outras pessoas e as faço palpáveis através de música. Eu acho que há uma diferença entre artistas que falam de política e artistas que vivem diretamente a experiência e permitem que aquilo se infiltre em sua poesia ou seja lá o que for que eles estão escrevendo."

Rage Against The Machine foi produzido por Garth Richardson (filho do lendário produtor Jack Richardson), mais conhecido como GGGarth. O Canadense é lendário dentro do hardcore e círculos alternativos e produziu grandes álbuns do underground durante os anos Noventa, incluindo discos do L7, Melvins, Shihad e Testament. Mais recentemente ele ficou responsável por gravações de Biffy Clyro (*Puzzle*) e *A Cruel World* do Bloodsimple. Eu falei com ele pessoalmente sobre seu papel no primeiro álbum do RATM, primeiro lhe pedindo para explicar como ele acabou se envolvendo com a banda e o álbum.

"Eu estava trabalhando com Michael Wagener como seu engenheiro; ele estava fazendo uma mix para Michael Goldstone," ele explica. "Michael Goldstone pergunta a Michael Wagener quem ele deveria escolher para produzir o disco do Rage. Ele diz Garth Richardson. Eu me encontrei com Michael Goldstone em LA. Ele me mostrou as demos. Eu fiquei impressionado. Nós marcamos uma reunião com a banda e eles tocaram três músicas. Depois de eu ter buscado meu queixo no chão nós conversamos um pouco. Zack ria de minha gagueira durante toda a entrevista. É por isso que me conhecem como GGGarth. Muitas pessoas não sabem como lidar com minha gagueira. Eu deixo quieto para que eles vejam que eu dou risada a respeito."

Quanto a seu papel em ser o responsável pelo álbum, GGGarth diz, "Meu trabalho como produtor nesse disco foi capturar essa banda como uma banda. Eu tive a ideia de colocar um PA na sala de gravação ao vivo e colocar os amplificadores de Tom e Tim nas salas de fora e aí alimentar tudo de volta pelo PA. Brad tinha que usar fones de ouvido. Ele estava sentado atrás do PA então não seria tão ruim."

As bases das músicas como elas tinham sido compostas foram quase todas mantidas, apesar de GGGarth admitir, "Algumas mudanças estruturais foram feitas. Mas ao final de tudo, as músicas eram muito poderosas." O produtor descreve o processo de gravação como "tranquilo" dizendo que todos os membros da banda eram "legais" e todos tinham seus papéis que juntos fizeram o grupo virar o fenômeno que virou. Instantaneamente ele sabia que todos os músicos na banda eram supremos e aprovou o fato de que todos os barulhos e tons vinham de seus amplificadores e bateria.

O álbum começa com uma lenta construção e um riff de funk rock que compõe uma das faixas mais simples do Rage, mas uma incendiária forma de se abrir um disco, "Bombtrack". Ao longo do álbum há frases aqui e ali que indicam a verdadeira habilidade política do Rage. Com "Bombtrack" era a frase, "See through the news and the views that twist reality," ("Veja através do noticiário e das visões que distorcem a realidade") se referindo à manipulação da mídia e o modo como a propaganda engana o público.

A joia na coroa de *Rage Against The Machine* vem na forma de uma das principais faixas, "Killing In The Name". Essa foi a faixa que realmente levou o álbum a estourar ao redor do globo, e de forma justa. Ali estava uma fusão de todas as forças da banda – trechos de guitarra e baixo opostos com uma batida funk de frente a um riff de guitarra que leva a faixa a novas dimensões.

Com o verso simples e a repetição da frase, "and now you do what they told ya" (e agora você faz o que lhe disseram), a música cresce para um refrão gigantesco misturando a cólera lírica com guitarras poderosas para um efeito grandioso. Era uma música que nem precisava de letras impressas, foi colocada no álbum apenas com o título. Era simples, efetiva e iria, claro, terminar com uma das frases mais memoráveis da história musical, com Zack repetindo, "Fuck You, I won't do what you tell me" ("Vá se foder, eu não vou fazer o que você me diz") lentamente e propositadamente crescendo até níveis enormes.

A música era uma espécie de mantra, passando por frases repetidas que falavam por si próprias. E a beleza da frase de despedida é que ela poderia dizer respeito a qualquer pessoa ou situação. Um moleque pode odiar seu professor, seus pais ou sofrer com bullying. Uma pessoa mais velha pode odiar seu chefe ou governo. Em casos extremos ela poderia se aplicar a alguém sofrendo de pobreza ou a uma revolta anarquista. Era bom dizer aquelas palavras, rolava um sentimento contra as autoridades e soava da melhor forma possível. Zack De La Rocha tinha adaptado a frase do Body Count "Tell us what to do, fuck you" e, com sua fúria impressionante, criado uma nova frase de efeito para a nação alternativa dos anos Noventa.

Como parte do selo, o representante artístico do RATM, Michael Goldstone, "ligava todo dia para encher o saco," de acordo com GGGarth. "Seu coração estava no lugar certo. Ele pediu para que a gente retirasse a parte que diz 'Fuck You I won't do what you tell me'. Isso não durou muito. Nós todos falamos que ele estava errado. Ele cedeu!"

Para Tim Commerford, essa é uma das maiores músicas de todos os tempos. "Ela é poderosa," ele disse a *Kerrang!*. "Me pergunte qual é a minha música favorita de qualquer banda e eu lhe direi que é essa. Eu a amo. Obviamente eu tenho uma perspectiva diferente dela, mas eu sei que as pessoas querem ouvi-la. Quando nós tocamos essa música nos shows, dá pra ver como a molecada reage. Ela diz muito sobre essa geração, sabe? É muito bom. Eu sei que é uma parte importante do nosso sucesso. Isso nos deixou no caminho certo. Foi a fundação para a escola que temos construído desde então."

Tom Morello lembrou para Ben Myers, "Eu lembro quando nosso representante sugeriu que esse fosse nosso primeiro single e eu falei tipo, 'Tá brincando?' Nós sempre fomos destemidos quanto às nossas decisões de negócios e escolher uma música repleta de palavrões como debute era algo que nos orgulhava muito e nos deu uma grande indicação da direção que iríamos tomar. Até hoje eu acho que não há música do Rage que faça tanto barulho quanto essa. O núcleo de toda a rebelião é negar a autoridade repressiva e eu acho que isso está bem resumido na última frase da música."

"Take The Power Back" deu uma nova direção ao álbum, uma das várias bolas de curva que o ouvinte iria encontrar, e viu o Rage em seu estado de espírito mais otimista, com uma guitarra quase educada dando base aos vocais. Ela também trouxe um dos arranjos funk mais proeminentes, com um som de baixo que lembra Flea do Red Hot Chili Peppers. Mas era típico do RATM mudar quando menos esperado e a música se encaminhou para um discurso raivoso e escuro. Novamente Zack falava sobre a falta de verdadeira história política sendo ensinada às crianças na escola, algo com que Tom Morello concordava integralmente. Ali estava uma sátira ao fato de que professores têm que seguir certas regras, assim como seus alunos, e devem aprender as coisas certas e a maneira certa de "ensinar" e ela tem que estar de acordo com as necessidades do sistema.

Esse sentimento foi levado adiante em "Know Your Enemy" uma obra de literatura subversiva do rock'n'roll. Cada palavra fala muita coisa e se você não seguiu o caminho, poderia facilmente mergulhar mais profundamente nela. Para aqueles que instantaneamente entenderam as referências veladas que De La Rocha fez em relação ao sistema, era ainda mais gratificante ouvi-las em um disco mainstream com distribuição ampla ao redor do globo.

Musicalmente o riff do álbum está nessa faixa. O riff principal é um gigante que lhe fará dançar ou brigar, dado seu poder. Aí ele quebra com uma apaixonada subida no braço da guitarra e outra parte cheia de groove. Essa faixa é especialmente liderada por De La Rocha, fazendo com que ela se destaque com a narrativa do vocalista. Para melhorar, ela tem a presença de Maynard James Keenan do TOOL.

Nesse ponto os ouvintes já se acostumaram à genialidade de Morello na guitarra e o elemento surpresa já tinha ido embora. Mas claramente, não era tão fácil quanto parecia. Morello diria na *Guitar One* que "se eu não tivesse ensaiado durante horas para aprimorar minha técnica, eu não iria conseguir tocar o solo de 'Know Your Enemy'. Aquele solo incorpora alguns elementos nada tradicionais e quase soa como algo com uma sequência, meus dedos se movem rápido o suficiente para fazer aquilo acontecer. Não em uma forma tradicional de se tocar um solo de guitarra. Tudo aquilo foi cortado em partes."

Morello revelou a Ben Myers: "Eu escrevi os riffs para essa música quando o Lock Up terminou, então foi antes de eu ter conhecido meus colegas de Rage. O interessante sobre 'Know Your Enemy' é que eu tinha tocado essa música com vários outros bateristas – incluindo alguns em bandas de rock famosas – e ela nunca tinha soado bem até que a toquei com Brad Wilk, Tim Commerford e Zack De La Rocha, quando ela se transformou em uma fúria do rap com traços de hard rock e punk que a tornou uma de minhas músicas favoritas de se tocar ao vivo. No Reading Festival de 1993 ela nos fez perceber pela primeira vez que o público iria pular para cima e para baixo com o Rage Against The Machine".

Não era só a política que estava em jogo; havia relações com os demônios de Zack também. A levada mais calma de "Settle For Nothing" mostrou o apreço da banda pela construção de uma atmosfera. GGGarth descreve a música com a "melhor" porque "essa música nasceu ao vivo. Vocais e tudo mais em apenas um take. Que dádiva poder sentar e assistir a isso acontecendo."

Nela Zack mostrou a dor de seu relacionamento com seu pai e cunhou a frase "read my writing on the wall" ("leia o que eu escrevo na parede") que era uma referência dupla ao grafite das gangues e também aos murais do Los Four que seu pai costumava pintar. Havia também um ponto de referência cruzada, onde ele tentou consertar um pouco de sua relação com seu pai.

"Foi realmente maravilhoso," ele disse a *Raygun*, "porque eu acho que quando meu pai percebeu que a direção que eu estava tomando com o Rage tinha muito a ver com as coisas que ele fez nos anos Setenta, ele meio que saiu de sua reclusão. Ele começou a pintar e compor novamente. Eu não esperava que ele fosse sair daquilo. Mas a música e o que eu estava fazendo com ela reafirmaram as coisas que ele considerava importantes. Para mim foi sensacional. Preencheu um vazio em mim que existia há muito tempo."

Zack ainda iria dizer, "Quando nós começamos a banda ainda estávamos confusos, nós tínhamos muitas preocupações, uma delas era viver de acordo com as palavras políticas. Era um nível muito pessoal, mas à medida que eu cresci e me desenvolvi, eu percebi que conflitos pessoais são diretamente relacionados aos conflitos da sociedade." Isso era claramente refletido especialmente em suas letras mais recentes.

Depois de "Killing In The Name", a música mais conhecida de *Rage Against The Machine* seria "Bullet In The Head". Inicialmente ela parecia não ser intrusiva, focando em uma linha de baixo obscura e os barulhos da guitarra de Morello como sirenes de carros de polícia, mas era outra conversão de rap para rock construída cuidadosamente, indo para cima do ouvinte de forma quase inocente até explodir no final. Sem dúvida De La Rocha era a estrela desse crescimento, gritando os vocais à medida que as veias de sua cabeça quase explodiam pelos alto-falantes. Apesar da banda costumar dizer que essa versão – da demo original – nunca poderia ser replicada então eles não precisaram gravá-la novamente, eles parecem ter feito um ótimo trabalho ao dar nova energia para a faixa durante as performances ao vivo.

"Nós acabamos usando uma das demos de 'Bullet In The Head'," confirma GGGarth. "A versão que fizemos não tinha a mesma força. Muitas demos acabam assim. Eu acho que o álbum como um todo se saiu muito bem, melhor que as demos." A versão de "Bullet In The Head" que aparece no DVD *Rage Against The Machine* da MTV Europa é uma das melhores performances da música já presenciadas em todos os tempos e talvez seja melhor que a original.

"A letra era uma resposta à primeira Guerra do Golfo e à propaganda do governo Bush – a maneira como eles mostravam as coisas às pessoas sobre uma empreitada tão Imperialista," Tom Morello disse a Ben Myers, em sua primeira entrevista pós-Rage anos depois. "Como nos recusamos a censurar o conteúdo de nossas músicas, nós tivemos dificuldades em passar vídeos, então quando fomos ao Reino Unido nós tocamos uma versão dela no *The Late Show* da BBC2 e um espertalhão na Sony pegou a performance e colocou na MTV. Depois daquilo, toda a Inglaterra estava usando a camiseta "FUCTO" do Zack..."

O disco de estreia do Rage Against The Machine termina com a desordeira "Freedom", um fim de certa forma desanimador para toda a tensão barulhenta que veio antes dela. GGGarth lembra: "Quando Zack começou a gritar 'Freedom, yeah right,' (Liberdade, sim, claro) os cabelos foram todos ao ar. Puro poder."

Alguns iriam dizer que o álbum seguinte do RATM era escuro, mas havia várias pistas para essa direção em seu debut como exemplificado por essa música. "Em 'Freedom' você ouve a bateria sendo destruída", explica GGGarth. "Brad apareceu com o primeiro kit que ele tinha comprado na vida e nós colocamos os microfones da sala de gravação e ele destruiu a bateria. Tim veio para mim e disse que iria jogar seu baixo pela janela da sala de controle e isso não poderia ser mais legal. Depois que eu lhe disse que iria custar uns 5 mil dólares para consertar a janela ele mudou de ideia!"

Às vezes os produtores têm que dirigir a banda em muitos aspectos da gravação, principalmente quando o grupo está gravando seu primeiro álbum. Apesar de Morello ter alguma experiência em gravar para um grande selo, era sua primeira vez com um produtor conhecido, então você pode imaginar que seria mais fácil moldá-lo do "jeito certo" de trabalhar com as coisas, mas de acordo com GGGarth, a banda já estava certa do caminho que queria perseguir.

"A banda tinha uma ideia muito clara do que queria," ele diz. "Eu simplesmente tentei capturá-los como uma banda. A voz de Zack ia rápido então eu tive que dobrar alguns vocais. Eu o chamei até a sala de controle; Eu sentei ao lado da sala rodando a máquina de fita. Zack usou um microfone Shure 58 e eu aumentei o volume principal na sala para o máximo e ele cantou desesperadamente. Nós não fizemos frase por frase, mas sim parte por parte."

Ele continua, "Por mais que eu tivesse que ajustar o som, Tom não queria colocar nenhum equalizador em suas faixas. Foi uma longa conversa sobre como soaria melhor se o utilizássemos. Eu passei muito tempo com as faixas do Tom então quando Andy Wallace mixou o álbum ele poderia colocar a faixa e cada parte estava onde iria ficar na mix stéreo."

Talvez um dos grandes dons do debute é o fato de soar tão direto e imediato. Claro que o material soaria assim independentemente da mixagem, mas as bandas podem perder facilmente seu poder se não estão nas mãos do cara certo. É necessário alguém que não irá diluir o poder do grupo ao gravá-los muito separadamente ou várias vezes. Especialmente com uma banda como o Rage Against The Machine. O que você tem que fazer com uma banda como essa é plugar os instrumentos e deixá-la tocar.

"Eu fiz de tudo para que esse disco soasse mais como um álbum ao vivo do que uma gravação de estúdio," GGGarth concorda. "Nós tivemos vários de seus amigos vindo ao estúdio para sentar e assistir à banda gravando. Eu acho que nós fizemos três músicas assim. Cada música era difícil; nós tínhamos apenas trinta dias para gravar tudo. Eu acho que trabalhei dezoito horas por dia durante trinta dias."

Finalmente a união entre produtor e banda criou uma amizade permanente e uma admiração e respeito mútuos. "Tenho orgulho e me sinto sortudo de ter estado no mesmo local que eles," GGGarth diz hoje. "O disco que eu fiz com os caras foi quando a banda era uma unidade."

Apesar de suas convicções e a seriedade de fazer um primeiro disco revolucionário, o Rage também poderia desligar e se divertir como fazem hoje. "Nos divertimos muito no estúdio," GGGarth relembra. "No primeiro dia Zack raspou minha cabeça. Um dia Tim pegou comida para mim e quando eu abri o pacote, ele tinha cagado nele. Mas eu devolvi. Eles estavam tocando em um show aberto durante o verão, aí eu levei meu cachorro pra passear de manhã, recolhi seus trabalhos matinais e os coloquei no case do baixo de Tim. Aquilo ficou no calor durante o dia todo e quando ele abriu ficou bravo, mas deu risada. Eu sempre ganho!"

O lançamento de *Rage Against The Machine* iria trazer atenção imediata às letras do vocalista da banda. Zack sentia que suas palavras falavam por conta própria. "Para mim, você deixa as pessoas interpretarem as letras," ele diria em uma entrevista a um jornal Mexicano. "Eu não gosto de ser uma personalidade pública. Não é algo que eu sinta que seja útil em alcançar o que queremos. Na verdade, eu acho que filosoficamente a ideia de personalidades públicas é ridícula. As mídias se metem na minha vida pessoal, e nas de outros artistas, e vira tabloide. E o que fica faltando nisso tudo é a esperança de que a música pode provocar mudanças. Então eu acho que seja lá o que aconteça às ideias de uma banda, se o objetivo é se engajar em lutas políticas e a correção das injustiças então é importante perceber que ser uma personalidade pública não tem nada a ver com isso."

Há poucas coisas mais poderosas que você pode fazer para estabelecer uma declaração com sua arte do que a embalar com uma imagem impactante e a capa do debut do RATM trazia uma fotografia indelével e emblemática. Em 11 de Junho de 1963, em uma rua movimentada de Saigon, o Monge Budista Vietnamita Thich Quang Duc ateou fogo a si mesmo até morrer em protesto contra o tratamento que os Budistas recebiam da administração do Vietnã do Sul. Duc sentou calmamente na posição Budista de lótus enquanto um colega derramou cinco galões de gasolina em cima dele e ao seu redor e logo jogou fogo no senhor de 66 anos de idade.

Até mesmo quando estava prestes a morrer Thich Quang Duc foi respeitoso, educado e tocante. Suas últimas palavras escritas logo antes de morrer simplesmente diziam, "Antes de fechar meus olhos e ir para a visão de Buddha, eu respeitosamente peço para que o Presidente Ngo Dinh Diem pense com compaixão a respeito do povo e da nação e implemente igualdade religiosa para manter a força da nossa terra para sempre. Eu chamo os veneráveis e reverendos membros da Sangha e os Budistas para se organizarem em solidariedade e realizarem sacrifícios para proteger o Budismo."

Esse foi um protesto distinto e honrado, com imensa coragem e fé. O protesto de Duc trouxe mudanças positivas mas não tão profundas como ele imaginava. Apesar da falta de uma transformação séria, o impacto da fotografia percorreu o mundo todo. Era algo que muitos podiam respeitar, que alguém poderia ter tanta fé e crença que iria se auto-sacrificar como protesto. No mundo de hoje, isso não é mais uma raridade com os ideais de homens-bomba suicidas no coração de muitos grupos, mas nos anos Sessenta, aquilo inspirou uma revolta global. Até mesmo o então Presidente dos Estados Unidos, John F. Kennedy, supostamente disse "Jesus Cristo!" quando ouviu falar sobre a notícia e depois declarou, "Nenhuma foto na história gerou tanta emoção ao redor do mundo como essa."

Coincidentemente, apenas cinco meses após a morte de Thich Quang Duc, JFK seria assassinado. É improvável que muitas das pessoas que compravam o álbum do *Rage Against The Machine* sabiam o significado real por trás da foto, mas ela era poderosa, não importa qual fosse seu entendimento a respeito.

Em 6 de Novembro de 1992, o álbum de estreia *Rage Against The Machine* chegou às lojas e rapidamente começou a ter interesse do público que iria gradualmente crescer e crescer. O disco não foi um grande nome logo de cara nas paradas mas as vendas eram consistentes. Aqueles que sabiam a respeito realmente queriam o álbum, graças ao uso promocional de músicas como "Killing In The Name" e "Bullet In The Head". Era um álbum em que a Epic parecia acreditar, ainda que, de forma inteligente, eles não tivessem exagerado em sua divulgação. "No final do disco nós sentimos que havíamos feito algo especial," GGGarth relembra.

O álbum ficou na Billboard Top 200 por 89 semanas, chegando à posição 45 em certo ponto. A Billboard até reconheceu o RATM como "uma das mais originais e virtuosas novas bandas de rock da nação." Dando notas altas ao álbum, a Kerrang! disse empolgada, "Aqui está, o verdadeiro nascimento do rap-metal e nu-metal. Uma rebelião pan-internacional, multi étnica de baixo poderoso, sons de guitarra únicos e slogans que podem ser pichados nas paredes para unir tribos e incitar uma revolta."

O Rage não iria dar à mídia tudo que ela queria, começando com o fato de que seu vocalista nem concordava em dar entrevistas durante os primeiros anos da carreira da banda. "Era para garantir a proteção da integridade dessa banda," ele disse a Kerrang! em 1999. "Nossas palavras tinham que primeiro serem apoiadas por ações porque nós estamos lidando com uma cultura pop monstruosa que suga qualquer coisa culturalmente resistente para a pacificar e torná-la algo que não seja uma ameaça a ordem. Eu sentia que precisávamos aumentar o volume das vozes daqueles que não eram ouvidos. Houve uma vez quando nos tornamos populares que eu acho que poderíamos ter vendido o dobro ou o triplo de discos mas eu acho que teria sido destrutivo para a banda, eu realmente acho."

No final das contas a razão pelo sucesso do álbum de estreia não eram as declarações políticas, a mistura de raças da banda ou até mesmo a incendiária capa. A razão pela qual o Rage Against The Machine vendeu milhões de cópias foi que sua música era incisiva e de outro mundo. "Uma boa música deveria fazê-lo querer bater os pés e ficar com sua garota," Tom Morello disse. "Uma grande música deveria destruir policiais e atear fogo aos subúrbios. Eu só tenho interesse em compor grandes músicas."

Havia dez grandes músicas em Rage Against The Machine e Morello tinha uma teoria de porque tudo funcionou para eles e não funcionou para outras bandas do mesmo estilo. "Há muitas bandas políticas que não vendem milhões de discos como o Rage Against The Machine porque a primeira coisa que eles têm que cuidar é da química musical," ele disse. "Você pode ter toda sua política bem definida e suas análises organizadas, mas ela tem que ser uma ótima banda de rock and roll."

REBELDES COM CAUSA

Tim Commerford iria dizer que quando o Rage Against The Machine começou, seus objetivos "eram muito modestos. Nós iríamos compor e tocar música totalmente descompromissada de qualquer jeito. Era música que combinava os traços mais pesados e radicais do hip-hop com o hard rock e isso era misturado em um coquetel politicamente revolucionário. Honestamente eu não achava que conseguiríamos marcar um show, considerando a cara étnica da banda e o peso da música."

Dada a cena em que o Rage entrou, isso não era surpreendente, mas a banda inteira ficou surpresa positivamente com a reação que recebeu. Começou na Europa, especialmente no Reino Unido. O Rage fez seu primeiro show na Grã Bretanha em 1992 quando abriu para o Suicidal Tendencies. Alguns meses depois eles iriam voltar para ser a atração principal em um show no Camden Underworld. Quando eles tocaram em Glasgow, o show se tornou memorável por um motivo relativamente incomum. "De forma estranha, por um período curto de algumas semanas, nós tínhamos até fãs adolescentes histéricas!" Tom Morello se lembra. "Eu me lembro delas acampadas do lado de fora do nosso hotel e de ser perseguido pela rua por jovens garotas em Glasgow."

O RATM seguiu o Suicidal Tendencies pela Europa e um pouco de animosidade deve ter acontecido porque ao estarem na mesma gravadora e serem vistos de fora como uma ótima combinação de bandas para uma turnê, apenas um ano depois Mike Muir do ST iria tirar sarro do Rage Against The Machine em uma música com seu projeto paralelo Infectious Grooves, assunto sobre o qual falaremos mais à frente neste capítulo.

Veículos como a *Kerrang!* estavam impressionados, insistindo que o Rage Against The Machine executava a ideia de rap rock melhor que o Body Count. Houve interesse instantâneo entre fãs do rock por esse excitante novo híbrido de estilos e o fato do clipe de "Killing In The Name" passar no programa de TV especializado em metal *Raw Power* não causou estragos à habilidade do RATM de cruzar estilos. O canal mainstream da BBC, Radio 1, também tocou a música, mas eles se esqueceram de editar a palavra "fuck" ("e um 'motherfucker' para ser justo" disse Tom Morello, rindo a respeito) e a música foi ao ar intacta. Foi a única vez que uma estação de rádio pop deixou tantos fucks escaparem em apenas uma sessão.

Havia questões inevitáveis sobre a edição que a maioria das pessoas iria ouvir – principalmente dizendo respeito ao fato de que se a banda quisesse passar uma mensagem, ela não deveria ser mantida intacta? Como era comum, Tom Morello tinha uma réplica pronta. "Eu acho que é uma parte importante ao se mostrar artistas," ele diria, tipicamente pensando em cenários maiores. "Você tem que ser obediente em várias maneiras diferentes se quiser fazer com que sua música toque no rádio, ou seus vídeos na TV. E uma dessas maneiras é a linguagem. Você sabe que bandas que tendem a usar palavras fortes sem pedir desculpas costumam ser excluídas do mainstream. Eu acho que a linguagem é muito importante."

O Rage voltou aos Estados Unidos e se uniu ao grupo de hip-hop Irlandês/Americano House Of Pain em Março de 1993, antes de se apresentar no festival Lollapalooza (uma palavra que significa "pessoa ou coisa maravilhosa ou marcante"), um evento que teve um line-up enorme e visitou várias cidades dos Estados Unidos. Ele foi criado por Perry Farrell do Jane's Addiction, um amigo antigo de Tom Morello. Ironicamente, em 1993 os amigos do RATM, Tool, foram as atrações principais do festival.

Apesar da ideia inicial ser muito legal, com espaços e barracas para ONGs políticas e artesanato, o evento logo encontrou um grande problema – tornou-se muito bem sucedido e foi infectado pela ganância das corporações. Um aspecto onde isso foi visto com clareza foram as barracas de merchandising. Como parte de seus ideais, o Rage Against The Machine armou a sua própria, vendendo camisetas de manga curta por 10 dólares e de manga comprida por 13 dólares.

"O pessoal do Lollapalooza disse não a isso," Tom explicou, "porque as camisetas do Lollapalooza seriam vendidas a 23 dólares, e eles estavam com medo de que ao fazer a escolha entre uma camiseta do evento e uma do Rage, as pessoas iriam comprometer as vendas do festival. Então decidimos não vender camiseta alguma, e Zack falou a todos os públicos durante a turnê sobre para onde o dinheiro das camisetas do Lollapalooza estava indo: os promotores e donos das terras onde aconteciam os shows. Suas vendas diminuíram drasticamente ao longo da turnê!"

Mas essa foi apenas uma pequena parte da batalha do Rage contra o sistema e a turnê Lollapalooza de '93 será lembrada para sempre por um incidente em particular. Em 18 de Julho, ao aparecer em um palco na Filadélfia, o Rage não surgiu com instrumentos e microfones, mas sim pelados e com apenas algumas fitas adesivas em partes do corpo.

Como forma de protesto contra o PMRC, a banda deixou as guitarras atrás do palco mas as ligou para emitir um barulho irritante à medida que a banda ficava no palco em uma fila, com cada membro tendo uma letra em seu peito: P-M-R-C. Eles mantiveram suas bocas fechadas com fita e ficaram parados durante 15 minutos. A reação inicial foi de raiva, mas como Tom diria, esse era o ponto. E como forma de acalmar seus fãs, o Rage fez um show de graça como headliner na Filadélfia. "Foi nossa maneira de fazer com que o público soubesse que se eles não se envolvessem na questão da censura, eles não iriam poder ouvir artistas como a gente," Morello disse a respeito do caso.

E ele detalhou ainda mais para Ben Myers, "Nós tínhamos pensado em fazê-lo alguns dias antes, mas decidimos escolher a cidade certa para protestar – nesse caso a Filadélfia, lar do Sino da Liberdade e tudo mais. Pareceu apropriado. Naquela época o 2 Live Crew estava sendo censurado e nós decidimos usar algo de grande nível como o Lollapalooza '93 para... bem, basicamente era um ato de jogar merda no ventilador para causar barulho. Nós ficamos no palco durante quinze minutos e deixe-me dizer, quinze minutos são uma eternidade quando você está pelado na frente de trinta mil pessoas. É muito tempo! Como estávamos abrindo todo o show, durante os primeiros cinco minutos as pessoas foram à loucura. Depois as pessoas estavam pensando 'OK, onde está 'Bullet In The Head'? Nós olhamos pra eles, eles olhavam pra gente... durante mais cinco minutos. Aí eles começaram a ficar putos e as vaias vieram, os dedos do meio foram erguidos e eles começaram a jogar moedas, o que foi terrível. A maioria do público estava realmente puta, com raiva, mas esse era o ponto: você poderia não ouvir mais músicas controversas na rádio ou TV mainstream, mas você não deveria apenas sentar lá e esperar por ela. Você tem que agir se quiser ouvi-la, e foi o que nos prontificamos a fazer. Nós saímos do palco e, claro, a polícia veio para nos prender e, vamos dizer assim, os maiores fãs do Rage Against The Machine não são membros da Polícia da Filadélfia! Por sorte eu escapei porque consegui me esconder no ônibus do Fishbone..."

Morello iria elucidar seus pontos de vista quanto ao PMRC, dizendo a uma revista, "Normalmente, os tipos de música que são atacados são os de música negra, hip-hop, hard rock, e, tipo, música da classe trabalhadora branca, como heavy metal ou algo assim. Porque essas coisas, e isso não é uma coincidência, falam para as classes mais baixas. E algumas, obviamente suas músicas do Metallica, não têm uma mensagem contra fábricas que exploram seus trabalhadores. Ainda assim, há algo em sua forma que eles acham ameaçador, talvez o modo como os jovens expressam sua independência. Eles não gostam de música extrema e querem destruí-la. E eles querem que você seja obediente e nunca fuja do mainstream."

Também era tranquilizador perceber algumas das coisas que passavam pelas cabeças dos integrantes do grupo enquanto eles estavam lá, com suas partes íntimas ao vento. Coisas que muitos homens de sangue vermelho iriam contemplar dada a situação. "Eu estava pensando em como o vento sentia passando por baixo do meu escroto, o que as pessoas da frente estavam pensando, e todas as câmeras disparando seus flashes e o que eles iriam achar quando revelassem seus filmes," Brad Wilk riu. Fio um raro momento de diversão para o baterista, apesar da seriedade do ponto mostrado pelo RATM. Durante a turnê do Lollapalooza Wilk teve que lidar com um número de traumas: três dias antes dela começar seu pai foi assassinado; enquanto a banda estava na metade do festival, um amigo de Wilk cometeu suicídio; e houve uma terceira morte, quando um amigo da banda foi tragicamente assassinado.

Tim Commerford sentiu que precisava garantir sua masculinidade, prometendo às mulheres da plateia que "é maior que isso... o tamanho do meu pênis, é isso que passava na minha cabeça na Filadélfia." Foi um protesto onde Mary Morello se sentiu muito orgulhosa, e ela iria apoiar seus garotos diretamente quando deu um pequeno discurso antes deles subirem ao palco. Tom Morello disse a respeito de sua mãe, "Ela tem muito da aparência de uma professora suburbana aposentada mas é capaz de subir ao palco com um punho militante erguido e dizer, 'Por favor deem as boas vindas à melhor banda do universo!'"

Apesar de suas boas intenções e posições contra o sistema, o Rage estava começando a receber muitas críticas de vários setores relacionadas a sua autenticidade. A principal condenação era o fato do RATM ter assinando com uma grande gravadora apesar de possuir uma mensagem contra as corporações. É um debate que sempre vai, hmm, enfurecer, e há razões para concordar com os dois lados.

Cerimônias de premiação, em que o Rage se envolveu algumas vezes, podem ser vistas como a confirmação sobre o quão profundo você está ligado ao sistema – pelo menos para alguns.

GGGarth Richardson estava no local certo para comentar sobre a ascensão da banda desde quando eram músicos gravando um disco de estreia até quando eles se tornaram artistas vencedores do Grammy e não foi nada bom.

"Estar em uma grande gravadora era OK porque eles precisavam da máquina para explodir o álbum," ele considera. "Entretanto, eu achei difícil vê-los subir e aceitar seu primeiro Grammy [em 1997]. Eu acho que o Grammy representa tudo que a banda vai contra. Eu acho que Zack se sentia assim. Depois do primeiro Grammy... tudo que eles acreditavam foi pela janela."

Uma das piores críticas foi que algumas gravadoras, ou talvez as corporações onde elas estão incluídas como subdivisões, têm ligações diretas com a indústria armamentista. Zack De La Rocha respondeu de forma firme a isso, como nas páginas da excelente revista *Propaganda*, onde ele disse, "Eu garanto que há várias companhias que fazem muita merda, incluindo coisas como a indústria das armas... ficou claro nos anos Sessenta que a luta armada tinha falhado, pelo menos temporariamente. Então qual é a ferramenta de informação mais importante do nosso tempo? É a informação. Para mim, não usar a Sony para dizer às pessoas o que está acontecendo nos Estados Unidos e Europa, seria o mesmo que os Zapatistas não utilizarem armas que roubaram do Exército Mexicano."

Parecia complicado para alguns que uma banda que tinha o propósito de enfrentar o sistema e todas as suas armações deveria estar no topo de toda essa hierarquia das gravadoras. Quem isso está realmente beneficiando? Bem, certamente beneficia o RATM financeiramente e lhes dá exposição máxima. Não beneficia os fãs a não ser por saberem que os produtos do RATM estarão disponíveis e a banda irá receber apoio financeiro o suficiente para excursionar constantemente e produzir discos – enquanto continuar vendendo, é claro.

Para os fãs, o custo de um CD ou DVD do RATM é definido pela gravadora ou os fabricantes/distribuidores, o que não fica a cargo da banda e isso é porque a responsabilidade de fazer o dinheiro da gravadora fica a cargo da própria gravadora. O Rage não controla cada parte de sua operação, na verdade eles controlam relativamente pouco. Como dito várias outras vezes nesse livro e como Tom Morello faz questão de dizer, a banda tem completo controle *artístico* e *criativo*. Do ponto de vista do artista médio, você não poderia querer mais que isso, mas não estamos falando de uma banda que depende apenas de sua "arte" para falar por si mesma.

Muitos criticaram a banda por não se posicionarem como as lendas do hardcore Fugazi fizeram com suas operações. A banda é contratada da Dischord Records, gravadora fundada pelo líder do Minor Threat e do Fugazi, Ian Mackaye, que sempre fez com que o material da Dischord fosse barato o suficiente para as pessoas comprarem – CDs custam entre 9 e 10 dólares e o selo garante que seu catálogo está sempre disponível a esse preço, mesmo em grandes lojas. Então o fato é, em certas circunstâncias isso pode ser feito. O sistema pode ser alterado de dentro para fora, apesar de isso ser feito em num nível muito menor comercialmente falando.

No primeiro disco do RATM, eles estavam muito empolgados em estar em uma grande gravadora e assim muitas pessoas poderiam perdoá-los por lançar o disco de estreia dessa forma. Mas quando eles se tornaram populares ao redor do globo, a questão era simples, por que a banda não se liberta das garras de uma grande gravadora e "dá uma de Fugazi"?

Como Morello disse constantemente, é um trabalho incrivelmente árduo vender discos dentro de uma van. Ele tem razão. Não apenas a logística de tocar uma organização independente consome muito tempo e é difícil de administrar, mas o Rage já tem tudo aquilo que precisa em várias formas, qual seria o sentido em diminuir seu império logo que o haviam construído? "Eu não me importo com o que as pessoas em lojas de discos independentes pensam," Morello disse. "O que estamos tentando fazer é tirar Leonard Peltier da prisão. Como faremos isso? Você quer menos pessoas se organizando para tirá-lo de lá? Ou você quer mais?"

Ele disse a respeito do Fugazi, "Eu gosto da banda, e eu respeito sua integridade e o fato deles serem fortes, mas o lance que eles fazem, que somos totalmente incapazes de fazermos, é que eles são homens de negócios; eles são donos de uma gravadora; nós não temos a capacidade ou o desejo de fazer isso. Eu quero tocar grandes músicas e irritar 'O Homem', e eu não tenho tempo para lidar com recibos de vendas de discos na Bulgária."

De várias formas teria sido mais fácil para o Rage Against The Machine ignorar esses tipos de questionamentos e adotar o discurso de "minha arte fala por si própria". Mas Morello iria se envolver em longas discussões sobre suas crenças e ele é sempre direto e honesto. Quantos ativistas políticos admitem que não têm tempo para fazer as coisas de uma certa maneira, usando um método que seria muito mais respeitado e talvez até esperado por seus pares? No final das contas ninguém poderia criticar o Fugazi por suas filosofias mas havia milhares ao redor do mundo que convenientemente criticavam o RATM.

Morello aponta uma questão importantíssima entre o RATM e o Fugazi quando diz a *Rolling Stone* que, "Eu amo e respeito o Fugazi, mas eu não sei se eles fizeram mais que o Rage Against The Machine. Eles têm homens de negócio sagazes como donos de seu selo, mas eu não sei se eles conquistaram mais." Lendo essa frase você deveria admitir que Morello está correto ou pelo menos que as duas bandas operam em níveis bastante diferentes de ativismo.

Tom Morello também disse várias vezes, quando falou a respeito do RATM estar em uma grande gravadora, "Uma questão melhor poderia ser a todas as outras bandas em grandes gravadoras, 'Por que vocês não estão fazendo algo com a tremenda exposição que têm para mudar alguma coisa?' Ao invés de apenas atacar uma banda que está a utilizando para alguns objetivos políticos. Por que não olhar para todas as bandas que não estão fazendo isso?"

Como mencionado, o Suicidal Tendencies levou o RATM para uma turnê europeia quando eles apareceram na cena mas em algum ponto o líder do ST, Mike Muir, desenvolveu um grande ódio pela banda. Seu projeto paralelo Infectious Grooves compôs uma música chamada "Do What I Tell Ya" e começou a criticar o RATM. A principal crítica estava nas frases: "Agora você está discursando pela questão política / Ou está tentando aumentar sua questão financeira / E não vamos esquecer sobre as corporações malvadas / Então porque a Sony é a patrocinadora de sua apresentação?"

Em uma entrevista, Muir iria dizer para complementar a música, "Não tente fazer um discurso político só porque você está em uma banda. Concorra a algum cargo, mude o mundo se você acha que pode."

Esse tipo de crítica foi espalhado em meio aos inimigos da banda. Muitos simplesmente viam o Rage em uma grande gravadora e adotavam o discurso de tantos outros sem saber pelo que o grupo passou e que eles tinham motivos para fazer o que faziam e efetivamente realizar mais do que qualquer outra banda pudesse ter feito. Que banda moderna realmente conseguiu combinar uma carreira musical de sucesso, espalhada pelo mundo todo, com discursos políticos positivos e de mudança?

Isso também levanta uma esquisita pergunta sobre as críticas de artistas dentro da indústria da música. Em nenhuma outra profissão as vozes comunicam uma mensagem tão difamada como na indústria da música. Por algum motivo inexplicável, é inaceitável tocar em uma banda e ter letras políticas enquanto se ocupa um espaço no catálogo de uma grande gravadora, ainda assim é perfeitamente aceitável por exemplo ser um ator ou atriz mainstream e passar uma mensagem positiva.

Músicos não têm o privilégio de fazer outra coisa além de constantemente executar seu papel dentro da indústria e eles devem estar "por cima" em todos os momentos. Essa é claramente uma pressão injusta pela qual artistas e bandas não recebem seus devidos créditos. Todo mundo tem o direito de se desligar das coisas uma hora ou outra e, da mesma forma, a maioria de nós é feita de traços de cinza ao invés de branco ou preto. O que é o Rage Against The Machine senão o equivalente a um ator fazendo seu papel em um filme? Além disso, entretanto, eles participam em causas ativistas e têm tentado causar mudança em centenas de milhares de vidas pelo mundo. Com todo o respeito à profissão de ator, quantos fazem isso? Eles não passam simplesmente de papel para papel?

"Primeiro de tudo, se você vai criticar nossas táticas, você precisa se olhar no espelho e ver o que você está fazendo em sua vida que é mais produtivo de um ponto de vista ativista do que o Rage Against The Machine," Morello disse. "Se você puder fazer isso, então estou disposto a ouvir, mas se for apenas um garoto na Universidade cujos pais estão patrocinando e tem um pôster do Fugazi na parede, então esqueça."

Certamente, Morello estava se referindo à grande quantidade de críticas quanto ao manifesto do RATM que vinha da Internet. Elas eram em sua maioria de jovens suburbanos brancos privilegiados que decidiram que era mais produtivo sentar e criticar o Rage Against The Machine do que sair e tentar provocar algum tipo de mudança na sociedade. É assim a mentalidade de vários que tendem a criticar a banda. Novamente em defesa à posição de sua banda em uma grande gravadora, Morello disse, "Essa questão nunca veio para a banda de alguém envolvido em ativismo político. Isso só vem de jornalistas de rock presunçosos e, da maior parte, de pessoas da classe média que podem ter algum tipo de credencial elitista no indie rock, mas além disso nunca fizeram merda nenhuma no mundo do ativismo político. Em primeiro lugar, há pouco ou quase nenhum precedente quanto ao que estamos fazendo. Não há um mapa de bandas de rock revolucionárias em grandes gravadoras que vendem nove milhões de discos. Não há precedentes, então estamos descobrindo nossos próprios elementos."

De várias maneiras, o Rage era um alvo fácil. É uma resposta imediata questionar uma banda em uma grande gravadora que critica tanto o modo de vida corporativo e não há nada de errado em questionar e opinar sobre o assunto para ver se a banda é hipócrita, uma farsa, ou justamente o oposto disso tudo. Mas de forma predominante, é claro que aqueles que falam mais alto sobre o assunto são os que fizeram a menor quantidade de pesquisa.

Ninguém mexe uma pálpebra sobre o fato de autores como Noam Chomsky terem seus livros disponíveis em grandes livrarias ao redor do mundo, e seus livros não são de graça. É uma prerrogativa do anarquista atacar o sistema de qualquer maneira possível. Muito melhor é falar contra as injustiças de regimes em particular, e crimes capitalistas, e fazê-lo através da mídia de uma corporação. Há poucas instâncias da sociedade onde isso seria aceito. Se você se rebelar dentro de um escritório contra seu chefe ou contra os altos escalões de uma empresa em particular, você irá receber advertências e eventualmente ser demitido, mas, porque a própria sociedade é baseada no capitalismo, enquanto você está fazendo dinheiro para os poderosos, eles normalmente não se importam sobre o que você está falando. Isso deixa o Rage Against The Machine intocado e eles podem dizer o que querem, o que claro, acabam fazendo. Não é uma questão de integridade, mas sim de disponibilidade.

"Leonard Peltier não se importa com qual gravadora estamos trabalhando," diz Morello de forma convincente. "Nós conseguimos apresentar seu caso para toda uma nova geração de jovens, o que aumenta a pressão, através de cartas e e-mails ou qualquer outra mídia, para o Presidente Clinton enviar um pedido de clemência. A Liga Anti Nazista na Europa não se importa com a gravadora em que estamos, porque quando o assunto é organizar um show beneficente, nós levamos pessoas o suficiente para ajudar a colocar pessoas nas ruas no dia seguinte para arremessar tijolos em fascistas. Eles não se importam. Nem um pouco. É tático, mais do que qualquer coisa. Você tem duas coisas quando está em uma banda com ideais políticos: ou você põe sua cabeça na areia e vende seus LPs atrás de um caminhão e você sente muito orgulho de si mesmo por ser tão puro, ou você engaja o mundo e faz seu melhor para bolar estratégias que tenham efeito real de mudança."

Entre outras coisas, o Rage foi criticado por apoiar a organização Peruana Sendero Luminoso e seu líder preso Abimael Guzman, como é mostrado no vídeo de "Bombtrack". O Sendero Luminoso é uma organização comunista armada mas eles efetivamente representam o Partido Comunista. O governo do Peru considera o grupo uma organização terrorista e o SL é responsável por ataques a civis e camponeses assim como oficiais eleitos.

Não há entrevistas conhecidas onde Tom Morello responde essa pergunta, mas Zack De La Rocha foi questionado na revista *Propaganda* sobre este assunto. "Eu não os apoio pessoalmente. Eu apoio algumas das coisas pelas quais eles lutam," ele disse sobre o Sendero Luminoso. "Eu acho que eles deveriam se livrar das garras dos Estados Unidos e controlar sua própria fé, como todos os outros países na América do Sul e América Central. Mas eu acho que o Sendero Luminoso repete vários erros que eles deveriam ter aprendido ao longo da história. Eu acho que se o Sendero Luminoso assumisse o poder, não iria mudar nada na situação do povo Peruano. Seria somente outra pessoa no poder."

De La Rocha também iria falar a *Propaganda* sobre várias formas de rebeliões dentro da sociedade, e disse o seguinte a respeito de uma revolta armada. "Eu iria apoiar uma rebelião armada, se a mensagem chegasse às pessoas. Uma rebelião armada para uma sociedade onde as pessoas não têm que se vender à prostituição, trabalho barato, etc para sobreviver. Uma sociedade que muda as diferenças entre homens e mulheres, uma rebelião armada que aprende com os erros dos comunistas da União Soviética, que forçou um sistema em cima das pessoas. Mas eu não vou me juntar a nenhum grupo armado se eu não sentir que as condições são corretas. A coisa mais importante no momento é educar, informar e fazer com que as pessoas saibam das coisas até que seja a hora para uma guerra armada... e o Rage é parte desse processo."

SUA RAIVA É UM DOM

Em 1993 o impacto do excelente disco de estreia do Rage Against The Machine foi sentido na forma de uma trilha sonora que mostrou a cena que era responsabilidade de ambos Rage e Body Count. *Judgement Night* foi um filme subestimado e suas qualidades foram ofuscadas pelo lineup de estrelas que criou sua trilha sonora. A ideia era misturar várias bandas de rock e metal com estrelas do hip hop em duetos. Algumas das faixas mais memoráveis foram "Another Body Murdered" do Faith No More com Boo-Ya T.R.I.B.E, "Just Another Victim" do Helmet com House Of Pain e a faixa-título, tocada pelo Biohazard com o Onyx. Aquilo mostrou os picos que o rap metal poderia almejar, e como ele poderia ser rápido e pesado sem perder o espírito de nenhum dos gêneros. Esse álbum foi o único de uma espécie. Haveriam outras colaborações aqui e ali e outras coletâneas que tentavam uma abordagem similar mas nenhuma foi tão forte quanto *Judgement Night,* que tinha 11 grandes faixas.

Há também uma ligação entre o Rage Against The Machine e essa trilha sonora. A banda se uniu ao Tool para gravar uma música chamada "Can't Kill The Revolution", mas infelizmente ela não entrou no álbum. A faixa é obscura, para dizer o mínimo, e difícil de ser encontrada. Apenas uma audição, entretanto, mostra porque a canção não foi utilizada. A produção é horrível, soando como uma jam em uma garagem gravada em uma fita cassete C60! A combinação de verso sussurrado e refrão gritado soa amadora – mais como uma banda inexperiente que está tentando imitar ambos Tool e RATM do que como um grupo de profissionais. O potencial da música é evidente mas é uma representação pobre de ambos. Alguns fãs mais fervorosos das duas bandas chegaram a questionar se a música realmente foi tocada pelas duas bandas juntas já que soa tão estranha que parece que ambas a tocaram separadamente e depois passaram suas partes a um mago de estúdio para juntá-las! Ainda assim, apesar de ser fácil assumir isso, parece mais óbvio que a música veio de uma jam session entre Maynard James Keenan, Adam Jones e os membros do RATM. Se esse é o caso, foi uma tentativa decepcionante de melhorar a trilha sonora de *Judgement Night.*

Quando estava por conta própria, o Rage continuava inabalável, destruindo palcos através dos Estados Unidos e Europa. No festival Pink Pop na Holanda, a banda causou tanto furor na plateia que a força resultante pôde ser sentida em equipamentos sísmicos, medindo 1.1 grau na escala Richter. O festival não tinha nada de especial até que o Rage começou seu set e tudo foi à loucura. Era um demonstrativo da reputação do RATM em solo europeu, e levaria algum tempo até que eles sentissem o mesmo impacto em sua terra natal.

"Era quase surreal, porque naquela época, quando nós fizemos aquele show, acho que nós não tínhamos vendido 50.000 cópias do disco nos Estados Unidos," Morello daria mais detalhes. "Então havia mais pessoas pulando para cima e para baixo em um campo na Holanda durante 'Killing In The Name' do que aquelas que conheciam a banda nos Estados Unidos. Estávamos vivendo o clichê. 'Somos maiores na Europa! Somos gigantes na Holanda!'" Não foi apenas o público que foi à loucura durante o set da banda. Apesar de ser o menos móvel da banda, o baterista Brad Wilk ainda conseguiu machucar dolorosamente as suas costas. "Ao final de 'Bullet In The Head' eu detonei os músculos do lado direito das minhas costas até meu pescoço," ele se lembra. "Nós tivemos que interromper a turnê por, tipo, duas semanas."

Naturalmente, depois de um debute de sucesso, os fãs começaram a pedir por novo material e ele teria que ser bom o suficiente para manter o bom momento. A banda se agrupou depois de um ano de turnê e reuniu mais cobertura da imprensa do que poderia imaginar. Agora eles realmente tinham uma plataforma sobre a qual poderiam ficar para falar das questões que julgavam importantes. Mas havia tensões dentro do grupo e foi algo inesperado que nenhum dos quatro sabia muito bem como resolver.

"Fazer o segundo álbum *Evil Empire* foi muito, muito difícil," Tom Morello relembrou a Ben Myers. "Muitas discussões. Nosso sucesso nos colocou sob um microscópio e nós lidamos com aquilo de formas diferentes. Minha abordagem foi explorar as fronteiras do rock and roll e ir além, politicamente e musicalmente, mais do que qualquer banda já havia feito antes. Outros queriam recuar e consideravam que nosso 'sucesso' era uma coisa ruim e precisávamos dar um passo para trás até as nossas raízes independentes."

"Muitas tensões vieram dos conceitos que cada um de nós desenvolveu depois do primeiro álbum sobre como um grande disco deveria soar," De La Rocha adicionou. "Tendo passado um tempo sem compor continuamente devido a nossos engajamentos políticos, nós voltamos com ideias diferentes."

Enquanto ganhou direitos completos e liberdade durante o curso do primeiro álbum, De La Rocha sentiu que foi inibido nos ensaios do disco seguinte. Ele procurava reconhecimento de seus colegas de bandas e sentia que aquilo não acontecia, levando a um ressentimento que começou a afetar o material, a atmosfera e aqueles ao redor do grupo. Rapidamente, rumores surgiram dizendo que a banda havia terminado. Uma grande fofoca dizia que certos executivos da indústria da música viajaram a Chiapas, no sul do México, onde De La Rocha estava, e lhe ofereceram uma mala de dinheiro para voltar para a banda. Se fosse verdade, era difícil imaginar um gesto de reconciliação mais impróprio para alguém como De La Rocha. Tais fofocas eram infundadas mas levaria algum esforço para acalmar Morello e De La Rocha. O primeiro iria explicar os problemas que aconteceram entre ele e o vocalista, rindo, "Não é único entre bandas de rock se deparar com discussões ocasionais dentro da banda. Sim, é parte da história – às vezes é uma grande parte. Mas comparado à música que nós fazemos e às causas que defendemos, a personalidade da banda além desse ponto não interessa tanto assim. Alguém se importa se os membros do Dokken se entendiam ou não?"

Ele tinha bons motivos para estar tão calmo quanto ao estado de sua banda. Apesar das supostas brigas dentro do grupo, eles estavam compondo muito material. O RATM tinha certeza de que não iria repetir a fórmula do disco de estreia. Sim, eles contariam com os raps inteligentes de De La Rocha e os ritmos experimentais de Morello, a bateria e o baixo ainda estariam focados e recheados de grooves do hip hop, mas era necessário haver algum tipo de progresso, uma melhora. Era discutível se a banda poderia melhorar um disco tão marcante quanto o de estreia. Esse tipo de dilema é algo bom para ter: como você melhora a perfeição?

O jeito mais fácil de responder era caminhar em uma direção similar mas com um novo foco e outro meio de gravação. A banda decidiu optar por um novo produtor e escolheu Brendan O' Brien. "Eu ouvi dizer que foi um inferno fazer aquele disco," GGGarth diz sobre o trabalho de O' Brien. "Eu adoraria tê-lo feito, mas ainda bem que não fiz. A gravadora queria usar alguém que não fosse eu, e eu não tenho problemas com isso. Muitas bandas e selos fazem isso. É parte do show business." A banda ainda tem a amizade do produtor, como ele explica. "Quando eu estou em LA, me encontro com eles. Nos abraçamos e rimos sobre Tim ter cagado em um pacote e dado ele pra mim."

Apesar de Brendan O' Brien ter trabalhado com vários tipos de músicos, na metade dos anos Noventa, ele ficou conhecido como produtor de grunge, tendo sido responsável por discos como *Vitalogy* do Pearl Jam e o debute do Stone Temple Pilots, o clássico grunge *Core*, assim como seu sucessor, *Purple*. Morello e Companhia sentiram que O' Brien poderia capturar a tensão e performance incendiária da banda. O' Brien talvez tenha sido parte da razão pela qual a banda conseguiu acertar suas diferenças amigavelmente, já que trouxe diversão às sessões de gravação e ignorou as diferenças criativas que estavam surgindo. O foco mudou e a banda sentiu sua energia renovada, além de estar mais do que pronta para promover seu trabalho.

Ainda assim, ambos De La Rocha e sua seção rítmica não estavam completamente satisfeitos com o material e o feeling do novo disco. "Eu me lembro de ir fazer esse álbum e ouvir os sons que estavam aparecendo e odiá-los, desprezando todo o trabalho," De La Rocha disse. "Ser um grande artista é uma forma de grande frustração e eu não tenho certeza se poderia estar completamente satisfeito. Mas isso me mantém indo adiante, mesmo que na época nós estivéssemos pensando em encerrar as atividades. A outra coisa que nos manteve vivos foi a consciência de que poderíamos levantar questões importantes, falar sobre assuntos e engajar os jovens politicamente." Brad Wilk demonstrou toda sua confusão quanto ao álbum quando disse, "Entre as faixas musicais e as letras estarem prontas e até alguns meses depois, eu fui desde um sentimento de ódio quanto ao álbum, até o amor por ele. Esse período é muito difícil de objetivar com a música."

Então por que o álbum – chamado *Evil Empire* – foi tão difícil não apenas para os fãs, mas até mesmo para a banda de aceitar? O segundo disco sempre seria algo complicado de definir sem comparações com o álbum de estreia. E quando foi dito que o novo material era mais duro, escuro e envolvente, muitos fãs ficaram confusos ou até mesmo deixaram a banda de lado. No final das contas, a aparente inacessibilidade do material seria uma de suas maiores forças.

A promoção começou com "Bulls On Parade". A música era um protesto contra aquilo que é conhecido como o Complexo Industrial Militar, que se refere a industrialistas e militares que fabricam armas e obtêm lucro ao vendê-las para governos ao redor do globo. O termo foi cunhado pelo então Presidente dos Estados Unidos, Dwight E. Eisenhower em 1961.

De La Rocha colocou uma de suas melhores performances vocais na história do RATM, cuspindo as palavras com eficiência. Havia também um jogo de palavras em certas frases, como o uso de "terror of rains" que também se refere ao povo dos EUA ser reinado pelo terror. A linda ironia de "terroristas" estrangeiros serem citados como a maior ameaça aos EUA e ao mundo, enquanto debaixo do nariz do Presidente armas estavam sendo produzidas em massa e pessoas estavam lucrando com isso, é um dos principais temas da música.

Musicalmente, foi o cartão de visitas do segundo disco. A combinação da letra, que estava quase fora de sintonia com a música, e a guitarra simples é deslumbrante, a voz de Zack soa revigorada e vibrante. A música traz uma frase forte em particular, "Enquanto depósitos de armas são preenchidos tão rapidamente como as celas,", e ali havia um senso palpável de raiva em sua voz, não ao gritar ou berrar a frase, mas sim ao mostrar uma indignação genuína por trás da música. A faixa era melhor ainda pela quase casual entrega dos versos. Entretanto, não seria o Rage sem um clímax tumultuoso, e o riff imenso e poderoso causa uma explosão com Zack gritando o título da música várias e várias vezes. Aqui talvez estivesse a pista de que essa banda era fiel ao que disse em seu primeiro álbum. Não era um desvio casual sobre uma causa política, era tudo real, estruturado e sem censuras.

Há muitas bandas chamadas de políticas mas seu discurso parece ser desenhado para lhes dar uma identidade ao invés de trazer um desejo inerente por mudança. É uma maneira de vender discos rapidamente. Se jovens acham que estão sendo rebeldes quando compram música "perigosa" então o efeito será o mesmo se for o W.A.S.P. cantando sobre foder como uma besta ou uma banda moderna de punk falando sobre atrocidades da polícia. Essa era a acusação em cima do Rage Against The Machine: insinuar que eles realmente sentiam o que estavam falando, mas no final das contas não se importavam com os resultados e só utilizavam o discurso como uma maneira fácil de vender discos instantaneamente. A rebelião é um conceito encantador para a maioria dos adolescentes e quaisquer adultos potencialmente rebeldes.

A questão era volta e meia trazida à tona: o RATM era sincero quanto a seus ideais? Ouvir "People Of The Sun" uma vez deveria ser o suficiente para calar os críticos. Apesar da música ter um riff pegajoso que soa como se tivesse sido tocado normalmente, não foi uma palheta ou o pulso que fez o trabalho – mas sim uma chave de fenda Allen raspada pra cima e pra baixo na corda "La" de Morello. Sua simplicidade era tal (contrastando seu imenso porte), que a música surgiu em menos de uma hora. A letra falava sobre as batalhas dos Zapatistas no México, trazidas à tona artisticamente pelo modo poético de De La Rocha.

Se havia uma crítica sobre a mensagem da banda, esta seria de que a ferocidade de De La Rocha ao cantá-las fazia com que fosse difícil entendê-la após uma primeira audição, especialmente sem o encarte. Ainda assim, mesmo com as letras na sua frente, pode ser difícil relacionar os sentimentos expressados com a questão exata sendo abordada.

O que não significa que as letras deveriam ser mais diretas ou óbvias, afinal de contas isso fazia parte do estilo de De La Rocha ao incorporar hip-hop old school e alterações e abreviações de palavras junto com seus temas desafiadores. Mas se uma pessoa ouvisse as músicas na rádio, sem pistas sobre os contextos e as letras, ela sem dúvida alguma teria pouca ideia do que a verdadeira mensagem estava falando. Assim, havia um sentimento de pregar para aqueles que já estavam convertidos, ou pelo menos para aqueles que tinham conhecimento para realizarem uma pesquisa e irem atrás dos eventos mencionados.

O clipe da música deu uma ideia mais clara sobre seu conteúdo lírico, apesar da origem ser relativamente obscura. O material em preto e branco ao estilo de documentário veio do filme do diretor Sergei M. Eisenstein, de 1979, *Que Viva México*, que ofereceu uma explicação e celebração quanto à cultura Mexicana. Havia também estatísticas relacionadas ao Exército Zapatista de Libertação Nacional e algumas cenas de armas chegando ao México vindas dos Estados Unidos. Para o público, graças aos censores da MTV, cenas de um trabalhador Mexicano sendo enterrado vivo, depois pisoteado e cenas de jovens mortos em um necrotério foram substituídas por outras de atividades militares – aparentemente incendiárias, mas completamente indiferentes.

Foi a Viacom, empresa que é dona da MTV, que criou objeções ao vídeo e mandou uma lista para a banda com tudo que eles queriam que fosse alterado. "Sem querer soar como um teórico da conspiração, eu acho que eles não gostam das políticas da banda e procuram desculpas para não passarem o clipe," Tom Morello disse. O RATM lançou depois seu próprio DVD/VHS com a versão sem cortes desse e outros clipes que haviam sido censurados anteriormente.

Durante os anos que antecederam o lançamento do *Evil Empire*, Zack De La Rocha tinha entrado de cabeça na cultura de seus ancestrais, viajando até Chiapas e se submetendo ao cotidiano dos indígenas. Ele visitou a vila de La Garrucha, um lugar tão relativamente obscuro que há pouca informação sobre sua origem e seu povo em qualquer lugar a não ser antigos livros Mexicanos.

"Há certas coisas sobre fazer música que estão me deixando muito confortável," De La Rocha iria explicar. "A raiz de nosso medo na cena hardcore sempre foi a questão de como poderíamos viver e manter o estilo de vida. Esse era o grito fundamental em nossos corações, sabe? 'Não seremos escravos dos salários! Não vamos trabalhar das nove às cinco!' Mas às vezes esse conforto tira muito do que fez essa música vital e do que fez das nossas atividades algo importante. Ir ao México e sentir que minha vida estava em perigo me fez sentir isso de novo. Me fez sentir vivo novamente, e eu sinto falta disso."

Havia poucas referências a seu envolvimento pela Internet, ainda assim dentro da própria comunidade de De La Rocha seu ativismo estava se tornando mais visível. No começo de 1996, quando as gravações de *Evil Empire* terminaram, o vocalista reuniu um grupo de jovens estudantes, artistas e ativistas de East Los Angeles para visitar acampamentos civis pela paz em La Garrucha. De La Rocha não tinha ilusões do que esperar mas ficou claro que até ele se surpreendeu e se assustou com o que encontrou. "Eu vivi o terror e a intimidação da integridade das pessoas pelos soldados;" ele disse a *Enlace Civil* em Chiapas, "o isolamento em que as comunidades têm que subsistir; os acampamentos militares localizados entre as casas e o campo, eu entendi que uma das grandes missões de uma guerra de intensidade baixa é cansar as pessoas através da fome e criar uma falta de suprimentos. Essa prática de deixar as pessoas famintas tem o mesmo efeito que a ideia de jogar bombas na população.

Nós vimos como a militarização havia crescido," ele continuou, "nós verificamos como a militarização de mais de 70.000 soldados obrigou as 70.000 famílias a enfrentarem a morte através da fome; nós também vimos as ameaças e as intimidações diárias sofridas pelas comunidades. Fomos testemunhas disso. Vimos como os soldados queimaram os campos, tiraram as crianças das escolas e as transformaram em quartéis... E cada vez nos tornamos mais familiarizados com a forma de organização dos Zapatistas, o trabalho comunitário e a cooperação. E eu percebi que os motivos por trás da militarização eram os de destruir a comunidade e manter as pessoas longe de se organizarem de forma autônoma para fugir da pobreza e do isolamento."

Mais uma crítica que seria disparada ao RATM era o fato de que eles apoiavam lutas do povo Mexicano enquanto havia pessoas em seu próprio país que passavam fome e não tinham onde viver. Na sua música "Rage Against The Mac Machine", a banda de hardcore Americana M.O.D. (que era liderada pelo frontman Republicano Billy Milano), dizia, *"Junte muito dinheiro e mande para o Tibet / Seus hipócritas, vocês se esqueceram, há pessoas passando fome em seu próprio quintal."*

Ainda assim o México era parte daquilo que formava Zack De La Rocha, tanto ancestralmente quando emocionalmente, e como Chicano, era difícil separar as coisas e se associar ao povo Americano. Chiapas era seu quintal tanto quanto Los Angeles.

Novamente é uma questão de conhecimento, ou na verdade, da falta dele. Quando alguém olha para as estatísticas das atrocidades acontecendo em Chiapas, elas tornam a realização de ações no local algo muito mais justificável. Entre a metade dos anos Noventa e 2005, 150.000 crianças em Chiapas morreram de doenças curáveis, parcialmente porque há mais veterinários lá do que médicos. Há também apenas um professor para cada mil alunos. Apenas um terço da população tem eletricidade em suas casas apesar do fato de Chiapas possuir 63% da capacidade hidrelétrica de todo o México. Parcialmente devido a isso e parcialmente devido a sua afeição pelos Zapatistas, Zack De La Rocha começou uma associação com a Comissão Nacional pela Democracia No México, uma organização com o objetivo de educar tanto os indígenas quanto as outras pessoas sobre os Zapatistas e o NAFTA (North American Free Trade Agreement, Acordo de Livre Comércio entre EUA, México e Canadá). "Nosso trabalho aqui pode salvar vidas," Zack explicou. "Quanto mais pessoas ficarem sabendo sobre os Zapatistas aqui, teremos mais chances de evitar uma intervenção militar em massa em nome desse país."

O Exército Zapatista de Libertação Nacional (EZLN) é uma organização armada baseada em Chiapas, México. "Chiapas é um estado rico em recursos mas pobre em qualidade de vida," De La Rocha explica no DVD do RATM, *Battle Of Mexico City*. "Há aqueles que não aceitam mais a pobreza que o sistema lhes oferece. Essas pessoas são conhecidas como os Zapatistas." Emiliano Zapata Salazar (ele retirou seu último sobrenome) nasceu em 8 de Agosto de 1879 em Anenecuilco, Morelos, México. Na época, os grandes responsáveis pela pobreza estavam tirando as terras de indígenas e das comunidades. Eles eram forçados a saírem dos seus lares ou trabalharem para aqueles que tinham tomado suas terras.

O renomado expert Mexicano e escritor Alan Cogan diz, "Os *hacendados*, donos de terra extremamente ricos, em conluio com o governo, retiravam os camponeses de suas terras. O propósito desse roubo descarado era transformar a terra em campos de produção de cana-de-açúcar, ao invés do tradicional milho, porque na época o açúcar trazia mais dinheiro dos mercado mundiais. Os *hacendados* viviam vidas de incrível luxo, passando boa parte do tempo em resorts na Europa. Eles evidentemente não tinham nenhuma pena das pessoas que estavam nas terras que eles roubaram apontando armas a suas cabeças, deixando os camponeses sem lugar para viver. Uma revolução era inevitável."

Zapata iria crescer para se tornar um revolucionário em campanha pelos direitos dos moradores das vilas ao brigar pelo direito legal de suas terras que havia sido removido. Apesar de Zapata estar legalmente correto, as ações do governo eram lentas e então ele decidiu criar um exército armado como resposta. Essa força estava destinada meramente a recuperar suas terras. A Revolução Mexicana de 1910 foi uma revolta em massa como forma de protesto e várias condições econômicas e sociais e durou quase uma década. Em muitos casos na história, onde um revolucionário cria um problema inevitável para o governo, os poderosos simplesmente removem o ofensor de seu caminho. Em 10 de Abril de 1919, Zapata foi convidado a uma reunião onde sua oposição alegou estar disposta a ouvir os moradores das vilas. Mas quando ele chegou ao local marcado foi recebido com tiros do Colonel Guajardo e seus homens. Pelo menos é o que a história conta. "Eles dizem que Zapata não morreu, ele precisa voltar," Zack De La Rocha narra no DVD *Battle Of Mexico City*.

No folclore do povo de Morelos, há a crença de que Zapata não morreu, que o corpo era de um amigo posando como se fosse Zapata e que Zapata voou para outro país quando morreu mais tarde de causas naturais. John Steinbeck, que escreveu o roteiro para a maravilhosa biografia da vida de Zapata lançada em 1952, *Viva Zapata!* (onde Zapata foi interpretado por Marlon Brando), diz em sua biografia sobre o homem: "Zapata era um homem maior que seu povo. Ele pertence ao mundo todo e seu símbolo de pirataria, violência e de resistência contra a opressão é um símbolo mundial."

Em 1994, os Zapatistas declararam guerra contra o estado Mexicano mas logo foram derrotados pelo exército do país. Desde então o grupo tem focado em procurar apoio de várias partes do mundo e utilizado a comunicação e a educação como sua principal forma de mudança – se eles conseguirem alistar a ajuda de milhares ao redor do mundo, eles terão mais poder que o exército Mexicano. É aqui que o RATM – ou certamente Zack em particular – entra. Como Zack já falou, o NAFTA representa exatamente o tipo de política neoliberal que o EZLN condena. O acordo essencialmente acaba com o potencial do povo do México de trabalhar pelo seu sustento.

"O que aconteceu como resultado do NAFTA foi que ao ser aprovado e implementado no México, ele anulou o artigo 27 da constituição Mexicana," Zack explicou. "O artigo 27 é aquele que garante os direitos das terras dos camponeses, fazendeiros indígenas e suas famílias, como um resultado do que aconteceu em 1910. Um milhão de pessoas morreram no México na Revolução de 1910, e por essa razão, que foi anulada pelo NAFTA, foi uma sentença de morte para as pessoas morando lá."

A resposta armada a partir do EZLN vem de uma declaração feita logo antes da revolta de 1994. O chamado era para, "exigir que as forças armadas revolucionárias não tenham interferência em questões de ordem civil ou de disposição de capital relacionado à agricultura, comércio, finanças e indústria, já que esses assuntos são exclusivos às autoridades civis, eleitas de forma democrática e livre." Em oposição às revoltas armadas, os Zapatistas prometeram se defenderem

– como fosse necessário, como o slogan diz. A declaração diz, (que as pessoas deveriam) "adquirir e possuir armas para defenderem suas pessoas, famílias e propriedades, de acordo com as leis de disposição de capital de fazendas, comércio, finanças e indústria, contra os ataques armados vindos das forças revolucionárias ou aqueles ligados ao governo."

Os Zapatistas simplesmente querem o direito de governar seu próprio povo e decidir entre eles como usar sua própria terra e viver dentro de sua própria comunidade sem as restrições das maléficas forças externas. Como o porta-voz da EZLN, Subcomandante Marcos já disse em várias ocasiões – "Meu real comandante é o povo." Marcos é visto como o líder dos Zapatistas mas isso foi negado. Ele prefere ser conhecido apenas como um porta-voz. Ele com certeza tem muita influência.

Desde Dezembro de 1994, os Zapatistas têm dado passos bem sucedidos para conseguir sua própria autonomia e sistema de governo. Várias programas comunitários foram introduzidos desde sistemas de saúde e de educação até programas de produção de alimentos. Zack sentia que a música do RATM havia "se tornado uma ponte" para ajudar os Zapatistas ao fazer com que fãs do Rage soubessem de suas causas. O vocalista explicou, "É importante para mim, como um artista popular, deixar claro para os governos dos Estados Unidos e do México que apesar da estratégia do medo e da intimidação aos estrangeiros, apesar de suas armas, apesar de suas leis de imigração e reservas militares, eles nunca conseguirão isolar as comunidades Zapatistas das pessoas nos Estados Unidos."

Em referência aos comentários feitos por Billy Milano, houve várias declarações que o RATM fez a respeito de seu próprio quintal, desde as injustiças dentro do sistema carcerário até demonstrações antinazismo, entre outras. Talvez eles poderiam ter feito mais, mas com certeza era mais difícil lutar contra o corporativismo da América. Adicionalmente havia várias ramificações para os moradores dos Estados Unidos dizendo respeito ao tratamento horrível dado a Mexicanos.

"Estar em Chiapas te enche com um senso do que realmente pode acontecer nos EUA se a gente deixar," Zack disse a Norm Arenas. "A América tem uma quantidade enorme de assuntos em jogo no México. Um quarto de todo o petróleo daqui vem do México, e eles acabaram de descobrir petróleo em Chiapas. O que essas comunidades significam para um governo que serve somente como um porta-voz de empresas como a Shell? Elas não significam nada. Essas pessoas vislumbram o progresso através de relatórios de fluxo de caixa."

Morello, De La Rocha e Companhia mais do que sabiam sobre as dificuldades em seu país, e Zack foi esclarecedor ao descrever o problema nos EUA. "Há duas razões pelas quais a cultura política dos EUA é tão imatura," ele disse a *Propaganda*. "A primeira é o sistema educacional que tem sido desenvolvido para estimular a obediência e parar o pensamento crítico. A segunda é que a imprensa é muito extrema, para dizer o mínimo, no sentido de que os interesses comerciais que controlam os EUA são importantes, e não a possibilidade dos jovens ficarem sabendo o que está acontecendo em seu país e no mundo lá fora. Quando você ouve mais sobre a vida de Mike Tyson do que sobre os 1.500 corpos que foram encontrados na fronteira dos EUA com o México nos últimos cinco anos, você tem um problema sério. Eu acho que são esses dois fatores que são responsáveis pelo fato dos Estados Unidos nunca ter contado com um movimento político forte."

Tais observações eram centradas na racionalidade, mas será que De La Rocha realmente achava que poderia causar uma revolução na América? Se ele acreditava que poderia ou não, a afirmação é que qualquer tipo de mudança positiva é melhor do que nada. Com o RATM servindo como um veículo para mudança e uma troca de informações, os ouvintes poderiam escolher o caminho que quisessem, fosse comprando mais livros sobre as histórias reais por trás de atrocidades e injustiças no mundo, uma camiseta ou até mesmo tornando-se parte das organizações populares.

De forma reveladora, o encarte de *Evil Empire* trazia uma colagem de vários livros como leitura sugerida. Nomes notáveis incluem *50 Ways To Fight Censorship*, *The Anarchist Cookbook*, *The Black Panthers Speak* e *Race For Justice: Mumia Abu-Jamal's Fight Against The Death Penalty*.

Se as palavras do Rage não inspiraram mudanças verdadeiras, pelo menos eles estavam informando ouvintes, muitas vezes de forma subliminar, às vezes diretamente. Por exemplo, a capa de *Evil Empire*. Ela parece inocente, e de fato foi o tipo de capa que as lojas e grandes cadeias nunca iriam se opor a vender, mas a mensagem estava lá se eles soubessem ou não.

O estilo da capa veio do personagem Crimebuster da Marvel Comics, desenhado por Mel Ramos. Há uma dualidade inteligente por trás da arte. Primeiro há a tradução literal que encaixa com o título do álbum. A frase "Evil Empire" ("Império do Mal") veio do nome dado à União Soviética, mas aqui o Rage estava dizendo que o maior império do mal é na verdade os Estados Unidos e que tipos como o Crimebuster precisam começar com o maior império do mal primeiro – aquele mais perto de casa, o inimigo no espelho.

Há ainda a cutucada à cultura de super-heróis das histórias em quadrinhos, aquela que cria personagens fictícios que podem salvar o mundo. O Crimebuster nunca iria salvar o mundo. E a noção de que ele poderia é simplesmente uma sátira. Se um dia todos no Rage perdessem suas habilidades musicais, eles poderiam facilmente trabalhar em alguma revista sarcástica.

As faixas restantes de *Evil Empire* eram mais difíceis de serem digeridas. Não era o caso de precisar de algumas audições para realmente entender o material, em alguns casos foram necessários anos. Falando pessoalmente, eu não apreciei a genialidade do álbum como um todo até vários anos após seu lançamento apesar de ouvir o álbum todo regularmente. Talvez seja porque o primeiro álbum é tão instantâneo, tão pegajoso em cada faixa, e aqui está um álbum em que você precisava trabalhar para apreciá-lo.

Em alguns casos é mais fácil para uma banda compor dez músicas grudentas e transformá-las em faixas tão instantâneas quanto possível – é assim que compositores de músicas pop vivem. O RATM não fez o óbvio ou previsível e essa é apenas uma razão porque sua arte não envelheceu e não irá envelhecer. Além das duas primeiras músicas, uma das faixas que se destacam, que é relativamente imediata, é o funk pistoleiro de "Vietnow". Rápida, peculiar e tão direta quanto o Rage pode ser.

"Medo é seu único Deus no rádio,", diz De La Rocha, se referindo à horrenda massa de programas populares de direita no horário nobre das rádios AM. Aqui Zack combate os "comentaristas políticos" conservadores que apoiam ou promovem a palavra do Senhor.

Depois de "Revolver" e "Snakecharmer", que mostra seu charme e mágica através de uma linha de baixo de Commerford envolvida na ponte e no refrão, está o monte de raiva que é "Tire Me", supostamente sobre a morte do ex-presidente Richard Nixon. E "Down Rodeo" traz uma faixa sacana de hip-hop recheada de mais poder.

Essa era apenas uma das faixas falando sobre a vida "em seu próprio quintal". A letra diz respeito ao distrito comercial de Rodeo Drive em Beverly Hills, Califórnia, uma das áreas de comércio mais ricas do mundo. As palavras de Zack lidam com a injustiça da pobreza nos Estados Unidos enquanto há gente gastando milhões de dólares em um distrito consumista formado por brancos.

"Eu tenho que garantir que essa banda não se torne algo longe do povo," Zack diria. "Quando o senso de ação política de uma pessoa se resume a colocar seu voto dentro de uma caixa a cada quatro anos, haverá um senso de desespero porque aquilo está fadado a falhar na missão de trazer as mudanças que os pobres trabalhadores precisam." A música somente foi lançada como um single promocional para as rádios e outras mídias, mas quase não foi tocada.

Outras como "Wind Below" e "Roll Right" não são as melhores gravações já feitas pelo Rage e meio que preenchem o resto do disco. Até mesmo a última faixa "Year Of The Boomerang" é menos que efervescente, apesar de demonstrar ritmos nada comuns e fora de ordem de Wilk, Commerford e Morello. O último mostrou uma gama ainda maior de criatividade na guitarra durante o álbum, mudando o clima de várias músicas com uma raspada aqui e outro botão ali.

"No segundo disco eu comecei a sentir um preenchimento criativo," Morello disse a respeito de seu estilo na guitarra, e o desafio de moldá-lo ao RATM. "Os barulhos estranhos tinham se tornado muito mais uma fundação, e eu tentava criar coisas doidas, de virar a cabeça. Nesse ponto, elas são o que eu procuro primeiro, como um guitarrista de blues iria atrás de um certo tom e estilo sem precisar dizer, 'Agora vou tocar um ritmo do blues'. Outro dia, um repórter disse que o Rage não tem senso de humor. Brad Wilk disse, 'Você não ouviu os solos de guitarra!'"

Evil Empire foi lançado em 15 de Abril de 1996 e foi direto para o topo das paradas nos EUA, ficando também em quarto lugar no Reino Unido. O Rage iria ganhar um Grammy de "Melhor Performance de Metal" com "Tire Me". A *Kerrang!* deu ao álbum quatro de cinco K's, dizendo, "Com um disco de estreia único que dificilmente poderia ser alcançado, o Rage mostrou sua força e trouxe um sucessor potente. 'Bulls On Parade' e 'People Of The Sun' são hits e apesar de *Evil Empire* ser ainda mais forte em alguns pontos, eles sofreram com seu próprio alto nível."

Apesar de Tom Morello dizer que *Evil Empire* era um disco "escuro" e que as pessoas não queriam necessariamente ouvir o Rage fazendo um álbum escuro, parecia ser suficiente para fãs e críticos. Houve alguns que falaram mal, mas se alguém passasse tempo o suficiente examinando o álbum, poucos anos depois iriam entendê-lo melhor. Para aqueles que esperavam outra "Killing In The Name"? .... "Nós não estávamos nesse ponto," Morello respondeu. "Estávamos em um lugar muito sombrio, e isso foi refletido no disco."

Ainda assim, o Rage Against The Machine silenciou quem duvidava da banda e silenciou suas próprias dúvidas pessoais. Eles podiam funcionar como uma unidade mesmo após alguns anos de questionamentos, preocupações e dúvidas. Eles não apenas continuariam sendo amigos, parceiros de turnê e colegas de banda, mas poderiam compor música incendiária, poderosa e hinos que poderiam e iriam mudar o mundo.

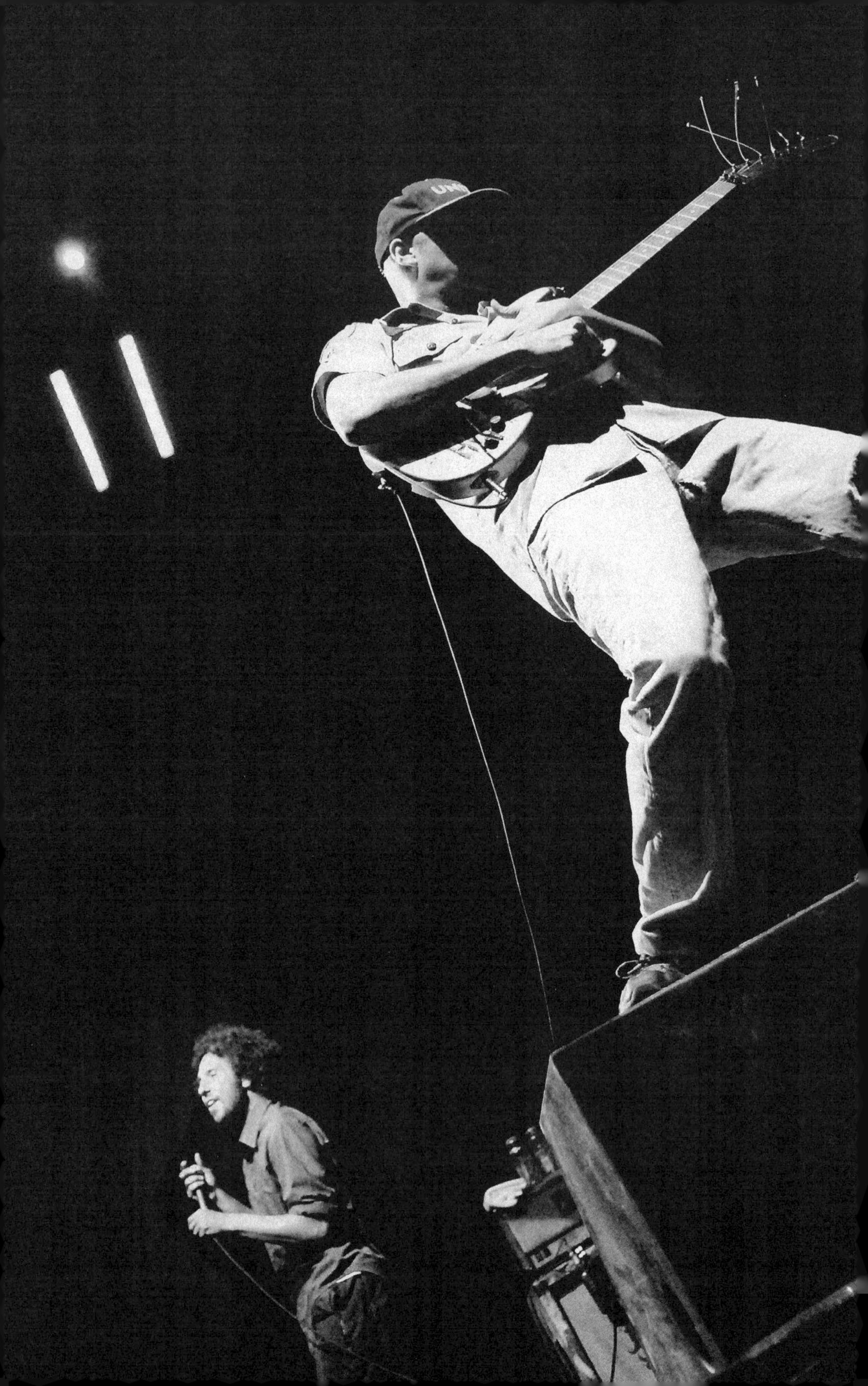

ENTÃO VOCÊ QUER UMA REVOLUÇÃO

Com o sucesso de *Evil Empire*, o Rage Against The Machine tinha provado que não era uma banda de uma música só. Havia levado algum tempo até que o segundo disco fosse preparado mas eles garantiram que o álbum fosse extremamente forte antes de lançá-lo. Agora era hora da banda aproveitar sua posição para aumentar seu ativismo.

Depois de uma aparição na trilha sonora de *Duro Aprendizado*, com "Year Of Tha Boomerang" (uma versão demo de "Tire Me" também apareceu no filme), o RATM foi escalado para aparecer no programa de televisão de comédia mais famoso dos Estados Unidos, o *Saturday Night Live*. Se a banda sabia ou não, é algo que está no ar, mas naquela noite o apresentador do *SNL* era o bilionário Republicano e então candidato à Presidência dos Estados Unidos, Steve Forbes. Seu pai Malcolm era o editor-chefe da revista de negócios *Forbes* além de presidente da sua editora, Forbes Inc.

Em protesto contra a aparição de Forbes no programa, a banda tentou pendurar duas bandeiras dos Estados Unidos de cabeça para baixo sobre seus amplificadores segundos antes de tocar "Bulls On Parade" – as bandeiras foram removidas por funcionários antes do protesto ir ao ar. De acordo com o fã clube online do RATM, Tom Morello disse que a razão pela qual eles penduraram as bandeiras invertidas era sua "afirmação de que a democracia Americana está invertida quando o que se diz democracia é uma escolha eleitoral entre dois representantes das classes privilegiadas. A liberdade de expressão dos EUA é invertida quando você pode dizer qualquer coisa que deseja a não ser que ela irrite um patrocinador." A postura do Rage trouxe exatamente esse tipo de resposta.

Os produtores do *SNL* disseram à banda que eles tinham que remover as bandeiras para deixar Forbes feliz, que eles tinham que controlar sua aparição no programa. A banda até recebeu um recado de que a performance de "Bullet In The Head" seria censurada, com qualquer trecho "questionável" da letra sendo silenciado no ar.

Através do fã clube do Rage, Morello intimou o elenco e a equipe do *SNL*, sem citar nomes, a "expressar solidariedade com nossas ações, e ter um senso de vergonha de que a performance da banda havia sido censurada." O RATM foi retirado do prédio mas antes disso Tim Commerford teria invadido o camarim de Steve Forbes e enchido o local de pedaços de uma das bandeiras que havia sido rasgada.

"O SNL censurou o Rage, ponto," explicou Tom Morello em www.esquilax.com. "Eles não poderiam ter puxado mais o saco do bilionário. O que é irônico no SNL é que supostamente este é um programa inovador, mas eles provaram que são puxa-sacos dos grandões das corporações na hora do vamos ver. Eles são covardes. Não deveria ser uma surpresa que a General Electric não tenha gostado de 'Bullet In The Head'. A GE é a maior fabricante de aviões dos Estados Unidos utilizados para cometer crimes de guerra na Guerra do Golfo, e bombas desses aviões destruíram usinas hidrelétricas que mataram milhares de civis no Iraque."

Zack tinha sido chamado por Morello antes da apresentação para mencionar isso durante "Bulls On Parade", e a posição da banda poderia ter sido muito pior do que o SNL previa, como Morello se lembra: "Se eles tivessem ideia de algumas das coisas que estávamos pensando em fazer, eles provavelmente teriam nos agradecido pelas bandeiras de cabeça para baixo!"

Em Junho de 1996, o RATM tocou no Tibetan Freedom Concert, que aconteceu no Golden Gate Park em San Francisco, ao lado de artistas como Red Hot Chili Peppers, Sonic Youth, De La Soul e Smashing Pumpkins. A ideia veio do saudoso Adam Yauch do Beastie Boys (que também deu o ar da graça) e se tornou um grande show beneficente aos moldes do Live Aid. Mais de 100.000 pessoas compareceram e mais de 800.000 dólares foram levantados para a causa do Tibet e de justiça social. "Estamos tocando nesse show porque nós somos contra a opressão de qualquer forma," Tom Morello iria dizer. "No Tibet agora, injustiças e violência são perpetrados contra o povo da região. Mas o que é esquecido muitas vezes é que antes mesmo da tomada Comunista, também havia injustiças e violência contra o povo, particularmente contra as mulheres e pessoas de classes baixas. Era basicamente uma sociedade feudal. O que eu acho que todo mundo aqui no festival quer é autodeterminação, justiça e direitos iguais para todas as pessoas no Tibet."

Apesar de ali estar um grupo forte de artistas, onde nenhum deles recebeu cachê, ficou claro que a banda mais poderosa era o Rage Against The Machine. Morello concordou, "Especialmente nos EUA, é preciso existir uma banda assim. Se você olhar para quantas bandas existem cantando sobre ficar bêbado e se divertir, e eu não estou dizendo que eu nunca fico bêbado e me divirto, a proporção de bandas assim em relação a bandas que efetivamente dizem alguma coisa – com todo o crédito para Zack e o que ele está fazendo – é astronômica."

Em 20 de Janeiro de 1997, na noite da estreia de Bill Clinton como Presidente dos Estados Unidos, o Rage produziu um programa de rádio chamado Radio Free

LA, que mostrou várias formas de protesto e muita música nova e original. Houve entrevistas e comentários de gente como Chuck D do Public Enemy, o cineasta e guerreiro da verdade Michael Moore, o porta-voz do movimento Zapatista, Subcomandante Marcos, Noam Chomsky e quadros com ambos Leonard Peltier e Mumia Abu Jamal, o último sendo entrevistado a partir do corredor da morte. Essas seções tiveram como trilha sonora músicas de Flea (Red Hot Chili Peppers), Cypress Hill, Beck e Stephen Perkins do Jane's Addiction. Com o último na bateria, Flea no baixo e Morello e De La Rocha completando o line-up, a banda improvisada tocou versões de "Bulls On Parade", "Down Rodeo", "Vietnow" e "Tire Me".

Leonard Peltier vinha sendo uma das principais causas do RATM há algum tempo. Quando esse livro foi escrito, Peltier já tinha cumprido quase 12.000 dias de prisão, e seus defensores dizem que ele está preso ilegalmente. Peltier é um índio Americano que nasceu em 12 de Setembro de 1944. Ele cresceu com seus avós, vivendo na Turtle Mountain Indian Reservation em North Dakota. Peltier tornou-se membro do American Indian Movement (AIM – uma organização do povo criada ao final dos anos Sessenta que trouxe novamente o orgulho dos Índios à tona em reservas e cidades por todos os EUA) e seus primeiros anos foram pacíficos e harmoniosos. Foi somente quando se viu em meio a um tumulto no Texas que o nome de Peltier virou sinônimo de prisão política.

Nas primeiras horas da manhã de 22 de Novembro de 1972, em um restaurante no Texas, foi dito que Leonard Peltier apontou uma pistola Beretta ao estômago do policial Ron Hlavinka, de Milwaukee. Peltier teria tentado atirar duas vezes, mas não teve sucesso. Ele foi julgado por tentativa de assassinato.

Se passaram dois anos até a polícia executar um teste de balística na Beretta de Peltier e concluir que ela não funcionava. Cinco anos depois Peltier seria absolvido da tentativa de homicídio. O dano, entretanto, já estava feito. Peltier foi solto ao pagar fiança e deixou Milwaukee, o que não poderia fazer, assim tornou-se um fugitivo com um mandado de busca. No Jumping Bull Place, em 26 de Junho de 1975, dois agentes do FBI, Jack Coler e Ron Williams, foram mortos durante um tiroteio. Três homens foram acusados do assassinato de ambos: Bob Robideau, Dino Butler e Leonard Peltier. Butler e Robideau foram considerados inocentes; mas outro tribunal considerou Peltier culpado e o condenou a duas prisões perpétuas.

"Você tem que entender," disse Peltier ao repórter Scott Anderson, "Eu não matei aqueles agentes. Eu não mandei ninguém matar aqueles agentes. Sou um homem inocente."

Houve várias inconsistências sobre a arma do crime enquanto relatos de testemunhas eram bastante conflitantes. Três delas disseram que viram Peltier se dirigir ao veículo dos policiais. Depois elas disseram que alguns policiais tinham as ameaçado e as forçado a depor.

Scott Anderson diz que o caso de Peltier é o símbolo da "dramática ascensão e queda do American Indian Movement. O AIM, na visão de seus defensores, trazia a promessa de uma nação de Índios unificada, até que foi derrubada por táticas pesadas de policiais e agentes da lei do governo, com Peltier tornando-se parte de uma conspiração ainda maior. O vingativo FBI, desesperado em colocar atrás das grades alguém pelo assassinato de dois de seus agentes, prendeu um homem inocente? Muitas pessoas acham que sim. Mais ainda, ao prender Peltier pelo resto de sua vida, o governo planejou ainda outra injustiça em sua relação com os Índios Americanos?"

Não foi apenas o Rage Against The Machine que deu apoio à causa de Peltier. Vários outros músicos incluindo Robbie Robertson e Ben Harper já falaram a respeito do caso e defenderam Peltier. Talvez de forma ainda mais proeminente, um alto número de celebridades e figuras políticas também fizeram parte de um abaixo assinado para apoiar Peltier. Entre os nomes estavam Mikhail Gorbachev e Desmond Tutu, além de cantores famosos como Madonna e Bono.

A reeleição de Bill Clinton trouxe um dos menores comparecimentos às urnas da história dos Estados Unidos. Poderia ser por apatia ou pelo sentimento de que seu voto não mudaria nada, fato é que aquilo começou uma discussão e negação do sistema por vários Americanos, principalmente os jovens. De acordo com Morello, "O Radio Free LA trouxe um ponto de encontro político e musical para a maioria dos norte-americanos, e especialmente jovens, que se sentiam excluídos do 'processo democrático'." Mais de 50 estações transmitiram o programa simultaneamente e o website oficial do RATM também trouxe a performance em streaming.

De maneira inesperada, o Rage se juntou aos gigantes do rock U2 em Abril de 1997 durante a turnê PopMart. Para esse show, todo o dinheiro destinado ao RATM foi doado a várias organizações, como a Women Alive (organização para apoiar mulheres com HIV e AIDS), U.N.I.T.E. (Sindicato Britânico/Irlandês) e a Frente Zapatista pela Libertação Nacional.

Em Agosto, o Rage seguiu em uma direção bem diferente, escolhendo o Wu-Tang Clan como seus parceiros de turnê durante performances nos EUA. Depois de apenas uma semana de shows, entretanto, o Wu-Tang abandonou a turnê. Eles foram substituídos por bandas como The Roots e Foo Fighters. O motivo para o abandono do Wu-Tang Clan nunca foi explicado claramente mas parece ter sido o resultado de conflitos internos da banda. Como Tom Morello iria explicar, "Já é difícil quando você tem uma banda com quatro integrantes. Imagine uma com mais de nove, ou seja lá quantos forem. Mas nos entendemos muito bem na estrada. Tivemos a oportunidade de tocar em jams durante quatro ou cinco noites ao final dos shows, músicas com RZA, Method Man e Raekwon. Foi muito legal, foi ótimo estar na estrada com eles, e eu teria amado uma turnê completa."

Houve outros fatores que provavelmente também não ajudaram. Em vários estados a polícia tentou, sem sucesso, cancelar os shows. Em Washington eles alegaram que as duas bandas tinham "filosofias violentas e contra a lei." o *Seattle Times* noticiou o incidente e disse que o boicote ao RATM era contra "um grupo conhecido nacionalmente por suas performances repletas de política."

Claramente, o Rage estava irritando o sistema, algo que eles achavam satisfatório. Mesmo quando eles não estavam em um estado em particular, outros tentavam subverter suas ações. Um xerife no Colorado foi encontrado enviando memorandos a outros promotores e casas de shows avisando sobre os "perigos" do Rage Against The Machine. Tom Morello estava indignado, dizendo que "estava explícito no memorando da polícia que eles temiam que a posição contra policiais e contra as autoridades iria estimular os jovens, e que eles haviam testemunhado esse tipo de comportamento em vários shows diferentes, o que significa que há um monitoramento policial em cima da música nesse país. E que há uma rede para informar departamentos de polícia e casas de shows por todo o país sobre quando uma turnê de rock tem letras supostamente questionáveis."

Ainda assim, esse tipo de incitamento era exatamente sobre o que se tratava a banda, como Zack De La Rocha disse depois. "Não estamos tocando músicas das Spice Girls," ele riu. "Eu sinto o mesmo tipo de paixão – talvez paixão não seja a palavra certa – o mesmo tipo de *fúria* que você pode sentir em um confronto, em uma manifestação contra os policiais. Em nossos melhores momentos."

A essa altura, De La Rocha se posicionava de forma cada vez mais forte contra os protocolos do rock mainstream, tendo sua confiança abalada por vários jornalistas. Mesmo nos primeiros dias de carreira ele tinha decidido que suas letras falariam por elas mesmas, preferindo entrar em detalhes sobre esses assuntos em particular ao invés de sua cor favorita ou assunto vazio similar. Afinal de contas, ele estava ali para apenas uma coisa e falar sobre assuntos pessoais ou sem sentido não iria trazer muito benefício. Eventualmente, ao final de 1996, ele iria se recusar a dar quaisquer entrevistas que não fossem sobre tópicos que ele gostaria de falar, mais especificamente o movimento Zapatista.

Ao se recusar a falar sobre outras coisas a não ser suas crenças, Zack disse que estava protegendo a integridade da banda. Ele disse a Ben Myers em 1999 que, "É importante que artistas na minha posição deem o exemplo e há uma linha tênue entre a promoção de um produto e a promoção de uma ideia. E dessa forma, para proteger minha integridade, eu decidi me afastar."

A gota d'água veio quando durante uma entrevista para uma revista do Reino Unido, um jornalista anônimo em particular pediu a Zack para falar de seu pai. Quando o vocalista se negou dizendo que não gostaria que aquilo fosse publicado, o jornalista prometeu que a conversa ficaria entre os dois. De La Rocha acreditou em sua palavra mas como Zack disse a Norm Areans, "ele tinha um grampo. Ele publicou tudo. Se eu encontrar com esse cara novamente, eu mato ele."

Então De La Rocha escolheu viver através da intensidade da música de sua banda e seus versos poéticos, palavras que ninguém poderia distorcer ou usar contra ele. E em um ambiente ao vivo, a banda simplesmente explodia. Não era apenas o vocalista que transformava o ambiente em algo explosivo, a trupe toda era unida e precisa.

Quando interferências de fora mexeram com a banda, eles se tornaram ainda mais intocáveis, como Brad Wilk diria a *Kerrang!* sobre um show em uma região pequena de Kristiana dentro de Copenhagen, na Dinamarca, em 1996. Essa área de Copenhagen é essencialmente um squat glorificado, originalmente um grupo de quartéis do exército, que transformou-se em área comunitária para vários grupos da sociedade, desde os pobres até os de mentes alternativas.

"Foi o momento mais intenso da minha carreira," ele se lembra. "Nós fomos atingidos com gás lacrimogêneo em nosso ônibus logo antes de subir ao palco. Eu me lembro da polícia entrar e tentar começar um tumulto, apesar do fato da molecada não estar fazendo nada. Depois que aquilo aconteceu nós subimos e fizemos o show mais intenso de todos os tempos. Após sermos tratados daquele jeito, eu nunca me senti tão vivo em toda minha vida."

Em 1997 o RATM se juntou a Snoop Dogg (então conhecido como Snoop Doggy Dogg) para criar uma faixa que foi usada em seu single "Doggfather". A música era "Snoop Bounce" e foi divertida de compor, como Tim Commerford disse a Ben Myers.

"Foi uma música legal pra cacete," disse o baixista. "Tinha Charlie Wilson do The Gap Band fazendo alguns vocais. Nós passamos alguns dias compondo a música, gravamos, aí chamamos Snoop para participar. Charlie Wilson fez seu lance estranho e aí Snoop Dogg apareceu, mandou ver, gravou, tudo em um take. Ele usou muita droga, trouxe um monte de gente, desligou todas as luzes e... boom! Disparou. O Snoop Dogg tem talento, definitivamente. Ele tem estilo."

No mesmo ano, o Rage celebrou sua habilidade ao vivo com um VHS/DVD contendo várias performances e todos seus vídeos até então, em versões sem cortes e não censuradas. Foi a primeira vez que os Estados Unidos viram um lançamento desses vídeos em suas formas completas, já que ninguém tinha sido corajoso o suficiente para mostrar as versões originais de clipes como "Killing In The Name" ou "People Of The Sun". Havia também um presente adicional no lançamento, a versão de estúdio de uma música que o RATM vinha tocando durante todo o Verão – "The Ghost Of Tom Joad" de Bruce Springsteen.

Talvez fosse inevitável que o RATM se identificasse com um "homem do povo", um artista dos operários como Bruce Springsteen, mesmo que alguns dos membros da banda tivessem crescido sem demonstrar interesse em "The Boss". Ali estava um rockstar multimilionário que conseguiu manter sua integridade cantando sobre causas sociais e se envolvendo em política progressista ao mesmo tempo em que pertencia a uma grande gravadora, a Columbia. Era irônico que um artista como Springsteen tinha conseguido manter sua credibilidade onde uma banda como o Rage, após apenas dois álbuns, já estava sendo criticada por sua aparente hipocrisia. Afinal de contas, Springsteen não estava mais tão envolvido com políticas populares e tinha lançado discos o suficiente para se manter financeiramente estável por várias gerações. Além disso ele também era um patriota convicto, louco para cantar sobre os lados positivos dos Estados Unidos e de ser um cidadão do país.

Springsteen dosou cuidadosamente as músicas de protesto e reflexões melancólicas com hinos do rock que se tornaram símbolos da música do país. Seu disco *Born In The USA* de 1984 foi a definição do patriotismo das pequenas cidades e crença no sonho americano. A capa até trouxe uma bandeira dos Estados Unidos (que não estava de ponta-cabeça). Entretanto, a letra era na verdade o oposto do nacionalismo e se preocupava com o retorno dos soldados norte-americanos que lutaram na Guerra do Vietnã. Como o RATM com suas referências escondidas e tópicos às vezes ambíguos, Springsteen parecia ser o dono da última risada.

"Eles colocaram um rifle em minhas mãos", diz a música, uma das mais mainstream das canções populares, "me enviaram ao Vietnã, para matar os homens amarelos." É impressionante como uma música que explode com um riff de teclado, e um título aparentemente inofensivo, pode convencer a maioria moral de que é um grito patriótico. A música foi até mesmo elogiada pelo Presidente Ronald Reagan como o símbolo de uma canção 100% dos Estados Unidos, do bem.

"Quando eu estava no Ensino Médio, quando amigos vinham me dizer que iam ao seu show, eu dizia, 'Vocês estão loucos? Todo esse dinheiro e ele nem toca heavy metal?'" Morello disse a Jane Ganahl sobre Springsteen. "E eu passei por uma fase anti-Bruce quando 'Born In The USA' era popular, porque eu não tinha ouvido a letra com atenção e havia algumas músicas que eram realmente doces e eu pensei, 'Isso é mais uma droga'. Mas aí ele apareceu na HBO ou algo assim, fazendo um show no Brasil para a Anistia Internacional, e eu não acreditei no que vi. Foi tocante. E havia 200.000 pessoas lá e foi como se ele controlasse todo o público com a intensidade de algo como um pequeno show do Jane's Addiction. Então eu me senti obrigado a comprar seus discos."

Tim Commerford tinha exatamente a mesma percepção sobre The Boss. "Quando eu era moleque eu falava tipo, 'Bruce Springsteen é um idiota, cara, eu não gosto dele!'" ele se lembra dando risada. "Eu não dava nenhuma chance pro cara. Eu só ficava tipo, 'É melhor ser rock ou eu nem vou ouvir!' Desde que começamos a tocar 'The Ghost Of Tom Joad' noite após noite, eu comecei a rever meus conceitos quanto a Bruce Springsteen e fiquei tipo 'Wow, esse cara é a voz de uma geração, ele é uma voz da classe trabalhadora'."

Para o Rage Against The Machine, seu objetivo era continuar a expandir as fronteiras e eles começaram a brigar contra o trabalho desumano em fábricas nos Estados Unidos e em países como a Índia. Eles se concentraram no empório da moda Guess?, que é criticado por utilizar trabalhadores com péssimas condições e desprezar a garantia do salário mínimo. Através da campanha do RATM houve vários outdoors, com uma foto da banda, colocados desde Nova York a Las Vegas dizendo, "Fúria Contra Fábricas Que Exploram: Nós Não Usamos Guess? – Uma mensagem do Rage Against The Machine e UNITE."

Tom Morello explicou a questão a *Guitar World*, "Os Estados Unidos gostam de dizer que são a terra dos homens livres, mas a primeira liberdade que eu e você temos é a de entrar no papel de subordinado a algum local de trabalho. Depois que você pratica essa liberdade, você perdeu todo o controle sobre o que faz, o que é produzido e como é produzido. E no final, o produto não pertence a você. O único modo de evitar chefes e empregos é se você não se importar com a sobrevivência. O que te leva à segunda liberdade: a liberdade de passar fome."

O comprometimento de Morello era tal que ele foi preso em Dezembro de 1997 pelo seu papel em uma manifestação em Santa Monica, Califórnia, onde ele e vários outros manifestantes estavam simplesmente trazendo as práticas da Guess? à tona "Foi um bom dia de trabalho," ele disse. "Entrar no shopping, bloquear a loja Robinsons May, ser preso, passar o dia atrás das grades. No final aquilo gerou muita imprensa e o boicote foi bem sucedido."

Logo o Rage Against The Machine seria identificado como os principais defensores do compositor e poeta preso Mumia Abu-Jamal. Um governador da Pensilvânia assinou a pena de morte para Abu-Jamal em 1995 e foi aqui que o RATM entrou para ajudar. Para eles não se tratava apenas daquele caso; mas sim de discutir a pena de morte como forma de punição. Ao trabalhar diretamente com o caso de Jamal eles estavam ajudando duas causas – libertar Mumia Abu-Jamal e utilizar um caso altamente conhecido para alertar as pessoas sobre a injustiça de uma pena de morte. Afinal de contas, e se a pessoa fosse inocente? Não seria necessário ter 100% de certeza, a partir de provas de DNA, sobre a culpa de uma pessoa no crime? E ainda assim, onde a linha deveria ser desenhada entre o que constitui um crime passível de pena de morte e o que não constitui? Se ainda assim isso fosse aceitável, no caso de Mumia Abu-Jamal as provas estavam longe de convincentes. Como Tom Morello iria dizer, "Qualquer um com conhecimento superficial do caso sabe que há coisas engraçadas acontecendo."

Nascido como Wesley Cook em 1954, Abu-Jamal cresceu na Filadélfia, Pensilvânia. Ele se tornou ativista dos Panteras Negras em sua juventude e era também compositor. Ele era conhecido pelas autoridades como um comentarista político subversivo, que falava contra a brutalidade policial e várias injustiças através de relatos em estações locais de rádio.

Para aumentar sua renda ele dirigia um táxi à noite e em um dia fatídico em 1981 ele tinha acabado de deixar um passageiro quando ouviu tiros perto de onde estava. Quando chegou ao local ele viu seu irmão, o vendedor ambulante William Cook, cambaleando pela rua. Assim que Mumia deixou seu táxi para auxiliar o irmão, foi atingido pelo tiro de um policial e deixado no chão, semi-consciente. Alguns minutos depois mais policiais chegaram à cena do crime e encontraram o policial morto, e Abu-Jamal vivo. Ele foi preso e supostamente apanhou antes de ser levado ao hospital, em uma volta de carro que durou 30 minutos apesar do socorro ficar a apenas cinco de lá. Abu-Jamal sobreviveu mas foi julgado pelo assassinato do policial Daniel Faulkner. O prognóstico não era bom para Mumia.

O juiz responsável pelo caso tinha em seu currículo o recorde de maior número de pessoas enviadas ao corredor da morte, uma distinção dúbia que lhe deu o apelido de "Promotor De Túnica".

Para seus defensores, o julgamento de Mumia Abu-Jamal foi uma farsa desde o começo. Membros do júri foram escolhidos de qualquer maneira e ele foi acusado de quebrar procedimentos do tribunal, o que levou à escolha de um advogado através de uma fonte exterior. Mumia mal pôde comparecer à maior parte de seu julgamento devido à burocracia envolvida no processo já que ele supostamente estava sabotando o andamento do caso. Por fim, não havia Afro-Americanos no júri.

Houve várias provas conflitantes, principalmente a de que a arma que Mumia possuía legalmente, de calibre .38, foi usada no tiroteio. Apesar dessa declaração da acusação, a bala removida do cérebro de Faulkner era de calibre .44, mas o júri não ficou sabendo disso. Na cena do crime Abu-Jamal nem foi revistado para verificar se havia resíduo de pólvora em suas mãos, e a arma não foi testada para saber se ela tinha sido utilizada momentos antes.

Ao júri foi dito que Mumia tinha confessado o assassinato, enquanto ele estava no hospital. Ainda assim, no relatório policial feito após a conversa, o oficial reportou que "o negro não fez nenhum comentário." Adicionalmente, o médico que atendeu Mumia o tempo todo disse que não ouviu uma palavra saindo da boca de Abu-Jamal.

Algumas testemunhas de acusação seriam informantes da polícia e outras vieram a público para dizer que houve intimidação de testemunhas. Outro fato menor que não apareceu até 13 anos depois do julgamento foi que havia uma carteira de motorista de outro homem encontrada sobre o corpo de Daniel Faulkner. Pelo menos dez testemunhas estiveram na cena do crime e cinco delas disseram que pelo menos um homem fugiu de lá.

Mumia Abu-Jamal foi julgado culpado e condenado à pena de morte; muitos acreditaram que suas crenças políticas e o modo como falava sobre as questões sociais eram as razões pela condenação ao invés do assassinato. Em 2012 ele foi libertado da pena de morte, mas deverá morrer na prisão, já que todas as tentativas de libertá-lo não tiveram sucesso.

"Seu registro policial era imaculado quando o incidente aconteceu," Morello diz a respeito de Mumia. "A única coisa da qual ele é culpado é de ser um dos principais críticos a respeito da violência policial contra as minorias. Sua oposição clara e definida ao racismo e à brutalidade policial é o lhe causou problemas e o tornou um homem marcado. Durante muitos anos no corredor da morte ele não implorou por sua vida, mas sim lançou registros contendo críticas sociais, como seu livro *Live From Death Row* e seus comentários a respeito de eventos domésticos e internacionais. Ele é provavelmente o cara mais censurado dos Estados Unidos."

O Rage Against The Machine contribuiu consideravelmente através de ações e fundos para os apelos no caso de Abu-Jamal e continua a apoiar esse que é um dos casos mais controversos de todos os tempos.

ASPIRANTE A ASSASSINO

Em Junho de 1998, a Sony lançou uma compilação de b-sides e músicas ao vivo do RATM chamada *Live & Rare*. Foi a primeira oportunidade que a banda teve de homenagear suas influências e expandir as fronteiras de sua arte. Além da inclusão de músicas agora fortemente estabelecidas ao vivo como "Take The Power Back" e "Bullet In The Head", a banda reuniu uma coleção interessante de material bônus. Estava ali a ode ao poeta de protesto Allen Ginsberg com sua "Hadda Be Played On The Jukebox" – uma visão incisiva sobre o governo e a sociedade. Originalmente um poema puro, o Rage deu um baixo repetitivo à música, e um pano de fundo com a bateria e os ocasionais barulhos da guitarra enquanto De La Rocha despejava seu veneno de forma crescente, chegando ao ápice natural do poema. De forma oposta a alguns de seus outros vocais, ali Zack garantiu que cada palavra fosse pronunciada claramente.

"Nós queríamos rapidamente mandar uma bela mensagem silenciosa à ordem fraternal da polícia da Filadélfia, aqui está algo legal e amigável..." disse De La Rocha como introdução ao clássico do N.W.A., "Fuck The Police". A banda entra com seu estilo funk, prestando homenagem a um dos artistas mais subversivos de todos os tempos. A cover foi fiel à música original, com poucos arranjos novos ou extras e tirando proveito da batida básica e da repetição das letras. O sentimento era a coisa mais importante.

Uma música subestimada do Rage é a contribuição da banda à trilha sonora de *O Corvo*, com "Darkness". A coletânea foi uma das primeiras combinações de sucesso do heavy metal, punk e música alternativa com bandas como Stone Temple Pilots, Helmet, Nine Inch Nails, Pantera, The Cure e Jesus & Mary Chain. De alguma forma tudo se juntou perfeitamente. A música do Rage tinha pouco em comum com o tema gótico do filme, apesar de musicalmente o baixo misterioso e as linhas de guitarra se encaixarem com as cenas sombrias e bizarras enquanto a letra falava sobre a condição dos Africanos e Mexicanos, especialmente quanto ao controle das terras indígenas e a introdução de doenças como a AIDS.

"Clear The Lane" era uma demo de antes mesmo do primeiro disco da banda, e se encaixa na categoria de faixas estranhas do grupo, anormal em sua simplicidade e quase uma abordagem ingênua ao rap rock. Soando mais sem sal do que seu trabalho no álbum de estreia, ela ainda assim traz algo especial com a cultura do rap – salientando sua autenticidade e marcando o nome de um membro da banda com a referência a "Timmy C".

O álbum passou quase despercebido mas era um forte acompanhamento às batalhas do Rage e mostrava sua autenticidade e abordagem inovadora. Foi também uma decisão interessante incluir a faixa da trilha sonora no Live & Rare para que as pessoas não fossem obrigadas a comprar a trilha de O Corvo só para ouvir uma faixa do RATM.

Durante a turnê de 1993, enquanto a banda chegava a New Orleans para a data local do Lollapalooza, Tim e Brad foram presos depois de Tim ter discutido com policiais que estavam revistando um morador de rua negro. Apesar de Commerford garantir que estava sóbrio, ele foi preso sob o acusação de "intoxicação em público".

"A única coisa que essa experiência fez por mim foi me fazer perceber que eu não aguento a polícia de jeito nenhum," ele disse à revista Spin. "Eu vou dizer a qualquer policial que eu vir pela frente que eu o odeio e desejo que ele estivesse morto simplesmente pelo fato dele ser um policial. Eu prometo que um dia, talvez daqui a dez anos, eu vou dizer, 'Estou quites com a polícia'. Eu vou dizer, 'Não posso contar o que fiz, mas eu posso dizer que estou quites.'" Um dia depois da prisão de Tim, Mary Morello subiu ao palco para apresentar o Rage e liderou o público a um grito que dizia "Foda-se a polícia de New Orleans!"

O lançamento do primeiro registro ao vivo do RATM trouxe memórias dos primeiros dias de banda quando o baterista Brad Wilk iria tocar com as costas viradas para o público devido à timidez. Uma ocasião em particular onde o baterista se sentou virado para a parede levou a um incidente um tanto quanto ridículo. Durante um show no Hollywood Palladium enquanto a banda estava tocando "Bullet In The Head", a energia dos amplificadores da guitarra de Tom Morello simplesmente sumiu, deixando ele sem ter o que fazer enquanto o clímax da música se aproximava. Ao invés de fazer algum truque ou fingir que não tinha percebido, Morello foi até o palco elevado onde ficava a bateria de Wilk para bater em um prato. Como era Wilk que deveria fazer aquilo, ele não entendeu o que tinha acontecido e achou que Morello tinha lhe atacado, então virou e começou a brigar com seu próprio guitarrista! A música começou a enfraquecer e eventualmente todos pararam de tocar, enquanto o público assistia ao que estava acontecendo sem entender nada, assim como Zack e Tim.

Naquele mesmo ano Tom Morello se uniu a Liam Howlett do Prodigy para gravar uma música chamada "One Man Army" para a trilha sonora de Spawn. "Eu inventei vários grooves e barulhos e mandei para Liam," disse Morello, "e ele os editou, mandou novamente para mim e nós conversamos. Criamos o arranjo de uma música pelo telefone enquanto ambos estávamos em turnê."

Essa tornou-se a colaboração favorita de Morello com qualquer outro artista. "Foi maravilhoso," o guitarrista disse depois. "Essa é a música que não é do Rage que eu tenho mais orgulho porque basicamente o que Liam fez como a pessoa que juntou todos os pedaços foi transformá-los em uma música com a cara do Prodigy inteiramente a partir das minhas guitarras, ao contrário de seguir o caminho comum de samplear os sons."

Talvez o entusiasmo de Morello e sua felicidade viessem do fato de que essa era mais uma faixa do Prodigy do que qualquer coisa que o guitarrista do Rage já tinha assinado. Apesar de existirem os notáveis sons e barulhos característicos das suas seis cordas, o som não seria instantaneamente reconhecido como uma faixa de Tom Morello a não ser que você já soubesse disso.

O espetáculo dos shows ao vivo do RATM continuava, tocando ao redor do globo e trazendo muita ação a qualquer lugar que a banda ia. Havia aqueles que somente gostavam da música da banda e não estavam interessados ou não se preocupavam com política, o que a banda aceitava sem problemas. Morello até chegou a dizer, "Sobre as pessoas que vêm apenas pelo rock, eu nunca achei isso um lado negativo. Nós não tocamos música para intelectuais em cafés, sabe? Somos uma banda de rock visceral."

Essa era a razão pela qual a banda havia estabelecido e mantido uma base de fãs tão abrangente. Eles não desacreditavam ou alienavam as pessoas que não seguiam suas causas. Era simplesmente um caso de prover as informações e deixar que o indivíduo fizesse com elas o que quisesse. Isso não era um culto ou uma comunidade straight edge onde você era jogado para baixo por não apoiar todas as regras de comportamento estabelecidas pelo movimento. Havia uma regra não escrita de respeito entre si e pelos outros, algo que aqueles que falavam mal do RATM poderiam ter adotado. A banda iria conversar sempre que lhes fosse pedido sobre as mudanças positivas que suas causas criaram, seja através de estimular a leitura sobre os assuntos que eles trouxeram à tona ou até ir mais longe e fazer com que as pessoas se envolvessem diretamente: criando um fanzine underground, um website, arrecadando fundos ou escrevendo para o governo. O Rage começou a ver que o número de pessoas envolvidas com grupos como a Liga Anti Nazismo estava crescendo, em parte, devido ao apoio da banda.

Algumas revistas iriam publicar que muitos dos shows do RATM tratavam-se apenas de moshes e moleques se machucando – apesar da negativa do grupo. Em Julho de 1999, o RATM tocou no festival Woodstock, que tinha trazido por uma relativa lembrança de seus bons e velhos dias do festival de 1969. Dessa vez, entretanto, o evento não foi baseado em paz e amor.

Recheado de problemas desde o início, o festival ficaria conhecido por vários incidentes desastrosos. Escrevendo para o *National Review*, Christopher Caldwell explicou, "Um público tomado por moleques das fraternidades escolares que apalparam e talvez até mesmo estupraram garotas que passavam pelo mosh pit com os peitos de fora e que, assim que a música acabou, esvaziaram vários locais que vendiam souvenirs e quebraram alguns caixas eletrônicos."

O clima estava abafado e ninguém podia levar sua comida ou bebida até o local do show, e pequenas garrafas de água eram vendidas por valores entre 5 e 8 dólares. Nenhuma quantidade de água foi distribuída ao público durante os sets das bandas e as pessoas ficaram desidratadas e tensas.

"Quando você está em um show onde a temperatura está em 40 graus, e quando as pessoas estão chegando e você está tirando a água delas – o que eles fizeram – e quando você os força a pagar 8 dólares por uma garrafa de água, você está prestes a ter problemas," disse Tim Commerford. "Quando subimos ao palco havia jovens implorando por água. Então esse era o problema e eu não me importo com o que dizem sobre a música ou a testosterona ou o campo ou seja lá o que for. O problema era água. Foi isso. Você tira a água das pessoas em um clima de 40 graus de temperatura, elas irão protestar. Não há nem o que discutir."

Não ajudou o fato de que uma banda em particular, os rap rockers do Limp Bizkit, inflaram o público durante seu set. Uma de suas músicas mais conhecidas, "Break Stuff" soou como um hino e o frontman Fred Durst não fez muito para evitar que o público quebrasse qualquer coisa em sua vista, algo que os fãs desidratados fizeram com prazer. O Rage odiou fazer aquele show. As ofensas sexuais e violência sem sentido foram a mais completa antítese do Woodstock original e não caíram nada bem em 1999. A merda no ventilador jogada pela imprensa só fez tudo piorar ainda mais.

"Eu achei que a cobertura da mídia foi muito injusta e contra a juventude ao tentar fazer com que toda uma geração se tornasse vilã porque alguns idiotas estavam lá," Tom Morello disse a MTV. "E eu achei que foi ridículo como eles estavam dizendo que foi esse terrível evento violento que traiu os princípios originais do Woodstock quando todos os dias, seja através de assassinatos de civis desarmados cometidos por policiais ou mísseis Tomahawk do Presidente Clinton destruindo hospitais infantis em Belgrado, há atos de violência real, que são verdadeiras traições a princípios, e recebem um décimo do espaço das colunas."

O ocorrido no mais recente Woodstock trouxe outro ponto de referência – o rap rock ou rap metal. Ali estava o Rage Against The Machine compartilhando um show com nomes como Limp Bizkit, Kid Rock e Korn, todos que tinham encontrado sucesso na onda do surgimento do Rage. A diferença é que ali estavam alguns rappers brancos que, para muitos críticos, aproveitavam o sucesso do movimento rap metal iniciado por Ice T e Companhia e expandido pelo RATM. Pelo menos o Korn era relativamente original com sons de guitarras inusitados e uma abordagem inovadora. Já o Limp Bizkit tinha se tornado famoso após uma cover de "Faith" do George Michael e continuou a espremer esse sucesso por muito tempo através de álbuns cada vez piores.

"Para cada Nirvana houve 10 ou 15 Bush's ou seja lá quem for," De La Rocha disse, "e com o Rage Against The Machine houve algumas bandas não tão boas." "É interessante para mim que lá em 1992 nós estávamos tocando aquilo e agora há a aparição desse tipo de música no mainstream," Tom Morello ponderou, "mas eu acho que muitas dessas bandas têm deficiências musicais e as mensagens não estão atingindo as pessoas como as nossas."

Zack De La Rocha concordou, "Eu não vi ninguém, musicalmente, que tenha misturado os estilos com bom gosto como nós fizemos e com uma base tão forte para o que nós faremos e o que queremos que seja feito. Eu acho que podemos ser uma ponte entre o entretenimento e o ativismo antes de mais nada, esse é nosso objetivo. Musicalmente, eu estou esperando alguém que faça esse som tão bem, e não estou dizendo isso só para fazer propaganda de mim mesmo, mas sim porque eu não vi nada parecido. Mas tomara que venham outras bandas que possam usar o espaço que criamos – nós as encorajamos."

Não parecia que o RATM corria perigo de ter sua posição roubada no topo do rap rock. A ironia era que eles não estavam influenciando outros artistas negros de rap rock a aparecer do underground. Nos anos Oitenta, o Living Colour fez com que vários negros começassem suas bandas, formando gradualmente uma cena excitante e de várias cores, enquanto os anos Noventa tiveram pouco material que inspirasse quaisquer artistas negros a tocarem a mistura de gêneros. Se era porque simplesmente as bandas não estavam começando ou elas existiam mas eram ignoradas pelas gravadoras, não sabemos, mas teria sido interessante que bandas com pensamentos similares e suas raízes nas músicas branca e negra aparecessem para desafiar o Rage. Talvez eles soubessem que não haveria competição com gente como Morello e De La Rocha.

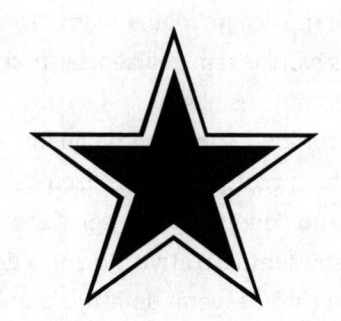

LOST ANGELES

Em 1998, o Rage surgiu com uma nova música na trilha sonora do filme *Godzilla*. "No Shelter" estava longe dos outros sons no disco e da vibe de um produto mainstream. Esse álbum tinha nomes como o pop punk do Green Day, os queridinhos do rock alternativo Foo Fighters e o rapper letárgico Puff Daddy. Ainda assim ali estava o RATM com uma música tipicamente furiosa e dissidente. Novamente o Rage estava manipulando a máquina a partir de dentro, com De La Rocha berrando, "Godzilla pure motherfuckin' filler, Get your eyes on the real killer," (Algo como "Godzilla, puro enchimento, Fique atento ao real assassino"), aparentemente em uma ironia contra o próprio filme em que a banda participava da trilha sonora!

Em geral "No Shelter" foca na falsa rebelião de marcas de roupa de designers, a persistência da guerra e o fato de que no ápice do conflito – por exemplo no Vietnã – marcas como a Coca Cola estavam facilmente disponíveis e até mesmo entregues aos homens na linha de frente. A música tinha uma das letras mais poderosas e poéticas que Zack já fez. O videoclipe também era poderoso, com cenas ao estilo dos anos 1920 com trabalhadores nas fábricas, enquanto a banda toca em uma espécie de sala abandonada.

Levando em consideração que o slogan do filme *Godzilla* era "Tamanho Importa", o Rage utilizou isso em toda oportunidade que tinha para mandar mensagens subliminares sobre a futilidade do filme e marcar seus próprios pontos. Por exemplo, durante as cenas do clipe em que aparecem ruas da cidade, há outdoors com mensagens como "Justiça Importa" se referindo a Mumia Abu-Jamal com uma cela vazia. Um prédio enorme é decorado com o slogan, "Bebês nascidos na pobreza nos Estados Unidos a cada ano poderiam preencher esse prédio – desigualdade importa!"

Havia também a referência ao povo indígena do México com o slogan "As terras roubadas no México equivalem a cinco estados – imperialismo importa!" A área da Califórnia ao Texas foi mostrada para ilustrar a extensão do roubo.

Quando 1999 chegou, era hora do Rage Against The Machine pensar em um novo álbum de estúdio. Havia três anos desde *Evil Empire* e com seu próximo álbum – a ser chamado *The Battle Of Los Angeles* – o Rage tentou mudar a direção. "Eu não posso dizer que qualquer um de nós tenha ficado necessariamente desapontado com o disco," Morello falou a respeito de *Evil Empire*, "mas eu acho que nós fechamos um ciclo com esse novo disco e o fizemos pelos motivos certos. E eu posso ouvi-lo; é tão mais abrangente que o *Evil Empire*, que era tão escuro, eu acho que esse disco definitivamente é mais para cima e tem ódio, mas há emoções de esperança também e eu acho que nos sentimos muito melhor fazendo esse trabalho, e com mais confiança ao mergulhar nele, e todos nós estávamos bem uns com os outros."

A positividade ficou aparente – sem dúvidas o álbum era mais pra cima e cercado de união, já que você poderia quase sentir os membros da banda se complementando como nos velhos dias. "Há uma solidariedade maior na banda, que cresceu a partir da criação desse disco," Morello explicou, "porque ele realmente nos deu a oportunidade de nos tornarmos amigos novamente." Ainda assim, a qualidade incisiva do material ainda significava que esse não seria um álbum diferente dos outros, com puros sons do RATM recheados de causas que seus integrantes defendiam com o coração, comentários políticos e raiva.

Essa foi a primeira vez em que a banda pôde relaxar enquanto criava material incendiário. Apesar do clichê do terceiro disco de qualquer banda estar presente ali, parece que ele não se aplicou ao Rage Against The Machine. Se houve uma mudança, foi em deixá-los mais relaxados a respeito da gravação de um disco. Eles fizeram um pacto de não exagerar em sessões longas e especificamente reservaram tempo para descontrair. Houve bastante futebol americano (uma versão menos física da coisa real, sem os lances mais violentos), que foi filmado e depois assistido em slow motion para surpresa de todos. "Foi a maior risada que eu dei em anos," brincou Tim Commerford.

O sempre piadista Brendan O'Brien, que estava supervisionando seu segundo disco do Rage, foi parte integrante da boa vibe e ele se juntou à banda em todos os passos de suas brincadeiras. Quando era hora de apertar o botão "Gravar" e soltar o talento da banda, sua criatividade e beleza, O'Brien estava em cima. Ainda assim ele sentiu que seu trabalho ia além das demandas do estúdio, dizendo, "Fazer discos com o Rage Against The Machine é definitivamente um dos trabalhos mais desafiadores que eu já fiz, apesar de não ser necessariamente a gravação porque, bem, vamos encarar a realidade: é uma guitarra, um baixo, bateria e um cara cantando. Sério, o quão difícil isso pode ser? Mas honestamente, às vezes trata-se de qualquer coisa que eu possa fazer para que esses quatro caras se comuniquem entre si, esse é meu lance."

Ambos O'Brien e a banda sentiram que era necessário ir além dos limites de suas técnicas de gravação. Então, apesar de ainda serem uma banda ao vivo sem samples ou adições externas, eles tentaram gravar todo o tipo de efeito, som e estática que conseguiam criar com seus instrumentos (alguns até sem trastes), pedais de efeitos e amplificadores. Isso deixou o álbum mais redondo do que a banda já conseguiu em toda carreira. Eles soavam como uma banda de rock mais completa ao mesmo tempo em que também se tornavam um grupo de hip-hop mais direto. Houve mais traços de influências de outros estilos, seja na vibe do reggae em "Mic Check", o funk de "Maria" ou os sons de jogos de computador ao fundo de "Voice Of The Voiceless".

"Há uma música onde você pode jurar que utilizamos um sample," Morello disse a respeito de "Sleep Now In The Fire", "mas eu estava apenas utilizando guitarras dobradas, e no meio do take, toda vez que eu desligava meu pedal de distorção, uma estação de rádio Coreana doida saía do meu pequeno amplificador Music Man. Nós ouvimos aquilo e pensamos, 'Vai ficar!' Você pode achar que era um sample de alguma gravação Coreana antiga ou algo do tipo, mas nós ainda podemos dizer que aquilo veio a partir de uma performance ao vivo."

The Battle Of Los Angeles era o disco mais ambicioso do RATM até então. Agora era esperado e aceitado que o Rage não fizesse discos instantâneos. Apesar de haver sons com uma gratificação instantânea, especialmente os singles "Sleep Now In The Fire" e "Guerilla Radio", o resto do álbum ganha uma nova dimensão a cada audição, crescendo gradualmente ao longo dos meses e anos de existência. Essa era uma tarefa difícil. Era meramente porque qualquer música pode se tornar admirável após múltiplas audições de cabeça aberta ou era genuinamente porque o Rage tinha desenrolado um tapete mágico que gentilmente se expandia através do tempo? Provavelmente uma mistura de ambos, mas não há dúvida de que a banda planejou os ataques subliminares por trás de muitas das faixas e não foi atrás do caminho fácil de compor doze faixas que soavam como "Guerilla Radio" ou algo bem sucedido do passado. Nós não iríamos ouvir "Killing In The Name" Parte 2, ou "Bulls On Parade" mais e mais e foi aí que a verdadeira química criativa do Rage apareceu. Eles não precisavam escrever novamente esses tipos de músicas porque tinham ideias o suficiente e meios para executá-las garantindo a expansão de sua arte.

Ainda assim, havia constantes a cada álbum do Rage. Faixas cantáveis e pra cima que ficavam no cérebro depois da primeira audição (novamente os dois singles), e aquelas músicas que tinham um tom mais pessoal e traziam construções de climas emocionais ("Born Of A Broken Man") e aí as outras faixas que iriam trazer seus próprios estilos inimitáveis e revelar algo novo durante os anos (veja todo o resto).

A banda também iria continuar sua tradição de emprestar letras revolucionárias às faixas mais dinâmicas, levando à conclusão inevitável de que as rádios poderiam tocar essas músicas sem se ligar no que seu vocalista estava cantando, uma marca que seu respeitado parceiro Bruce Springsteen também tinha com "Born In The USA".

The Battle Of Los Angeles uniu todo o espectro das influências da banda com sua própria criatividade, poesia e inevitáveis barulhos. A banda era unânime em dizer que esse era seu álbum mais forte até então, distante da reação a respeito de *Evil Empire*, onde a banda quase pediu desculpas sobre o trabalho.

"Tem a raiva do melhor do punk rock, o mais profundo funk do melhor hip-hop e é algo que fizemos com um orgulho tremendo," Tom Morello disse a *Kerrang!*. "Eu ainda tenho com o Rage o mesmo tipo de empolgação que tive quando coloquei um disco do KISS pra tocar aos 16 anos. Eu toquei com vários músicos diferentes e várias outras bandas, e não há nada que chegue perto do Rage."

Isso ficou visível tanto para os fãs quanto para o grupo. Não apenas o RATM era agora facilmente identificável, mas eles eram também uma banda única. Até mesmo cada um de seus álbuns eram totalmente diferentes entre si. Faixa a faixa eles podiam transferir raiva ou melancolia em uma medida única, soando como o Public Enemy de um lado e um Led Zeppelin moderno de outro. De alguma forma, através de toda essa diversidade, a banda tinha um som coerente e conseguiu tornar seu material interessante, mutável e, melhor de tudo, destinado a durar.

A evolução dos músicos era sensível no álbum, com destaque para os ritmos de Brad Wilk, que definiam todo um estilo de música. "Uma das minhas maiores tarefas é reunir grooves completamente diferentes e fazer com que eles soem bem e sejam interessantes juntos," ele disse a uma revista sobre bateria. "Grooves diretos com grooves do funk ou algo assim. Com a nossa banda, é raro encontrar uma música com apenas um clima."

Para o baterista era um caso típico de "menos é mais". "Eu não me preocupava com preenchimentos elaborados para as transições," ele disse à revista DRUM! "Na verdade eu estava mais interessado em criar a tensão pela falta deles, e colocar a intensidade em uma ou duas batidas. Enquanto eu estava gravando esse disco, ouvia muito a Keith Moon tocando, e tentava levar sua empolgação e espírito e aí utilizá-los em uma ou duas batidas."

Wilk também foi parte da solução a respeito da união da banda, já que era um cara que pensava positivo e brincava mais que os outros. Ele foi o responsável por uma das melhores frases a respeito da visão política da banda. "Nós não acordamos de manhã e nos enfurecemos contra a caixa de leite porque não conseguimos abri-la," ele disse a Ben Myers.

E assim o terceiro disco do Rage Against The Machine começava com a poderosa visão diferente do funk que era "Testify". A faixa era uma condenação ao preço da política – fossem as guerras por petróleo ou o discurso da mídia sobre os motivos da guerra, ou o fato de que há pouquíssimas opções de candidatos (e de coisas que eles representam) para serem eleitos pelo povo.

Zack fez referências ao romance satírico de George Orwell, 1984, onde nos foi dito talvez pela primeira vez que o "Big Brother" estava nos vigiando. Orwell era uma pessoa sarcástica e com certeza estava ciente do cenário maior a respeito das instituições que mandam em nosso cotidiano. O clipe de "Testify" foi dirigido pelo humorista sarcástico moderno Michael Moore e traz imagens de indivíduos que aparentemente não têm ligações algumas e teriam sido membros do Illuminati, desde George Herbert Walker Bush até o Papa João Paulo II. O vídeo faz referência óbvia à falta de opções para os eleitores com George W. Bush e Al Gore, mutantes, se fundindo (essas eram as duas "possibilidades" na eleição presidencial dos EUA em 2000).

"A única coisa que a ala de direita tem de certo é a sua máquina de propaganda," Tom iria dizer a www.morphizm.com. "Eles têm vários canais de televisão trazendo desinformações escandalosas 24 horas por dia sobre o que acontece no mundo. Eu tenho certeza que você viu as estatísticas que mostram que quanto mais você assiste à *Fox News*, *menos* você realmente sabe sobre o que acontece ao seu redor. Tudo desde armas de destruição em massa até a falta de ligação entre Saddam e a Al-Qaeda, é mais provável que você se torne um estúpido a respeito do assunto assistindo à *Fox News* do que se não assistisse canal algum."

A segunda faixa, "Guerilla Radio", entra quebrando tudo com um som de bateria militar antes de iniciar um lindo funk explosivo, com uma linha de baixo sombria, cortesia de Commerford, enquanto De La Rocha faz seu rap em cima das batidas. A música fala sobre a saga de Mumia Abu-Jamal assim como a respeito de Gore e Bush, gritando por mudança e a habilidade de colocá-la em prática.

A frase de despedida era uma explosão de dedicação: "O inferno não pode nos parar agora." A música iria tornar-se a mais conhecida do álbum, e o mais novo hino do Rage, seguindo "Killing In The Name" e "Bulls On Parade". Todo álbum precisa de um ponto focal e esse era o de *The Battle Of Los Angeles*. Seu impacto foi tanto que a banda novamente ganhou o Grammy, dessa vez por "Melhor Performance de Hard Rock".

Foi uma escolha óbvia para primeiro single como Tim Commerford explicou: "Essa era uma área onde nós deixávamos a Sony, ou a Epic, se envolverem a respeito do disco. Temos completo controle criativo sobre tudo que fazemos, mas ocasionalmente, quando criamos um disco, nós perguntamos às pessoas que o lançam e o promovem, 'Qual é a sua música preferida?' E essa era unanimidade. Aí alguns de nós tentamos trazer outras músicas que gostávamos mais, mas no final das contas ela foi a escolhida. E aí Zack teve que mudar a letra. Havia uma versão anterior que tinha letras mais improvisadas. Eu adorava, mas Zack não estava feliz com ela, então ele teve que voltar e regravar os vocais." No clipe, os trabalhadores de fábrica eram membros de sindicato reais do Garment Workers' Union.

Aí veio o som monolítico e cheio de propósito de "Calm Like A Bomb" (com "uma das melhores letras que Zack já fez", de acordo com Morello) e a ode mais clara ao hip-hop que o RATM já tinha feito com "Mic Check". Tim Commerford explicou a direção mais forte em relação ao hip-hop, dizendo, "Havia diferenças drásticas nos gostos musicais da banda durante *Evil Empire*, mas nós mudamos. Era meio que uma guerra entre hip-hop e metal. E aí eu tinha que trazer o lado punk também. O punk era algo com que todos concordavam. Nós queríamos ser uma banda punk, mas queríamos tocar música pesada e hip-hop também. Era algo que ninguém dizia, mas eu sentia a batalha. Agora o hip-hop está maior do que nunca, e nós estamos ouvindo mais esse estilo de música, então o lado do hip-hop definitivamente apareceu mais nesse álbum."

"Sleep Now In The Fire" era outro ponto alto do disco. Começando com um riff tipicamente cheio de paixão, a música se separou em uma corrente de pratos de condução antes de trazer o refrão furioso à medida que as guitarras voltavam com todo o poder. A letra da música era uma mistura de várias observações, desde as bombas de Hiroshima até o uso de produtos químicos como o Agente Laranja na guerra do Vietnã. O título da música é uma referência aos bombardeios e explosões que mataram bilhões de pessoas durante as tantas guerras lideradas pelos Estados Unidos. Trouxe de volta a imagem do monge em chamas que estava na capa do disco de estreia.

"'Sleep Now In The Fire' foi escrita durante uma pausa que tivemos após a tentativa abortada de compor *Evil Empire*," Morello disse a Ben Myers. "Eu estava fazendo uma jam com amigos e parei o ensaio na hora, porque peguei meu gravador e pensei 'Essa pode ser especial...' Você pode dizer o que quiser a respeito de mim, mas não pode dizer que não sou teimoso, então anos depois quando começamos as sessões de

The Battle Of Los Angeles, foi uma música em que eu insisti para que terminássemos – contra a vontade de alguns, eu devo adicionar. É uma das minhas músicas favoritas e algo em que nós quatro concordamos é que ela é uma grande jam. Combina um riff grandioso com uma linha de baixo funk/soul dos anos Setenta e uma letra excelente. Eu acho que o título provisório dessa música era 'MC5'."

A música também ganhou um videoclipe, novamente dirigido por Michael Moore, e criou um dos maiores alardes que uma banda popular pôde causar quanto à sua filmagem, fora da Bolsa de Valores de Nova York, ao causar o fechamento da mesma porque seus funcionários acharam que o povo poderia se rebelar e invadir o local. A banda tinha uma permissão federal para tocar na área de um prédio que fica a centímetros de Wall Street mas Moore ainda assim sofreu com a polícia e foi detido por uma hora. Apesar de ser uma pena que os jovens não tenham invadido o prédio, o fato da Bolsa ter sido fechada em pleno horário de funcionamento foi um aspecto positivo da gravação do vídeo. O resto do material era uma piada com o jogo de televisão patrocinado pelo sistema *Quem Quer Ser Um Milionário*.

O programa foi ridicularizado e o vídeo trazia a frase "Quem Quer Ser Rico Pra Cacete", uma referência aos grandões dos monopólios da Bolsa e suas corporações. A banda foi acusada de se posicionar contra as famílias e a favor do terrorismo por Gary Bauer, um político Republicano ligado a várias organizações e campanhas evangélicas, que foi citado ao final do vídeo dizendo que a banda se chamada "The Machine Rages On".

Ironicamente a banda foi indicada ao "Melhor Clipe de Rock" no MTV Music Awards mas o Limp Bizkit venceu a categoria com o clipe de "Break Stuff". Tim Commerford não ficou impressionado, e quando os rappers branquelos bem educados dublaram a música no palco da MTV, Commerford escalou o cenário da premiação e quase quebrou um pedaço dele. Depois de toda a confusão ele foi preso e dormiu uma noite na cadeia.

A carga emocional de "Born Of A Broken Man" também era um dos pontos altos de *The Battle Of Los Angeles*, uma mistura perfeita de letras altamente pessoais com a emoção exposta através de belas texturas musicais. Alguns disseram que ela falava a respeito do pai de Zack De La Rocha e o relacionamento conturbado entre os dois.

"Essa música, ela tem a dinâmica mais extrema que já fizemos," diz Tom Morello. "Ela provavelmente tem o tipo de sentimento mais doce que o Rage Against The Machine já abordou contra o riff mais pesado que já gravamos. Tudo na mesma música."

E Tim Commerford disse que essa música é "obviamente o lado emocional do Rage Against The Machine e de Zack De La Rocha. Realmente é. É maravilhoso como tudo se une a partir de uma parte de guitarra bem melódica a um monstro enorme de som, com uma letra que te faz chorar. É profundo. Realmente é. Eu amo essa música."

Apesar do álbum navegar entre as não tão marcantes "Born As Ghosts" e "Voice Of The Voiceless", e tornar-se liricamente competente mas musicalmente previsível, foi no clímax do disco que o Rage mostrou sua excelência novamente, com mais duas faixas de poesia de protesto.

"Ashes In The Fall" é classificada como uma das faixas mais fortes do álbum. Com uma guitarra estridente no começo, o ouvinte não sabe para onde esse monstro irá crescer, mesmo quando o rap quase básico começa a se misturar ao som. A canção vai do monólogo que cresce com raiva até uma explosão da guitarra de fundo cacofônica, uma verdadeira união de hardcore e metal que dá sustentação à letra potente. Um dos números mais dominantes e agitados do Rage, sem dúvidas. Em um fórum na Internet, um usuário chegou a dizer, "Quando eu coloco essa música pra tocar bem alto com fones de ouvido e aperto alguns botões no equalizador, eu posso chegar ao 'audiorgasmo'. Deus, como isso é bom."

A faixa final, "War Within A Breath" tinha um padrão mais conhecido do Rage, com uma linha de guitarra típica de Morello, ligada de forma habilidosa ao baixo. Foi a primeira vez no álbum que Los Angeles foi citada ("Um sol nascente, aparecendo sobre Los Angeles") e a música trazia o assunto do roubo de terras Mexicanas novamente, com o tema inerente de banqueiros e políticos. A música e o álbum terminam com uma massiva tortura de guitarra, encerrando os 45 minutos de uma maneira que deixa claro que o ouvinte acabou de ouvir algo realmente especial. Só havia mais uma coisa a ser feita, e isso era ouvir o disco novamente.

Dava pra ter certeza que aquilo era algo especial já que Zack De La Rocha estava feliz com o produto. "Eu acho que esse disco está muito acima dos outros em termos de sua habilidade em fundir elementos do hip-hop, punk rock e rock urbano de Detroit com nomes como MC5 e Iggy Pop," ele disse. "E há momentos onde eu acho que eu deixei as minhas experiências pessoais participarem mais do disco."

E o título do álbum? Era mais do que simplesmente os membros do Rage Against The Machine chamando LA de lar, na verdade fazia sentido em vários aspectos diferentes e fez uma referência instantânea aos tumultos de LA e, a partir daí, uma revolução, começando nas ruas de sua casa. Mas o título também dizia respeito ao resto dos Estados Unidos, como Tom Morello explicou. "Los Angeles é tipo um microcosmo do resto do mundo ou dos Estados Unidos em geral," ele disse. "É uma panela de misturas culturais e todo mundo está meio que brigando por ela. Eu acho que há tantos problemas e questões diferentes rolando em Los Angeles. O sentimento de quem mora lá é o de estar em uma batalha, ponto."

As contradições de morar na "Cidade Dos Anjos" eram radicais e imediatas para qualquer um que tenha visitado a cidade, mais ainda para quem morou lá. Ali estava um lugar que via a luz do Sol por até 350 dias no ano mas contava com uma camada de poluição cobrindo toda a cidade. Há inúmeras cores e raças vivendo sob o céu de LA, mas também há guerras entre gangues e tensão racial, o que sempre traz a ameaça de uma explosão para além dos limites da cidade. A cidade continua sendo um lugar para os brancos ricos e poderosos enquanto a brutalidade policial é algo que acontece no dia-a-dia para aqueles que vivem abaixo da linha da pobreza nos bairros pobres e guetos da cidade.

"É essa complexa mistura cultural de LA que faz uma banda como o RATM possível," Tom iria dizer. "Eu acho que o Rage Against The Machine é um produto único da cidade. Não poderia ter acontecido em nenhum outro lugar." E ele adicionou, "Há uma maneira como Hollywood mostra Los Angeles para o resto do mundo, e isso é só uma pequena fatia do verdadeiro bolo. *The Battle Of Los Angeles* é a nossa versão dos eventos."

Passou quase uma década desde os tumultos em LA mas muito da corrupção policial ainda estava rolando sem ser combatida ao mesmo tempo em que o Rage lançava seu terceiro disco. Houve vários casos de corrupção policial direcionados a membros em particular da Polícia de Los Angeles (LAPD) incluindo relatos de violência contra um imigrante Mexicano.

Era essa injustiça persistente que iria resultar em ações da banda localmente. Brad Wilk, por exemplo, decidiu criar um programa para jovens de LA. A Los Angeles Free Clinic é uma organização sem fins lucrativos gerenciada por voluntários que existe para apoiar jovens sem lar com comida, abrigo e cuidados médicos.

O baterista do RATM tentou ir atrás de músicos em Los Angeles para começar um programa que iria ensinar como tocar vários instrumentos musicais diferentes a jovens de lá, sem custo. "Eu imaginava que haveria músicos o suficiente nessa região com tempo livre para ir até lá e ensinar alguns jovens," ele disse a uma revista de bateria. "Quando eu estava crescendo, a música foi algo positivo que eu acho que essa molecada precisa."

E seus pensamentos a respeito da cidade onde morava eram misturados, assim como os de seus colegas de banda. "Pessoalmente eu tenho uma relação de amor e ódio com LA," ele disse a Ben Myers. "Definitivamente eu já estou lá há tempo o suficiente para deixar que as coisas que normalmente incomodariam outras pessoas simplesmente passarem despercebidas. No meio da falsa indústria do entretenimento, há na verdade alguns lugares realmente ótimos para se experimentar. Além disso, é um local de muita mistura cultural. Essa cidade definitivamente teve um impacto enorme em cada um dos membros da banda, musicalmente e politicamente."

The Battle of Los Angeles foi lançado em 2 de Novembro de 1999, entrando na *Billboard* na posição Número 1, ficando nas paradas por quase 40 semanas, chegando à posição de número 23 no Reino Unido. A *Kerrang!* foi efervescente em seus elogios ao álbum, lhe dando quatro K's. "Doze músicas de fúria do rock refinada que expõem todos os malfeitores," disse a *Kerrang!*, "*The Battle Of Los Angeles* é muito mais global do que seu título sugere. De Bagdá a DC, Hiroshima a Chiapas, essa é a união perfeita da análise de Noam Chomsky, o radicalismo de Malcolm X e a postura do The Clash."

Consistente com sua habilidade de provocar e levantar debates, o RATM concordou em aparecer no programa de televisão pop *Total Request Live*, conhecido como TRL. Eles enfrentaram muitas críticas por aparecerem no programa jovem da MTV, mas seus motivos, como sempre, tinham duplo propósito. Não apenas a banda poderia aparecer em um programa pop inofensivo com seu material sem censura, mas eles também poderiam inspirar aqueles que não eram iniciados a talvez tomarem um caminho musical diferente daqueles que o TRL normalmente faria.

Tom Morello explicou, "Eu cresci em um lugar onde não havia acesso a nenhuma cultura independente. Nada. Uma loja Musicland ficava a 65 quilômetros. Eu não quero ser um elitista, e é aí que muitos jovens descobrem a música. Nós não iríamos deixar o programa passar porque talvez a Britney Spears estivesse no programa no outro dia ao invés do Soundgarden. A única preocupação para nós é que a música e a política fiquem intactos. Nós não iremos vestir roupas diferentes para nos prostituirmos aos diretores ou espectadores."

E havia a última razão, claro, que servia não apenas para o sistema mas também para os jovens. Morello riu, "*TRL* é onde a molecada ouve rock. E nós faremos o melhor possível para assustá-los."

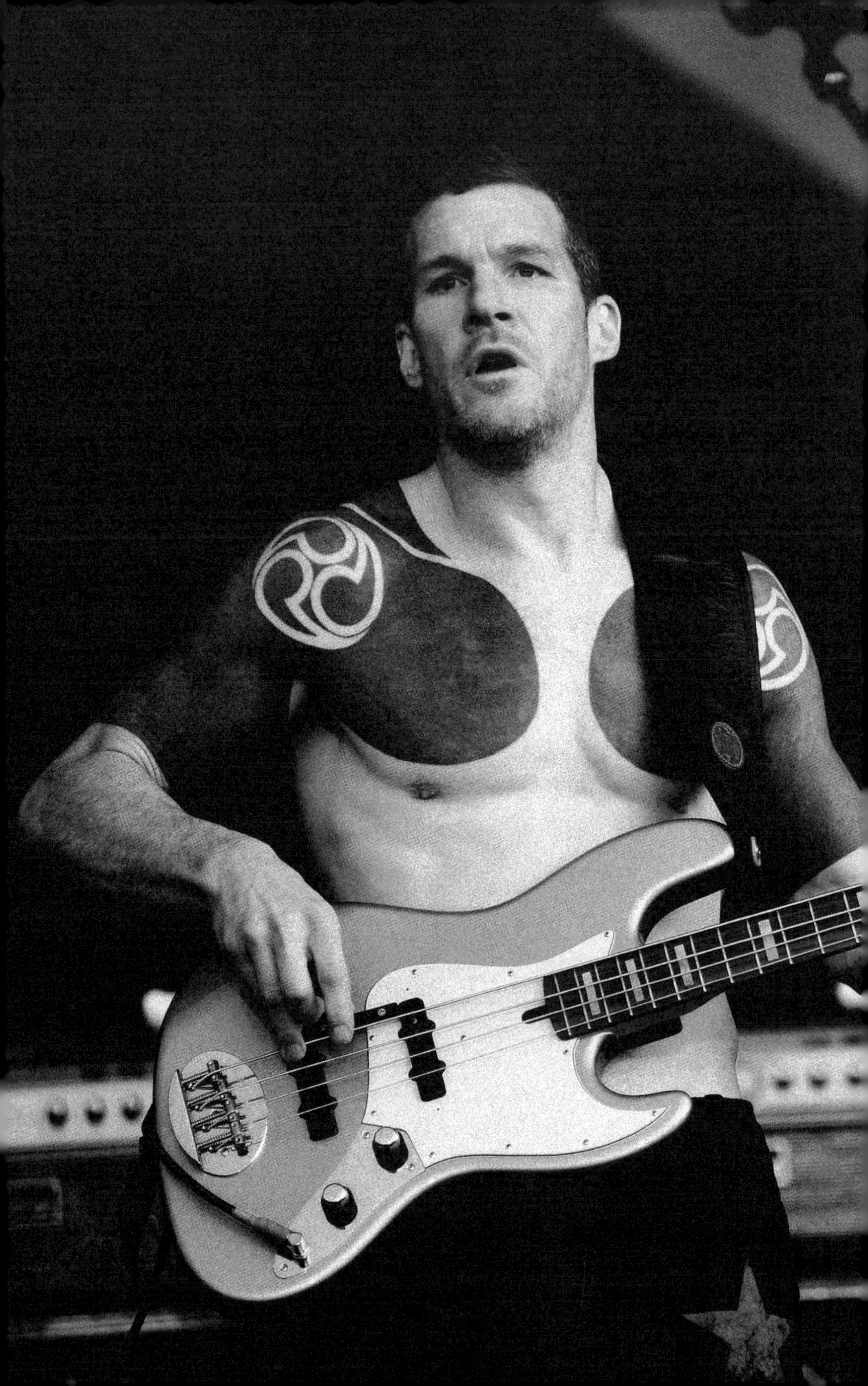

SÓ OS BONS MORREM JOVENS

Em Abril de 2000, o Rage Against The Machine vinha planejando um show especial, onde iria tocar na Convenção Nacional do Partido Democrata. Parecia simples o suficiente – se posicionar contra a ideologia e a injustiça de um sistema com somente dois partidos, tocar de graça e fazer com que todo mundo ouvisse rock, para aí sair tendo se infiltrado no sistema mais uma vez. Entretanto a realidade de apenas um simples show tornou-se muito mais complicada porque a segurança e o planejamento ao redor de um evento envolvendo figuras políticas importantes são sempre muito rigorosos. Você pode imaginar as cenas como as que passavam no seriado *24 Horas*, onde agentes com sistemas de comunicação ficam próximos ao Presidente a todos os momentos, assim como seus colegas de política. Apesar desse seriado ser divertido o suficiente, não é de todo algo relacionado apenas à ficção. Ao contrário, esse tipo de programa de televisão normalmente recebe um selo de aprovação e exatidão dos altos escalões do governo. Dessa forma, as cenas que você vê nesses seriados talvez não estejam muito longe da verdade.

O Rage tinha que obter permissão para tocar na convenção (que aconteceu em um local corporativo de LA, o Staples Center) e ela inicialmente foi negada com a banda recebendo uma resposta de que eles teriam que tocar em um lugar menor a várias quadras de lá. Mas eles tiveram sorte quando um juiz achou que essa decisão era muito restritiva e permitiu que a banda tocasse em um local do outro lado da rua onde acontecia a convenção. A reação da polícia quanto a um simples show foi extraordinária. Eles levaram mais de 2.000 homens ao local, todos vestidos com equipamento reforçado. Adicionalmente, havia helicópteros, veículos da polícia de sobra e cavalos montados. Fontes da polícia admitiram que eles estavam "muito preocupados por questões de segurança."

Mas o Rage não iria deixar uma oportunidade assim passar, especialmente quando o público havia crescido para mais ou menos 50.000 pessoas. De La Rocha deixou seu recado no palco, ao dizer às pessoas que a sua democracia "havia sido sabotada."

Ele também gritou, "Nós temos o direito de ir contra esses filhos da puta!" e garantiu que todos olhassem em direção à convenção política onde Bill e Hillary Clinton estavam prestes a discursar.

Talvez por causa disso, ou talvez porque isso aconteceria de qualquer jeito, a coisa ficou feia. Escrevendo para o *Independent Media Center*, Jennifer Bleyer reportou sobre o que aconteceu na sequência: "Na Segunda-feira à noite, um pacífico e festivo show grátis do Rage Against The Machine tornou-se violento quando policiais puderam mostrar ao público tudo que aprenderam em meses de treinamento contra manifestações na Convenção Nacional do Partido Democrata. O que começou como uma marcha pacífica e festiva no centro de Los Angeles tornou-se algo violento quando os policiais começaram a molhar o público com mangueiras de alta pressão e atirar com balas de spray de pimenta, para depois perseguir os presentes em seus cavalos batendo em todos com seus cassetetes."

Um incidente que durou pelo menos uma hora seguiu. Enquanto boa parte do público foi embora, aproximadamente quatro mil pessoas continuaram no local. Uma estranha coleção de itens foi jogada pelas cercas, incluindo tênis, CDs, placas de trânsito, pedaços de concreto e várias garrafas de plástico. Como resposta, a polícia abriu fogo pelo menos cinco vezes contra os manifestantes utilizando spray de pimenta (que é disparado em uma cápsula que explode em contato com as pessoas emitindo uma substância que irrita os olhos, nariz e garganta). Além disso, eles atiraram tinta através de balas de borracha e água a partir de uma mangueira de alta pressão. Um policial anunciou em um megafone que a manifestação tinha sido considerada ilegal, e todos os presentes foram obrigados a se retirar ou seriam presos. Os manifestantes continuaram lá apesar da oposição e fizeram de tudo desde cantar e escalar grades até agitar bandeiras negras (simbolizando a anarquia) e acender fogueiras no meio da rua. Infelizmente, apesar de todo o transtorno isso passou batido pela maioria dos jornalistas já que eles estavam sãos e salvos dentro do local onde os Clinton discursavam.

Bleyer escreveu, "Após mais ou menos uma hora, a gota d'água do enfrentamento veio quando mais ou menos vinte policiais em cima de cavalos foram para cima dos manifestantes que ainda estavam por lá, sendo que vários estavam tentando deixar a área quando foram encurralados. Os cavalos iam para cima das pessoas e as perseguiam enquanto os policiais agitavam seus cassetetes e gritavam. Os jovens erguiam seus braços para cobrir suas cabeças como forma de proteção, e eventualmente conseguiam fugir do ataque."

Como era típico em eventos assim, quando as pessoas que estavam dentro do prédio saíssem, não haveria quase nenhum sinal da confusão lá fora. Policiais de choque ficaram parados, como se esperassem por alguma coisa e apenas alguns traços de lixo estavam jogados pela rua. O sangue foi lavado e os manifestantes levados às delegacias mais próximas.

Várias testemunhas que não estavam envolvidas com os manifestantes fizeram reclamações formais conta as ações ilegais e brutais da polícia para a União para a Liberdade Civil Americana e disseram que a ação da polícia foi "puramente planejada". Em resposta, a polícia disse que as ações foram "claramente disciplinadas" e "espetaculares". De La Rocha estava indignado, dizendo que a única confusão partiu da própria polícia, dizendo, "Aqueles filhos da puta descarregaram tudo em cima do público. E eu acho que é ridículo, considerando que, você sabe, nenhum de nós tinha armas de bala de borracha, nenhum de nós tinha M16s, nenhum de nós tinha cassetete, nenhum de nós tinha capacetes." O registro do incidente sob o ponto de vista do RATM pode ser visto no material bônus do DVD *Live At The Grand Olympic Auditorium*.

Musicalmente o Rage iria continuar sua mensagem com uma adição interessante ao seu catálogo e que surgiu de forma relativamente inesperada. Todo mundo sabia que o Rage tinha uma ampla coleção de influências e qualquer fã de música eclético poderia se identificar com várias delas, mas o RATM estava prestes a realizar um tributo aos que deram formação para o estilo rap rock da banda através do álbum de covers *Renegades*. As escolhas foram de certa forma incomuns. Não havia Public Enemy, Clash, Led Zeppelin ou Black Sabbath – quatro bandas que todos no RATM já haviam citado, especialmente Tom Morello. Talvez a banda enxergasse esses nomes como muito óbvios (apesar de terem a possibilidade de gravar faixas menos conhecidas desses artistas). Ao invés disso, a banda foi na direção de grupos que muitos jovens haviam apenas ouvido falar, como MC5 e Iggy & The Stooges no rock, esquisitices como Devo e hip-hop básico representado por EPMD e Eric B & Rakim. De forma também intrigante, o encarte não trazia crédito aos compositores originais das faixas, e nenhuma recomendação para que os fãs da banda fossem atrás do catálogo dos que estavam sendo ali homenageados. O resultado final foi um trabalho simples que, como era esperado com o Rage, parecia menos chamativo do que eventualmente se revelaria. Ainda assim, armadas com a sabedoria das faixas originais e as adaptações cheias de energia do RATM, suas adaptações ganharam um novo nível; e talvez ao não nomear os renegados originais, o Rage esperava que os ouvintes fizessem seu dever de casa ou talvez já conhecessem as músicas que estavam sendo tocadas.

O rap de Eric B & Rakim, "Microphone Friend", era uma das atualizações mais óbvias no campo do estilo. Baterias pesadas deram um poder instantâneo à faixa com a linha de baixo fluente de Commerford acompanhando tudo perfeitamente.

Apesar da música ser uma recriação relativamente fiel à original, houve outra adição óbvia à versão com a batida funk das cordas da guitarra antes do refrão entrar com apoio total do instrumento. A música original não tinha esse luxo, andando a passo de lesma e sem ênfase alguma ao refrão. A principal diferença entre o rock e o rap estava clara, mas o Rage inteligentemente uniu os dois gêneros díspares, mostrando como eles tinham incendiado o gênero do rap muitas vezes monótono com o brilho vibrante de guitarras de verdade, baixo e bateria.

A força criativa de Morello era tamanha que ele poderia adicionar seu próprio estilo a virtualmente qualquer música existente, como na faixa de abertura onde ele emprestou um riff a uma música que originalmente não tinha nenhum. Apesar de De La Rocha estar claramente prestando homenagem e executando interpretações fiéis aos estilos básicos do rap, não havia dúvida de que ele abrilhantava a música com sua personalidade explosiva, fazendo com que até mesmo uma música de Michael Bolton soasse interessante.

"Kick Out The Jams" é um dos hinos do punk rock mais conhecidos de todos os tempos e uma longa lista de artistas já a homenageou desde que ela foi gravada pela primeira vez há mais de 40 anos pelo MC5 de Detroit. Para uma banda regravar essa música em tempos modernos, eles precisavam alterá-la para fazer com que fosse algo distinto entre tantas versões da mesma. E o Rage fez isso. A primeira coisa que você percebe é como a música é lenta, com um clima quase lounge, perdendo metade das batidas originais e trazendo Zack De La Rocha em uma performance que talvez seja a sua primeira com um vocal continuado. Como ele demonstrou de forma habilidosa, sua voz tinha vários níveis e era adaptável. Em uma primeira audição, a intimidade lenta dessa versão era uma decepção e não soava nem como MC5 nem como Rage Against The Machine (a versão ao vivo também presente no álbum é mais rápida e fiel à original). Mas o funk lento e assustador gradualmente construía seu caminho e os ouvintes acabavam se surpreendendo com a capacidade do Rage ao abordar um clássico de forma única. Houve até espaço para um solo mais comum de Tom Morello recheado de texturas inusitadas.

O cofundador do MC5, Wayne Kramer, não apenas ficou impressionado com a adaptação, mas também comentou sobre a abordagem política do Rage e seus benefícios. "As coisas sobre as quais o Rage Against The Machine está falando são basicamente as mesmas sobre as quais o MC5 falava," ele disse ao *Chicago Tribune*, "que todos os liberais e revolucionários falaram nesse país indo até Thomas Paine. E não é glamoroso ou sexy ou excitante. Estamos falando sobre justiça, educação, saúde e emprego – os blocos fundamentais para uma civilização."

Logo depois vinha o riff do álbum, e sua peça central. Ao fazer uma cover de "Renegades Of Funk", o Rage catapultou um riff cheio de funk que se adaptou à letra e aos vocais explosivos de forma perfeita. A música cita nomes como Dr. Martin Luther King, Malcolm X e o já mencionado Tom (Thomas) Paine, um revolucionário Inglês, combinando o reconhecimento de figuras históricas radicais com a chamada por uma nova revolução – começando com pessoas comuns.

Essa era uma música perfeita para o Rage gravar, com letras totalmente revolucionárias e uma jam sensacional como base, elevada ao máximo. Talvez a parte lírica mais impressionante do álbum esteja nessa música, com De La Rocha fazendo um rap à velocidade da luz, tão rapidamente que você mal consegue seguir as palavras a tempo, mesmo com um encarte. A versão original de Afrika Bambaataa iria decepcionar aqueles que foram atrás dela depois de ouvir a versão do Rage. Com uma batida persistente, resquício do rap do início dos anos Oitenta e linhas vocais intermitentes, a canção soa mais como um integrante ruim em uma trilha sonora dos anos Oitenta, de forma oposta ao revolucionário chamado às armas. O Rage mostrou mais uma vez como seus talentos eram amplos e como eles poderiam transformar uma gravação antiga em algo magnífico.

Chame-o de pop, synth, new wave, pós-punk ou excêntrico – o quinteto conhecido como Devo forma uma banda normalmente lembrada por vários músicos que pensam de forma alternativa. Seu material mais pra cima era pegajoso mas incomum para estar completamente ligado ao mainstream. De todas as faixas que o RATM poderia regravar, a mais peculiar parecia ser "Beautiful World" ainda que seja justo dizer que a banda a transformou em algo próprio e trouxe uma qualidade emocional inusitada à gravação, que está inteligentemente colocada entre o poderoso funk de "Renegades..." e o hip-hop seguinte de "I'm Housin'". Droga, essa faixa quase roubou o show com sua emoção sussurrada que toma ar somente para lamentar a letra melancólica. A letra, quando lida de forma sóbria em uma página, parecia inofensiva e virtualmente insignificante, mas quando gritada cheia de emoção por De La Rocha, ganhou uma nova vida.

A versão original de "I'm Housin'" do EPMD é um hip-hop direto com uma vibe mais lenta, que faz lembrar Tone Loc. Não havia uma guitarra explosiva ou divisão entre o "refrão" que grita "'Cos I'm Housin'", que foi algo acrescentado pelo Rage. De La Rocha mostrou sua competente habilidade para o rap e replicou os versos com muito domínio. Com os barulhos de guitarra combinados ao fundo e um jogo de palavras sussurrado, a música ganhou um lado sombrio, antes de explodir no refrão mais uma vez, mostrando que até a faixa original mais comum poderia ser elevada com um conjunto certo de músicos capazes.

"In My Eyes" do Minor Threat vem na sequência. A versão original era algo típico de Ian Mackaye e sua trupe, exalando a angústia do hardcore dos anos Oitenta: tudo rápido, furioso e barulhento. O Rage simplesmente emprestou uma nova dinâmica à música e uma performance impecável de Morello. Essa música deu uma licença a todos os membros da banda para que eles retornassem às origens do punk através de uma das maiores bandas a terem surgido do hardcore.

Zack mostrou que ainda tinha fúria e capacidade para trazer às suas antigas influências, cantando a letra perspicaz que parecia resumir tudo que o RATM estava fazendo: "Você me diz que eu não causo impacto, pelo menos estou tentando / O que você já fez?"

Em consideração a outra banda de hip hop, parecia apropriado gravar uma música do Cypress Hill. Eles escolheram "How I Could Just Kill A Man", uma faixa do álbum homônimo de estreia da banda, que foi a única no álbum que o Rage não conseguiu inflamar com seu próprio estilo. Os sons de funk da guitarra soam muito tímidos e a falta de um front man anasalado (como o principal guitarrista do Cypress Hill, B-Real) significava que o material não tinha direção e soava como apenas mais um som de rap rock, se misturando a outras faixas ordinárias do mesmo período. Ambos RATM e Cypress Hill eram melhores que isso. Na verdade, o último iria gradualmente colocar mais peso em seu repertório à medida que a carreira ia em frente, eventualmente trazendo um set completo de rock na seção "Bones" do seu quinto álbum de estúdio, o disco duplo *Skull & Bones*.

A combinação do espírito original de "How I Could Just Kill A Man" e o toque do Rage era evidente, e fez mais sentido na versão ao vivo incluída ao final do álbum *Renegades*, onde B-Real e Sen Dog do Cypress se juntam à banda.

Depois da inclusão da cover de Springsteen "The Ghost Of Tom Joad" (em um álbum pela primeira vez), era vez da cover do Stooges, "Down On The Street". Novamente, muitas bandas prestaram homenagem a Iggy Pop com dezenas de covers que iam das mais simples até outras decentes, mas essa cover em particular era de uma das músicas menos conhecidas dos Stooges, que está no segundo álbum da banda, *Fun House*. Esse álbum tornou-se influência para vários e vários músicos do hardcore, punk e música alternativa. Havia várias outras faixas dos Stooges que poderiam ter combinado mais com o Rage, mas eles optaram pelo caminho menos previsível, e no processo deixaram claro o quanto seu material era único.

Talvez uma das escolhas mais autoexplicativas tenha sido a cover de "Street Fighting Man" do Rolling Stones, e ao ler a letra da música, sua metodologia ficou clara. "Hey! Acho que a hora é certa para uma revolução," diz Mick Jagger, "Mas onde eu vivo o jogo a se jogar é o de se comprometer com uma solução..." Aí sim! Verdadeira propaganda do Rage e a banda conseguiu dar nova vida a um padrão do rock desgastado, trazendo os sensos de urgência e efervescência.

Quando *Renegades* funcionava, mostrava os valores do talento do Rage e fazia com que todas as bases de seu som inovador ficassem expostas, mostrando também a beleza das músicas originais – algo difícil de conseguir. Nas raras ocasiões em que não dava muito certo, ainda era bom pra caramba. O álbum não estaria completo sem uma homenagem ao folk/blues de protesto de Bob Dylan e ela veio na forma de "Maggie's Farm", de 1965. Ali estava uma das melhores conversões de simples vocais e guitarras para um monstro do rock. Os sentimentos exaltaram as raízes de protesto e socialistas do Rage e De La Rocha trouxe outra interpretação impecável em mais um estilo de música diferente.

O álbum também ficou marcado pela produção de Rick Rubin (com assistência do RATM e de Brendan O'Brien em "The Ghost Of Tom Joad"). Rick era um gigante do rap rock que tinha sido responsável pelas carreiras de nomes como Slayer e Beastie Boys e era um par perfeito para o Rage Against The Machine, apesar de ser interessante notar que seu estilo comum de grudar cada música na próxima com quase nenhuma pausa entre elas não esteve muito presente em *Renegades*. Cada música tinha tempo para respirar. Com tamanha profundidade e um espectro complexo de músicas, essa foi uma decisão sábia. O disco *Renegades* não seria lançado até o final de 2000, mas a essa altura do campeonato o Rage Against The Machine tinha chocado seus fãs... ao encerrar as atividades.

Fãs ao redor do mundo se debruçaram sobre a declaração de Zack De La Rocha a respeito da notícia impactante de que o Rage Against The Machine tinha acabado. Nela, ele explicou as razões pela separação e também salientou que Morello, Wilk e Commerford iriam continuar juntos em outra banda.

"Eu sinto que é necessário deixar o Rage porque nosso processo de tomada de decisões falhou," Zack disse em sua declaração de 18 de Outubro. "Não está mais satisfazendo as aspirações de nós quatro como uma banda, e do meu ponto de vista, minou nossos ideais artísticos e políticos."

Aquele que iria se tornar o último show do RATM contou com um discurso inflamado do vocalista, antes da banda começar a tocar "Killing In The Name". Ali ele soltou suas palavras contra os eventos que aconteceram após o set do grupo na Convenção Nacional do Partido Democrata. Ele adicionou, "Tudo que tínhamos eram nossos punhos, nossas vozes, nossos microfones, nossas guitarras, nossas baterias e nada mais. E sempre que apanhamos nas ruas por causa de nossos protestos, levamos à Justiça, mas a Justiça não quer nem saber. Veja o que aconteceu com Amadou Diallo em Nova York. Eles atiraram nesse irmão 41 vezes e deixaram quatro policiais saírem ilesos. Está na hora de um novo tipo de ação nesse país."

O homem sobre o qual De La Rocha falava era um imigrante da Guiné de 23 anos que foi abordado porque supostamente batia com a descrição de um estuprador em série de sua região. Apesar do estuprador não ter atacado durante nove meses, a polícia abordou o "suspeito" com força, e ao acreditar que ele pegou uma arma de seu bolso (na verdade era uma carteira) atirou nele, como De La Rocha disse, 41 vezes – 19 delas efetivamente acertaram Diallo. Os quatro policiais em questão foram julgados e inocentados. Muitos manifestantes se rebelaram contra o caso de injustiça, incluindo a atriz Susan Sarandon e o Reverendo Jesse Jackson – esse era um caso que trouxe reações de todas as partes da sociedade. Diallo era um simples vendedor ambulante, que mal sobrevivia e não tinha nenhuma passagem anterior pela polícia. Ele foi identificado por engano, e 41 balas não seriam necessárias nem para abater um pequeno grupo, imagine um homem inofensivo parado nas escadas de um prédio. Diallo nem saberia que estava sendo atingido por policiais já que os quatro estavam à paisana no momento do incidente.

Vários outros manifestantes que não eram famosos também brigaram pela causa, e durante as semanas seguintes os protestos resultaram em 1.700 prisões. Os pais de Diallo ganharam uma ação judicial subsequente, no valor de 3 milhões de dólares por racismo, negligência e morte por engano. O caso pedia urgentemente por um questionamento: se os policiais não tiveram culpa, por que os Diallos receberam um pagamento por todos os motivos pelos quais os oficiais foram julgados?

Com casos assim em mente, ficou claro que De La Rocha sentia que não havia nada mais a fazer dentro dos limites do Rage Against The Machine. E por toda a sua raiva política e discurso subversivo, parecia que uma das maiores bandas das últimas décadas iria sucumbir ao velho clichê: diferenças criativas. Tom Morello queria continuar a expandir os limites do Rage, levando a banda a outros níveis, aumentando o discurso político e fazendo declarações mais claras. De La Rocha sentia que precisava dar um passo para trás e abraçar suas raízes independentes do hardcore.

De forma estranha, ele parecia se posicionar contra o lançamento de *Renegades*, apesar do fato de tê-lo gravado. De acordo com Ben Myers em *American Heretics: Rebel Voices In Music*, Zack "se opôs veementemente" contra o lançamento do disco, "alegando que a banda estava concordando com métodos conhecidos de se extrair dinheiro dos fãs, praticados por grandes gravadoras. Seus colegas de banda reagiram com a contratação de um novo empresário e seguindo com o lançamento de qualquer jeito."

Havia motivos musicais por trás da separação, como Zack disse à revista *Spin*: "Toda vez que entrávamos em um estúdio, uma guerra começava sobre o que eu ouvia, que era um lance mais como Afrika Bambaataa encontrando o Sonic Youth, e o que o Tom ouvia, que era Jimmy Page e Tony Iommi," ele lamentou. "Raramente passava desses limites e essa evolução lenta foi um dos motivos pelos quais eu fiquei tão exausto. Mais ao final ficou claro que não havia riscos musicais em jogo. Você basicamente poderia dizer como um disco do Rage iria soar antes mesmo de conhecê-lo."

Os últimos dois shows da banda, gravados em 12 e 13 de Setembro no Grand Olympic Auditorium em Los Angeles (uma cidade oportuna para o fim da história), foram capturados e lançados para a posteridade através de um álbum ao vivo com um nome nada criativo: *Live At The Grand Olympic Auditorium*. O disco não seria lançado até três anos depois.

Mesmo na condição de uma banda inativa, o Rage conseguiu irritar o status quo da música popular. Depois dos eventos de 11 de Setembro de 2001, a corporação Clear Channel decidiu criar uma lista de músicas com "letras questionáveis". Era, claro, altamente necessário focar em simples palavras de bandas de rock ao invés de trazer justiça aos responsáveis pelo ataque doméstico. A lista da Clear Channel trazia um grupo que bateu vários recordes – Rage Against The Machine – que recebeu a distinta "homenagem" de ter todas as suas músicas na tal listagem.

"Houve poucas vezes na minha história como músico e ativista que eu senti 'o Homem' agindo," disse Tom Morello. "Uma delas foi logo depois do 11 de Setembro. A Clear Channel baniu todas as músicas do Rage Against The Machine de todas as suas rádios. Eles enviaram um memorando por fax para todas as estações com músicas que não poderiam ser tocadas, incluindo 'Imagine' de John Lennon e 'You Dropped A Bomb On Me' do Gap Band. O único grupo que teve todo seu catálogo censurado foi o Rage Against The Machine".

Houve também um caso com a organização que se chamava Rock For Life. Eles levantaram acusações contra o Rage Against The Machine – e Tom Morello especificamente – com um release de imprensa específico. Ele foi citado como "assassino de bebês" e acusado de odiar Cristãos e fazer música que não passava de "propaganda cheia de ódio".

Por sorte Tom Morello viu o lado engraçado disso tudo, dizendo a uma estação de rádio Australiana, "Eu realmente não conhecia a organização antes disso, é difícil acreditar se aquele release de imprensa era recheado de ignorância ou esperteza. Sabe, porque eles descrevem o Rage Against The Machine como um grupo que apoia crimes de ódio, o que não poderia ser mais absurdo. E tendo efetivamente tocado em shows beneficentes, acho que em '93, para o 'Rock For Choice' que se posiciona a favor dos direitos da mulher e ao aborto... sabe, é algo que nós fizemos e continuamos apoiando – discriminação sexual de qualquer tipo... Meu Deus!"

Indignado, ele continuou, "A Rock For Life parecia não ter interesse algum em começar algum tipo de diálogo com a banda. Além dos dez entre os onze fatos errados no release de imprensa, eles não fizeram muita pesquisa antes de lançá-lo, e nós poderíamos ter respondido todas as suas dúvidas. Eu adoraria debater qualquer tópico com qualquer um desses tolos dessa organização!"

A Rock For Life faz parte da American Life League, uma organização Cristã que se opõe ao aborto. A RFL tem o propósito de dar voz às suas causas através de bandas que compartilham os seus mesmos ideais "pró-vida". "Jovens estão sendo manipulados e enganados pela indústria da música!" seu site oficial diz. "Vários dos artistas populares dos dias de hoje falam sobre o direito ao aborto e levantam fundos pela causa pró-aborto. Eles estão alimentando nossa juventude com a mentira de que o aborto não apenas é uma resposta aos seus problemas, mas um direito pelo qual eles devem lutar e proteger."

Um show que o RATM fez na Cidade do México em 1999 ganhou um lançamento póstumo em DVD. O show é poderoso em alguns lados, ainda que em outros sofra com a falta do brilho conhecido de performances do Rage. É quase como se a ideia de tocar na Cidade do México pela primeira vez tenha consumido Zack de tal forma que ele mal conseguia cantar as palavras de suas músicas, dada sua fúria e vontade. Mas não é apenas o vocalista que não está a todo vapor, com a banda ocasionalmente se mostrando devagar, diminuindo por exemplo o impacto de "Know Your Enemy" ao alterar seu andamento. E a edição também estraga o impacto de certos segmentos ao diminuir as cenas em áreas erradas – parece mais uma performance do *Top Of The Pops* do que um show revolucionário.

Ainda assim, o público efervescente deixa os níveis de energia lá em cima e mistura sua fúria com o respeito por certas partes de músicas que dizem respeito menos sobre o rock e mais sobre a letra. Quando a calma de "Zapata's Blood" explode pelo auditório, o público saboreia cada frase e até mesmo na pessoal "Born Of A Broken Man" as pessoas ficam em silêncio durante o trecho mais quieto em respeito à intimidade da letra. Ao final de "Freedom", De La Rocha cai de joelhos, completamente exausto, quase não podendo se levantar novamente, e aí logo antes dos créditos aparecerem, Zack e Tom deixam o palco abraçados como amigos de longa data.

Os ingressos do show eram baratos (diferente da maioria dos shows da região) e toda a receita foi para as vítimas de uma inundação recente no sul do México. "Mais ou menos dois dias antes do show, nós recebemos uma carta do Subcomandante Marcos," Morello explicou, "pedindo para que a gente desse o dinheiro não para as comunidades onde seus guerreiros Zapatistas estão, mas sim às vítimas de uma inundação, e ficamos felizes em fazê-lo." Entre as músicas no DVD estão vídeos de palavra falada e imagens que servem como pano de fundo para as causas Mexicanas com as quais De La Rocha se envolve.

Para os fãs do Rage foi a primeira vez que eles puderam ver o Subcomandante Marcos, já que havia uma entrevista com ele no DVD. Apesar de estar vestido com roupas militares e carregar armas enquanto se escondia com um capuz, Marcos aparece como um humanitário extremamente inteligente. Seus olhos trazem tristeza e empatia e também sugerem que ele não é um homem com quem você quer sacanear. Naturalmente sua preocupação maior é com os Zapatistas, ainda que muito do que ele diga seja aplicável ao resto do mundo e outras partes da sociedade que são reprimidas. De todos os trechos do DVD, sua entrevista talvez seja a mais importante.

O show do RATM não aconteceu sem dificuldades; como era comum, foi uma verdadeira conquista para a banda o fato dela subir ao palco. Quando a banda estava prestes a começar a performance, revoltas estudantis aconteciam pela cidade e a combinação disso com críticas de "estrangeiros" como o RATM que estava falando mal do governo Mexicano não caíram bem para as autoridades. O motivo pelo qual o DVD foi chamado *The Battle Of Mexico City* se deve ao fato de um tumulto ter se iniciado fora do local do show devido a um grande número de pessoas que não tinham ingressos e gostariam de assistir à performance. Estimativas dizem que havia aproximadamente 7.000 pessoas dentro do local do show e 3.000 que não conseguiram entrar, começando assim uma tentativa de quebrar barricadas e invadir a casa de shows. A polícia de choque foi chamada e disparou gás lacrimogêneo para dispersar o público.

"Havia também uma enorme revolta estudantil acontecendo lá e o governo do México não tolera críticas do seu próprio povo, imagine de estrangeiros," Tom Morello explicou. "Então havia muita controvérsia ao redor do show mas no final das contas tudo deu certo e nós conseguimos levantar fundos para aquelas vítimas da inundação que estavam em necessidade, então foi um ótimo show de rock!"

Morello estava se referindo aos protestos contra a UNAM, na Cidade do México, a maior universidade pública de lá com 270.000 estudantes – coincidentemente uma Universidade onde Marcos estudou. A constituição Mexicana promete educação grátis aos cidadãos Mexicanos. A UNAM anunciou em 1999 que o custo iria passar de 2 centavos para 150 dólares por ano. Essa é uma quantia enorme para o povo Mexicano, já que o salário mínimo é de menos de 4 dólares por dia. Um em dois Mexicanos vivem abaixo da linha oficial de pobreza e um quarto da população vive em pobreza extrema. Mesmo com estudo virtualmente grátis, vários jovens Mexicanos não podem entrar na UNAM porque não podem pagar pelos livros, transporte e outros gastos. Os estudantes protestaram em massa no centro da cidade e eventualmente construíram barricadas dentro da Universidade levantando bandeiras vermelhas e negras para declarar uma greve.

Mas isso não iria impedir que a banda protestasse contra as injustiças que aconteciam nas comunidades pobres. "É o que é, eu não posso fazer nada. Eu tenho que sentir o que eu vejo," De La Rocha disse. "Toda vez que eu volto de lá eu aprendo alguma coisa. Eu tento canalizar isso, todo esse medo. Eu me lembro de uma vez quando estávamos dormindo em uma pequena escola, eu e vários estudantes que eu ajudei a organizar para chegar lá. Nós estávamos lá e o exército estava tentando passar armas pelo vilarejo à noite e os cães estavam latindo, ficamos assustados pra cacete. E eu pensei que se tivesse que passar por isso todos os dias, minha vida seria um inferno. Então eu volto aqui e tento fazer com que as pessoas saibam que há pessoas no mundo que não têm o que você tem e tentam sobreviver."

Também no DVD, De La Rocha teve a chance de entrevistar Noam Chomsky, uma experiência que ele claramente adorou, parecendo estar em choque ao avistar o lendário comentarista político. Na verdade, o vocalista olhou para Chomsky com os mesmos olhos de admiração e respeito que milhões de fãs ao redor do mundo olhavam para ele.

À medida que Zack De La Rocha construiu seu caminho para uma existência simples longe das exigências da cena do rock e a pressão em sua vida pessoal, os outros membros do Rage Against The Machine precisavam fazer uma escolha. Eles deveriam continuar sem ele? Nunca esteve em discussão se eles deveriam continuar fazendo música juntos. Esse trio instrumental era bem ensaiado, focado e coeso – sem mencionar que eram donos do respeito e admiração de milhões ao redor do planeta. A única questão era se eles deveriam continuar como Rage Against The Machine chamando alguém para o lugar de Zack De La Rocha ou começar uma banda totalmente nova.

Apesar de boatos sobre um novo vocalista do Rage terem aparecido com força, a banda iria decidir pela última opção. O nome favorito para assumir os vocais do Rage era B-Real do Cypress Hill. Entretanto, também houve rumores de uma escolha mais atraente na figura de Rey Oropeza das lendas do rap-core Downset (uma ótima banda – o talentoso Oropeza poderia facilmente ficar no lugar de De La Rocha). Francamente, pareceu um pouco estranho que B-Real tenha sido considerado como nome para o Rage. Primeiro, seu estilo vocal sonâmbulo não estava nem perto de ser potente o suficiente para as músicas do grupo. Alguém poderia honestamente imaginar o cara cantando sons como "Killing In The Name"? Não, o Rage teria se tornado um grupo de carnaval, seguindo como versões lounge deles mesmos.

Claramente, Morello e seus colegas perceberam isso logo de cara, e os rumores certamente vinham de fora da banda. Eles estavam prestes a embarcarem em uma alternativa drástica, e não era algo que poderíamos prever. Eles iriam começar uma nova banda com um vocalista de estilo completamente diferente. Ela se chamaria Audioslave e iria contar com um dos maiores vocalistas do rock moderno. Eles tinham chamado um vocalista chamado Christopher John Boyle. As pessoas o conhecem como Chris Cornell.

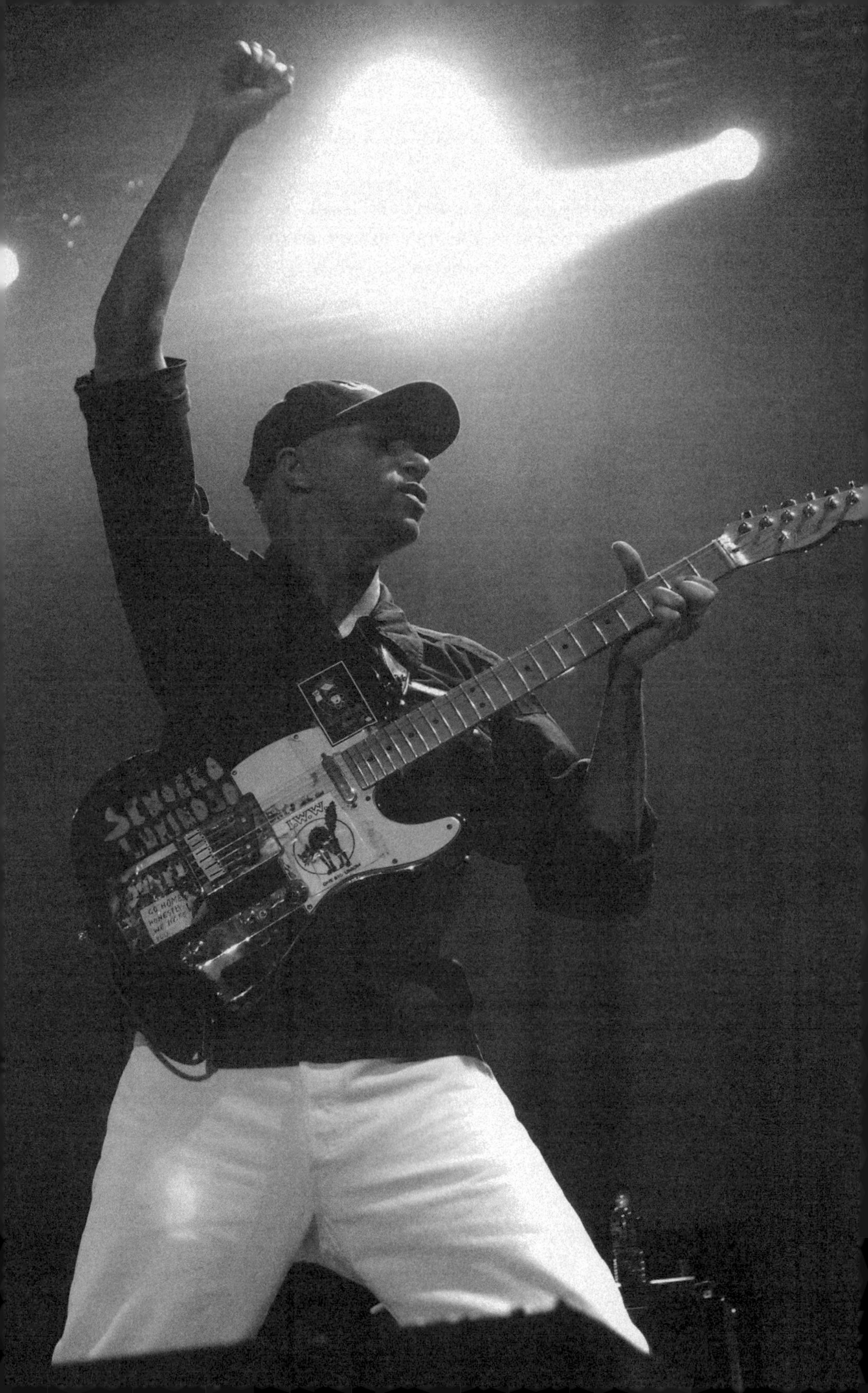
I.W.W.

ESCRAVOS DO PODER

Chris Cornell nasceu em 20 de Julho de 1964 e cresceu em Seattle. Sua família era estável mas Cornell estava suscetível a um sentimento de isolação que foi exacerbado por sua tendência de se trancar sozinho para ouvir música e aprender como tocar canções dos Beatles na guitarra e na bateria. Quando completou vinte anos, entretanto, ele finalmente encontrou uma válvula de escape viável para suas emoções quando formou o Soundgarden (batizado em homenagem a uma escultura de Seattle), originalmente tocando bateria e cantando.

Apesar das carreiras de Cornell e seus futuros colegas de banda do Rage Against The Machine terem sido completamente diferentes, eles tinham duas coisas em comum. Uma delas era que ambos aprenderam o que era sucesso em massa a partir do nada. A outra era mais subliminar, mas merece destaque. O guitarrista do Soundgarden, Kim Thayil tornou-se um dos maiores músicos de sua geração, e apesar de eventualmente ser colocado na posição de número 100 na lista de melhores guitarristas de todos os tempos da revista *Rolling Stone*, ele ainda era subestimado. Ele não apenas é um grande guitarrista, mas também um compositor inovador. Com ascendência Indiana, ambos seus pais vieram para os Estados Unidos a partir do estado de Kerala, na Índia. Outro membro fundador era o baixista Hiro Yamamoto que, apesar de ter nascido em Seattle, era descendente de Japoneses.

Não foi uma jogada feita de propósito pela banda, é claro. Eles não planejaram bolar um grupo de várias raças para atrair atenção e na verdade nem funcionou assim. A banda sempre foi respeitada por sua música e ninguém percebia que eles eram de várias raças diferentes. Ainda assim, esse fato por si só era uma conquista em meio ao separatismo de cores da época e à desconfiança com a qual as instituições brancas abordavam novatos de raça. Era simplesmente incomum ver uma banda que parecia tão diferente ser aceita pelas normas do hard rock. Acidentalmente o Soungarden ajudou a derrubar as portas do preconceito dentro da indústria da música.

Yamamoto iria deixar a banda depois do disco *Louder Than Love* de 1989, um disco que começou a trazer atenção para o grupo e trouxe músicas que se tornariam favoritas dos sets ao vivo como "Hands All Over" e "Loud Love". O disco logo seria esquecido em função do próximo lançamento da banda, mas, assim como seu material mais antigo (Os EPs *Screaming Life* e *Fopp* seguidos pelo álbum *Ultra-*

mega OK) era diverso, excitante e altamente recomendável. Também foi a primeira vez que o mundo da música foi apresentado à verdadeiramente maravilhosa laringe de Chris Cornell, que podia alcançar notas altas sem perder sua força.

Quando o Soundgarden lançou o poderoso disco *Badmotorfinger*, eles foram de destaques do underground de Seattle a um dos maiores nomes. Apesar da banda ser claramente ofuscada em termos de popularidade por Nirvana e Pearl Jam, o Soundgarden era facilmente a banda mais ampla de todos os ícones grunge dos anos Noventa. Seu material trazia tudo desde a psicodelia e o flower pop até o heavy metal e o hardcore. Muitas bandas são citadas como inovadoras mas isso nunca foi tão verdadeiro quanto com o Soundgarden, que foram instantaneamente reconhecidos pelos sons característicos de Thayil e o vocal apaixonado de Cornell. Essa banda sabia de seu brilho mas o levou em frente de forma subestimada – apresentando clássicos emocionais e grandes números do hard rock como se estivessem fazendo um projeto de escola.

A banda estava em uma grande gravadora (A&M) mas mantinha sua integridade e fluxo criativo, lançando uma grande coleção de músicas. Cheio de clássicos, *Badmotorfinger* tinha uma hora de muita habilidade musical e melodias memoráveis, todas acompanhadas do vocal poderoso e amplo de Cornell. Ele alcançou novos níveis com sons como "Jesus Christ Pose", atingindo níveis que poucos vocalistas no mundo poderiam alcançar. A banda estava pegando fogo durante todo o álbum, seja nos singles "Outshined" e "Rusty Cage" ou nas menos imediatas mas também brilhantes "Room A Thousand Years Wide", "Mind Riot" e "Somewhere".

Apesar da banda ser reverenciada e já ter vários fãs durante a época de *Badmotorfinger*, havia poucos que realmente os entendiam – diversidade não era uma palavra bem vinda ao rock do início dos anos Noventa. "Eu amo o Soundgarden porque toda vez que eles lançam um álbum eu ganho um novo álbum do Black Sabbath," um músico disse. Chris Cornell não sabia de onde tinha vindo essa frase e respondeu a *Raw Power*, "Seja lá quem tenha dito isso, não sabe do que está falando." (O autor da frase foi Nikki Sixx do Motley Crue)

Naquele mesmo ano, Cornell se uniu a seus amigos do Pearl Jam (e o baterista do 'Garden Matt Cameron) para criar um projeto paralelo fascinante chamado Temple Of The Dog. Menos severo que o Soundgarden, eles eram emocionais e até flertavam com o soft rock em algumas faixas – antecipando a futura direção de Cornell.

O álbum mais vendido do Soundgarden veio em 1994 quando eles lançaram *Superunknown*, que liderou as paradas de vários países do mundo e vendeu milhões de cópias. Vários dos singles indicavam que essa era uma banda completamente diferente daquela que gravou *Badmotorfinger* – mais racionalizada e beirando o mainstream. Inevitavelmente as músicas mais populares foram aquelas que eram basicamente baladas poderosas – "Fell On Black Days", "The Day I Tried To Live" e uma música que seria praticamente um símbolo do Soundgarden, "Black Hole Sun". Apesar de serem músicas decentes, elas não se comparavam ao disco anterior. O lançamento de tais singles ocultaram o fato de que havia faixas mais pesadas no trabalho – principalmente a faixa título e "Fresh Tendrils". Ainda assim, "Spoonman" e "My Wave", que também foram singles, eram rocks diretos e respeitáveis.

O Soundgarden estava se transformando em algo distante de seu passado, e mesmo a grande quantidade de novos fãs não ficou impressionada com o álbum final do grupo. *Down On The Upside* tinha um título sem inspiração e ainda pior era o set de músicas em geral, apesar do disco ter alguns raios de Sol com a emotiva "Blow Up The Outside World" (uma das melhores músicas da banda) e a aceitável "Pretty Noose".

O grupo se separou em 9 de Abril de 1997, deixando para trás um pequeno mas influente e ocasionalmente extraordinário trabalho. Cornell usou seu tempo livre para começar uma carreira solo mas seu trabalho resultante, *Euphoria Morning*, era pouco divertido e não conseguiu inflamar sua legião de fãs. Ele não iria conseguir atingir os níveis de fama do melhor período do Soundgarden até que encontrou os ex-membros do Rage Against The Machine, uma banda que ele respeitava muito.

Cornell tinha sido um inovador no mundo moderno da música alternativa e dessa maneira, de várias formas, estava alinhado com a definição de estilos de Morello e Companhia. Ainda assim, foi uma decisão corajosa. *Euphoria Morning* era um conjunto de músicas melancólicas subestimado, em desacordo até mesmo com o lado mais leve do Soundgarden. Quase parecia que ele tinha acabado seu caso de amor com o hard rock. Claramente, em várias entrevistas dadas pelo cantor, ele disse que era legal não ter mais que "gritar" quando tocava. Dado o estilo dos primeiros materiais do Soundgarden, tão poderosos, não foi uma surpresa o fato dele acalmar seus vocais gradualmente. Ainda assim, foi difícil conciliar o ataque frenético de rap do RATM com o agora estilo tranquilo, quase de crooner, de Cornell.

Essa foi apenas uma das várias inovações que Tom Morello fez em sua carreira. Poder vislumbrar Chris Cornell cantando com o material elaborado que ele e seus colegas de banda poderiam criar era algo visionário para dizer o mínimo.

Ainda assim, ele não estava sozinho ao achar que Cornell seria um grande vocalista para seu novo grupo. Pelo contrário, ele foi apoiado por Commerford, Wilk e o novo amigo Rick Rubin.

O último parecia estar exercitando seu papel familiar de anjo da guarda de certas bandas com quem trabalha. Rubin tem dois aspectos como produtor. De um lado, ele pode simplesmente fazer o trabalho de produtor sem muita interação, quando a banda não quer ou não precisa de uma interação externa. Ou ele pode iluminar tanto uma banda que ele irá virtualmente integrar o line-up dela como um novo membro, oferecendo conselhos profissionais e pessoais, além de seu acompanhamento musical. Tal envolvimento de alguém "de fora" pode ter efeitos adversos e Rubin estava trilhando uma linha tênue com suas novas responsabilidades.

Milhões de fãs do Metallica (assim como voyeurs interessados) ao redor do mundo riram, choraram ou ridicularizaram o filme *Some Kind Of Monster*, onde a banda tenta acompanhar a gravação do álbum *St. Anger*. A banda encara a reabilitação do vocalista James Hetfield, um completo colapso na comunicação e uma surpreendente falta de química musical. Tudo isso em meio ao processo de encontrar um novo baixista. Fica imediatamente claro que, para uma banda que já estava junta há vinte anos, eles parecem estar dolorosamente tendo problemas para se comunicar com transparência, e como a banda admite, eles não se conhecem tão bem. Esse tipo de compreensão cria um aspecto assustador no filme, com partes constrangedoras, tornando-se algo amargo para se assistir. Os membros da banda, especialmente Hetfield e o baterista Lars Ulrich, se encontram várias vezes em discussões que acabam culminando em uma descarga de palavras duras entre os dois líderes do Metallica.

A interação constante do terapeuta e técnico de performance da banda, Phil Towle, é uma grande parte do filme – ele tinha sido trazido para ajudar a aparar as arestas do grupo. Entretanto, à medida que o filme chega perto do final, a banda o manda embora. De forma similar, é aqui que o envolvimento de Rick Rubin com a nova banda era potencialmente repleto de riscos. À medida que o trio ex-RATM se uniu a Chris Cornell, Rick Rubin sugeriu que eles se encontrassem com Phil Towle para uma terapia de grupo.

De La Rocha nunca foi uma influência negativa, mas era a química incomum entre ele e Morello que tinha trazido as dificuldades criativas – assim como os pontos artísticos de maior sucesso. Já que eles eram os dois responsáveis principais por misturar letra e música, eles eram a maior força por trás da banda.

Então, sem De La Rocha, parecia estranho apontar alguém para ajudar com o fluxo criativo dentro do grupo. Você poderia argumentar a necessidade de acabar com todos os demônios do passado e seguir em frente. Afinal de contas, a banda agora tinha que transferir toda sua bagagem emocional para um novo cenário com um novo vocalista e eles poderiam acabar influenciando o trabalho negativamente antes mesmo dele começar. Ao contrário do Metallica, o Rage Against The Machine tinha a marca do ativismo político para levar adiante e isso sem dúvida alguma afetou as relações pessoais entre eles.

"É uma droga," Tim Commerford disse à revista *Raygun*, "porque de alguma forma a música ficou em segundo plano em relação à política da banda. Pessoalmente? Eu me preocupo com os problemas, mas ao mesmo tempo é difícil para mim porque eu quero fazer música, não porque eu quisesse ser um político. E é realmente difícil porque agora toda vez que eu dou uma entrevista, é sobre algo político, e eu sinto que é muito difícil para mim dizer algo que seja potente politicamente, porque tem alguns caras na minha banda que são tãoooooooo envolvidos com a política. Tipo, o que mais eu posso dizer que o Tom já não tenha estudado em seus dez anos de ciências políticas e todas as pesquisas? Eu poderia ler um livro por dia pelo resto da minha vida e ainda assim provavelmente não saberia tanto quanto Tom sobre política."

Ele também mostrou o lado pessoal de sua vida ao expandir, "Eu acho que até um certo nível é mais difícil ser pessoal do que ser político. Realmente é. Tipo, você pode adquirir a sabedoria para se tornar um político, e aprender, e então você sabe tudo sobre política. Você a entende e agora é uma pessoa envolvida, mas para ser pessoal – às vezes é necessária uma tragédia em sua vida para se tornar alguém que entende as coisas em um nível pessoal, e essa é a história da minha vida... minha vida até os 20 anos de idade é meio que uma grande mancha."

Depois das intervenções de Rubin e Towle, Commerford se referia ao primeiro como "o anjo nas encruzilhadas porque se não fosse por ele, eu não estaria aqui hoje." Nós provavelmente nunca saberemos exatamente o que aconteceu por trás das cenas, mas claramente havia questões que precisavam ser resolvidas e Rubin foi oportuno o suficiente para identificá-las e resolvê-las antes de seguir adiante com seu papel de produtor. A apresentação de Phil Towle à banda poderia ter sido um obstáculo ao invés de uma ajuda, mas parece ter sido útil.

Os encontros com Towle foram utilizados para deixar o passado para trás, seguir em frente e se concentrar no novo relacionamento que a banda teria com o novo vocalista. Se havia algum tipo de medo sobre como a química iria se desenvolver, ele logo seria dissipado quando a banda entrasse em uma sala para tocar com Cornell.

"Ele foi até o microfone e cantou a música e eu não acreditei," Morello disse. "Não soou bem. Não ficou ótimo. Foi algo simplesmente transcendental. E quando há uma química insubstituível desde o primeiro momento, você não pode negá-la."

Já era algo que os colegas de banda também pensavam, mas o assunto tinha que ser discutido. Como a banda queria soar? Seria uma combinação do Rage Against The Machine e do Soundgarden, ou apenas um dos dois? Talvez não fosse nenhum. Ou talvez, simplesmente talvez, esses músicos fossem talentosos o suficiente para pegar sua ampla bagagem de influências – assim como suas carreiras anteriores – e misturá-las em uma panela gigante de originalidade. Foi isso que aconteceu, e todos concordaram que não gostariam de duplicar alguma coisa que tinha sido feita no passado. Tudo seria naturalmente desenvolvido com uma confiança em seus talentos para transformar a música em uma colaboração coerente.

A banda trabalhava em mais de uma música por dia em suas primeiras semanas como um grupo, criando ao final das contas vinte e um sons únicos. O nome para a nova aliança seria Audioslave, ideia de Chris Cornell. Há relatos conflitantes de que a banda se chamaria Civilian até que outro grupo com esse nome foi encontrado, mas Tom Morello diz que o único nome que a banda teve foi Audioslave.

De forma estranha, para um nome aparentemente incomum, chegaram notícias de que uma banda de Liverpool já o utilizava. O noticiário destacou que eles receberam uma boa quantia de Morello e Co. para que ambas as bandas pudessem continuar utilizando o nome. Mais estranhas ainda foram as críticas em relação ao nome vindas de revistas como a *Spin* e sites como *Pitchfork*, detonando a escolha e chamando a alcunha de tudo desde "um dos nomes mais idiotas da história do rock" até "o nome de banda mais estúpido do ano."

Ainda assim, o interesse em relação ao Audioslave era imenso e a curiosidade também, para saber como membros de duas das bandas mais importantes da história moderna do rock iriam se comportar em um mesmo grupo. No mundo do rock corporativo não importava. Parecia que todos sabiam que essa banda iria vender muito. Dessa forma, o Audioslave foi abordado pelo Ozzfest para aparecer na sétima edição do festival, apesar de não ter nenhum material confirmado na época, nem mesmo um nome 100% garantido. Aí, de repente, toda a terapia e apoio parecem não terem surtido efeito – pelo menos como pareceu em um primeiro momento – já que houve rumores de que a banda havia terminado antes mesmo de gravar e lançar seu primeiro álbum. Relatos de Chris Cornell estar deixando a banda apareceram em Março de 2002 e aparentemente foram confirmados por representantes dos dois lados.

Apesar de nenhuma explicação ser dada, logo surgiu a informação de que Cornell não gostava do fato da banda ter dois empresários. Ele tinha Guerinot enquanto o trio ex-RATM estava com Peter Mensch da Q Prime (metade do time de empresários do Metallica). No final das contas, a nova banda optou por uma nova empresa chamada The Firm. Houve também disputas entre as duas gravadoras que de forma compreensível brigaram pelo direito de lançar o primeiro álbum da banda. No fim, Epic e Interscope concordaram em lançarem álbuns do grupo de forma alternada.

Em Maio de 2002, a banda tinha 13 faixas demo mas antes de retocá-las e gravar versões finais das mesmas, elas vazaram e se espalharam rapidamente pelos programas de compartilhamento de música da Internet. A banda ficou enfurecida porque essas versões obviamente não estavam terminadas e não era assim que eles gostariam que as pessoas conhecessem o novo time. Algumas músicas não estavam terminadas; outras eram apenas rascunhos com solos de guitarra e letras completamente diferentes das versões finais.

Não iria demorar muito até que as versões finais estivessem disponíveis. Antes do álbum de estúdio veio o single "Cochise". Ficou óbvio como essa banda era diferente de seus antecessores, apesar dos vocais marcantes de Chris Cornell remeterem imediatamente ao Soundgarden. As comparações preguiçosas desse tipo de banda com nomes como Led Zeppelin e Black Sabbath acabaram surgindo a respeito do material do grupo. Mas, na verdade, sua direção tinha pouco em comum com o Sabbath e alguma similaridade com o Led Zeppelin. O último era uma banda emocional que conseguia fazer rock a 100 quilômetros por hora ou mandar ver em seus blues melancólicos, algo que à primeira vista poderia resumir bem o Audioslave.

A comparação era redundante porque, apesar do Led Zeppelin ter sido uma banda inovadora e muito bem estabelecida, o Audioslave tinha mais à sua disposição. Eles poderiam compor músicas memoráveis assim como atualizarem os barulhos únicos de Morello que de alguma forma carregavam os sons. Chris Cornell não era um Robert Plant mas ele tinha talento mais do que suficiente e sua voz era completamente diferente.

Rick Rubin achava que a banda poderia no máximo atingir o nível de algo como "o Yardbirds encontrando o Led Zeppelin", ainda que esse fosse um objetivo que talvez nunca seria alcançado. A ideia persistente de que essa era uma banda fazendo rock como nos anos Setenta tinha falhas. Dado o estilo moderno e inovador de Morello, havia pouco além do fato de que a banda usava guitarra, baixo e bateria. O álbum de estreia, homônimo, tinha uma *sonoridade* moderna, cheio de momentos de rock e outros de alma, mais alinhado ao grunge do que qualquer outro estilo ou período do rock. A não ser que essa banda aparecesse vestida com sapatos de salto alto e perucas enormes, a comparação com bandas dos anos Setenta era equivocada.

Além do mais, eram sempre outras pessoas que falavam sobre as supostas influências da banda e a convergência de seu som, nunca os seus integrantes. Eles estavam simplesmente aproveitando a viagem, ocasionalmente fazendo hard rock óbvio ou compondo com referências claras ao lado mais calmo do estilo, mas era algo deles que se desenvolveu à medida que a banda se uniu e começou sua caminhada. Não havia um grande plano; eles estavam naturalmente criando sua arte. E soava muito bem. O álbum de estreia era um exorcismo variado de um zilhão de fatores diferentes, e *Audioslave* soava como nenhuma outra banda. O ponto mais importante do álbum era seu aspecto único, que estava do lado oposto ao fato de haver um super grupo tocando aqueles sons.

"Cochise" foi uma excelente faixa de abertura, apesar de não combinar com o material menos agressivo do resto do disco. Lentamente indo em direção a um riff característico de Morello, essa era a faixa perfeita para mostrar o Audioslave às massas e iria se tornar uma das músicas mais conhecidas do ano. Ela mostrava os vocais de Cornell, que soava como se tivesse tomado muito whisky e fumado vários cigarros desde a pausa em sua carreira. No lado negativo, isso poderia ser criticado por jornalistas que diriam que ele estava tentando encontrar a força que sua voz havia exalado um dia. "Cochise" era sem dúvidas uma música difícil de cantar, com um verso rouco e refrão berrado antes de cair em um interlúdio quase falado. Difícil de produzir mas memorável instantaneamente, talvez essa seja a melhor faixa do disco de estreia.

Ela também se tornou memorável devido a um videoclipe dirigido por Mark Romanek. Para acompanhar a arte da capa do disco, a banda usou uma enorme quantidade de fogos de artifício para apresentar o Audioslave e "Cochise" ao mundo, com a banda tocando em cima de uma torre durante o vídeo e iluminada por um espetáculo de fogos. Moradores da Sepulveda Dam em Los Angeles viram e ouviram as explosões em massa e imaginaram que poderiam estar sob ataque de terroristas. Mesmo sem querer, Tom Morello e Co. poderiam criar pânico no público em geral!

Sons como "Show Me How To Live" trouxeram riffs que Tom Morello poderia ter tocado um pouco mais rapidamente se estivesse no RATM, com uma bateria sonâmbula que, novamente, se fosse mais rápida, poderia estar em uma música do Rage. Mas com a batida mais lenta, a música se moldou aos vocais cheios de alma de Cornell, dando uma vibe diferente ao som. Apesar de raramente chegar ao ápice de seus trabalhos vocais anteriores, estava claro que esse homem conseguia cantar. Ele havia refinado seu estilo, talvez fazendo com que fosse mais fácil não se exceder, apesar do refrão de "Show Me..." chegar perto. A comparação com Zack De La Rocha não poderia ser mais oposta, apesar da reconhecida base da trupe do RATM. Cornell não sabia e não queria fazer rap, e sim cantar, gritar ou berrar através das músicas. Da mesma forma, De La Rocha raramente cantava, estava mais ligado à mentalidade do hip-hop e se posicionava contra as características básicas do rock. Ali estava um porta-voz diferente para os Srs. Wilk, Commerford e Morello com quem eles se acostumaram de forma muito competente. Era como se eles tivessem estado em uma banda melódica durante toda a carreira.

De várias formas, eles estavam provocando a mentalidade do mainstream, mesmo tocando em uma banda altamente ligada a ele. O clipe de "Show Me How To Live" foi supostamente banido da MTV porque trazia Chris Cornell em uma perseguição automobilística de alta velocidade onde ele tirava vários carros de polícia da estrada. De forma subliminar esses artistas ainda estavam se rebelando a cada oportunidade.

Para alguns pareceu que esse era um estilo de música que a banda ainda não conhecia bem, com várias faixas colocadas no álbum apenas para preenchê-lo (apesar de em uma forma verdadeiramente fiel à tradição do RATM o álbum se tornar melhor a cada audição). Quando a banda ligava todos seus cilindros havia joias a serem apreciadas. "Like A Stone" não era a música mais barulhenta do álbum mas mostrou o potencial verdadeiro do grupo. Uma montanha-russa emocional banhada de alma, como todo o melhor material liderado por Cornell seja "Blow Up The Outside World" ou "Can't Change Me".

E Tom Morello deixou a faixa melhor ainda com um dos seus solos mais marcantes de todos os tempos, ainda utilizando sua técnica experimental mas a misturando ao máximo de sentimento pela beleza da música. Como segundo single do álbum, "Like A Stone" tornou-se a música de maior sucesso da banda, chegando ao topo da *Billboard* Mainstream Rock Tracks assim como da parada de Rock Moderno. Ela também apareceu na posição 31 da *Billboard* Hot 100.

As letras do álbum vinham das típicas ambiguidades espirituais e fantasias pessoais pelas quais Cornell era conhecido. Na verdade elas eram tão não específicas que essa tornou-se uma das áreas contrastantes com o RATM mais óbvias. Mas essa não era uma banda política e à medida que o Audioslave começou uma cruzada pela música e não pela mensagem, Tom Morello expandiu os limites de seu ativismo político com a organização Axis Of Justice (falaremos mais a respeito dela no livro).

"E lá ele encontrou a faísca para detonar essa merda", Cornell diz em uma de suas frases mais memoráveis na música "Set It Off". Cornell seria criticado por suas letras, mas isso era injusto. Dada a posição política de De La Rocha e sua habilidade com que conseguia trazer as causas que apoiava à tona com fúria poética, Cornell nunca iria se comparar. Além disso, suas letras ambíguas sempre foram fonte de confusão para muitos fãs. Sua arte era única e difícil de definir. Algumas pessoas têm que aceitar que nem todo compositor é direto ou claro em suas intenções e expressões. Algumas emoções são subliminares e só aparecem durante performances ao vivo. Cornell era um cantor cheio de sentimento que exorcizava seus demônios com suas explosões emocionais e sua laringe como a tocante "Shadow On The Sun", novamente integrada perfeitamente à guitarra de Morello que fazia picadinho dos solos convencionais de guitarra. De forma surpreendentemente, essa música não foi escolhida como single.

"I Am The Highway" foi. Essa faixa, mais clandestina que a anterior, era uma canção para se ouvir dirigindo, de forma irônica, clamando por paradas de caminhoneiros e hotéis baratos à medida que um justiceiro ousado viaja pelo país. Essa foi talvez a maior indicação do longo caminho que os ex-membros do RATM trilharam. Aqui eles estavam diante do precipício do rock moderno. Ainda assim, só porque eles não estavam disparando letras políticas através de seu vocalista, não significava que eles fossem menos importantes, e "I Am The Highway" era um momento com versos arrastados e um violão marcante que trazem à mente longas estradas cheias de poeira e mato. Nessa música, como em várias outras do álbum, a simplicidade e a emoção inerentes formam a pedida do dia. E à medida que a banda parecia descobrir, compor músicas mais simples e com menos ênfase em riffs difíceis às vezes era mais difícil do que ligar seus instrumentos e sair berrando.

"Exploder" era um vulcão quieto, que entra em erupção com as seis cordas de Morello, com a ênfase particularmente levando a música até a curva da nota acompanhando a última palavra de cada frase no refrão. Havia a marcha morosa de "Light My Way", a inexpressiva "Bring 'Em Back Alive" e a sub-acústica faixa de encerramento "The Last Remaining Light". Algumas músicas decepcionavam um pouco com seus refrães simples e padrões previsíveis, mas havia uma beleza na simplicidade e longevidade das músicas que deixavam claro o que a banda tinha a mostrar. E como é comum, quando um álbum traz seus singles logo no começo, é normal que as músicas para o final do trabalho percam seu rumo.

Audioslave foi bem recepcionado como um todo, vendendo 162.000 cópias na primeira semana de lançamento somente nos Estados Unidos e indo até a posição de número 7 na parada da *Billboard*. Em um mês o álbum ganhou disco de ouro (500.000 unidades) e em 2006 iria ganhar disco de platina com mais de três milhões de cópias no mundo todo.

Posteriormente surgiu a notícia de que durante as gravações do álbum, Chris Cornell esteve em uma clínica de reabilitação por dois meses devido ao abuso de álcool (o que piorou com a separação de sua esposa; havia relatos de uso de outras substâncias também). A necessidade de reabilitação era outro paralelo bizarro com o Metallica e veio após a intervenção de Phil Towle. Durante um dos shows do Audioslave, Cornell disse que o resto da banda "salvou sua vida" nessa época.

Em Agosto de 2003 os músicos do Audioslave se uniram novamente ao Lollapalooza, dessa vez com Chris Cornell à frente. Não houve incidentes incendiários, apenas um ótimo show e grandes resenhas. Pouco antes disso, a banda tinha lançado um DVD homônimo com todos seus vídeos lançados até então assim como material de suas primeiras performances em público quando a banda tocou no *The David Letterman Show* em 2002.

Os shows do Audioslave não eram restritos ao material que os quatro criaram juntos. Ao invés de evitar o passado, as carreiras de Morello e Co. e de Chris Cornell eram revisitadas e unificadas para criar um set list monstruoso. Ele tinha músicas diferentes em noites diferentes, com canções que a banda quisesse. Mas Cornell conseguia mandar bem no material do Rage Against The Machine e, claro, a banda conseguia servir de apoio para sons do Soundgarden com competência.

Em palcos diversos, a banda tocou números como "Killing In The Name", "Bulls On Parade" e "Sleep Now In The Fire" do RATM, assim como "Spoonman", "Black Hole Sun" e "Fell On Black Days" do Soundgarden. "Estamos nos aprofundando nos catálogos de ambos Rage e Soundgarden," Morello disse a Adam Bulger. "É realmente empolgante tocar essas músicas e o público vai à loucura. Quando decidimos honrar o material de nossas bandas do passado, nós não simplesmente decidimos fazê-lo, aquilo tinha que soar ótimo. Chris realmente domina essas músicas que escolhemos tocar. Não é nem um pouco estranho. É maravilhoso. Toda noite quando montamos um set list, conseguimos tirar músicas de 11 discos de multi platina. Poucas bandas têm a oportunidade de fazer isso."

Seria exagero dizer que Cornell cantava os clássicos do RATM com a mesma empolgação que Zack De La Rocha. Sua contribuição para algumas das faixas mais potentes do Rage estava limitada em algumas partes e totalmente fora de lugar em outras. Essas músicas não foram feitas para um cantor convencional e todas as vezes que Cornell tentava emitir a força de partes gritadas ou faladas, o resultado não tinha a mesma fúria do material original. Isso só provou como De La Rocha era único e como não adiantava a banda trazer qualquer outro vocalista se a ideia fosse seguir com o catálogo do Rage Against The Machine, já que isso seria um desastre. A banda claramente fez o certo ao evitar a responsabilidade de continuar o RATM em sua forma natural. Ninguém chegou perto de De La Rocha e ao cantar as músicas do Rage, Cornell mostrou que era melhor no estilo pelo qual ele era bastante conhecido. Para ser justo com Cornell, a posição dele não era nada invejável.

Nos dias de Rage Against The Machine, Tom Morello tinha dito a um repórter, "Criativamente, o passo lento das gravações e das turnês é muito frustrante para mim. Eu adoraria fazer um disco por ano, talvez dois discos por ano, e viajar pelo mundo e tocar para nossos fãs mais vezes do que fazemos hoje em dia. Mas infelizmente na nossa banda há vários metabolismos criativos diferentes, e alguns de nós trabalham de forma mais lenta que outros. O lado bom é que eu trabalho com três músicos incríveis que fazem músicas poderosas que são produto de nossa química."

Quando o Audioslave terminou de excursionar pelo deu disco de estreia, passaram-se dois anos e meio antes que o segundo álbum chegasse às prateleiras, apesar do período ser menor do que a média do RATM e isso com certeza agradava Tom Morello. A banda passou a maior parte de 2004 dando um tempo e trabalhando lentamente em seu novo registro, e algumas músicas tratavam-se de novos modelos de materiais bons que não foram utilizados no disco de estreia. A banda também trabalhava em novas músicas durante a turnê Lollapalooza onde participava. Tom Morello trabalhava no Axis Of Justice e outros interesses políticos enquanto, após o fim do seu divórcio, Chris Cornell se casou novamente com uma jornalista chamada Vicky Karayiannis, de Paris, que ele tinha conhecido enquanto estava na Europa com o Audioslave.

Três semanas antes do lançamento do seu novo álbum, o Audioslave fez um show em Cuba no dia 6 de Maio de 2005 para 65.000 fãs enlouquecidos, onde eles tocaram três músicas inéditas. Isso foi gravado para a posteridade no DVD *Live In Cuba*, lançado mais tarde naquele ano. O show não foi especial apenas pelo novo material, mas o Audioslave também ficou marcado como a primeira banda de hard rock a tocar no país.

"Foi algo que não esqueceremos em muito tempo," Tom Morello disse a *Alternative Press*. "Nós queríamos ter feito isso já há algum tempo. Mesmo nos dias do Rage a gente tinha conversado a respeito, mas não havia conseguido fazer acontecer. Como você provavelmente sabe, há um embargo contra Cuba. Cidadãos dos Estados Unidos não podem viajar pra lá, imagine então levar uma banda e toda sua aparelhagem. Foi preciso ter muita perseverança. Finalmente o Departamento de Tesouro dos Estados Unidos e Castro em pessoa tiveram que assinar um documento que permitisse a realização do evento. Foi tratado como uma troca de experiências culturais. Antes do show, tivemos experiências incríveis. Vimos artistas Cubanos e músicos maravilhosos fazendo jams nas ruas. Fomos a uma escola gratuita de música que era um clube privado para ricos antes da revolução onde estavam músicos de jazz de cair o queixo. Aquilo meio que nos humilhou e fez com que quiséssemos dar o melhor no palco."

Sem nenhum sinal de protestos, o Audioslave tocou na La Tribuna Antiimperialista José Martí, que foi construída em 2000 com um único propósito: abrigar protestos contra o governo dos Estados Unidos. A banda chegou dois dias antes do show para apreciar as belezas de Havana e passar algum tempo com os jovens músicos de lá. Tom Morello insistiu que esse não era um show político, apenas uma tentativa de construir pontes entre os dois países – e talvez mostrar as similaridades entre as duas culturas e que a música poderia atravessar fronteiras. Chris Cornell até esperava que o show poderia "ajudar a abrir as fronteiras musicais entre os dois países".

Como mencionado, a banda usou uma mistura de material pré-existente e novas ideias para criar seu segundo álbum, que seria intitulado *Out Of Exile*. Ele foi lançado em 23 e 24 de Maio de 2005 na Europa e nos Estados Unidos, respectivamente. Foi o primeiro e único álbum da banda a ficar no topo da parada da

Billboard. O primeiro single, "Be Yourself", era um chamado às armas subestimado mas brilhante com um título que falava por si mesmo. Fãs foram convidados a mandarem fotos da banda para a capa do trabalho, sendo que vinte e quatro delas foram utilizadas para o lançamento do single em vinil de 7 polegadas.

O disco contou com a banda entrando em águas ainda mais suaves. Vários críticos disseram abertamente que essa não era a direção esperada ou aceita para uma banda cujos membros haviam estado em um grupo tão temido pelo mainstream. A música foi definida como "branda" por várias pessoas, mas para outros ouvidos ela era um dos melhores sons do grupo até então. Poderia ter sido melhor como segundo single do álbum, mas ao invés disso a primeira faixa do disco, "Your Time Has Come", veio na sequência. A música tinha um riff típico de Morello e um vocal vivo de Cornell. Havia uma mistura de grandes toques do rock, desde as pontes que lembravam o Pearl Jam até o *cowbell* utilizado no meio da música, que lembrava praticamente todas as bandas de rock dos anos Oitenta, sendo empregado talvez como um toque de sarcasmo.

Tematicamente, era um dos assuntos mais interessantes do Audioslave. Como Chris Cornell iria garantir, a inspiração para a música veio da excelente "People Who Died", da The Jim Carroll Band. Jim Carroll era um poeta e escritor que ficou famoso por suas memórias *The Basketball Diaries* (Diário De Um Adolescente), que se transformou em filme em 1995. O livro detalha sua juventude e mostra como ele era viciado em heroína. "People Who Died" era um material tocante ao falar das pessoas com quem Carroll cresceu e que tinham morrido jovens devido a suicídios ou overdoses. "Tem um montão de referências a pessoas que eu conhecia que eram mais jovens que eu e que tinham morrido há anos e anos, até alguns anos atrás," Cornell esclareceu ao falar de "Your Time Has Come", "também é sobre pessoas que se mataram antes de sua hora chegar."

Como a música de Carroll, o Audioslave também se refere à Guerra do Vietnã. A primeira frase era uma referência ao Memorial dos Veteranos do Vietnã (em Washington D.C.). Em outra ligação com o Metallica, a banda foi criticada por muitos fãs de Hetfield e Companhia por ter "roubado" o riff de "Bad Seed" em sua música. Apesar das críticas constantes em fóruns de Internet e salas de chat pelo mundo, o Audioslave nunca falou a respeito das semelhanças.

"Doesn't Remind Me" era uma bela canção flutuante que foi construída em torno de uma estrutura de acordes e um acompanhamento de baixo vindo da escola do Pearl Jam. Até os vocais arrastados de Cornell lembravam os de seu amigo Eddie Vedder, com a lembrança dos versos do material do Temple Of The Dog onde os dois trabalharam juntos. "Nós realmente estávamos empolgados no estúdio, e as ideias estavam aparecendo livremente, e essa música era simplesmente uma progressão de acordes que tinha uma grande dinâmica e transpirava rock," Morello disse. "É uma de minhas músicas preferidas no álbum." Apesar de ser uma música simples, parecia que ela mostrava claramente a progressão de um álbum para o outro, onde o Audioslave poderia agora compor essas estruturas básicas para torná-las enfáticas. A essa altura eles tinham se ajustado perfeitamente ao status de banda mainstream do rock, apesar de existir sons e barulhos inevitáveis de Morello para que todos se lembrassem de seu passado. "Doesn't Remind Me" tem um dos seus solos de rock mais diretos e clássicos.

Chris Cornell até se espantou com a simplicidade da música. "Eu estava fora da cidade, e esses caras gravaram essa música e várias outras," ele explicou, "e quando eu voltei, estávamos trabalhando em coisas diferentes em fita e aí começamos a tocar essa e eu pensei, 'Wow, estou surpreso como estamos trabalhando nisso, como se alguém quisesse fazer uma progressão de acordes tão simples em uma música'. Porque pessoalmente eu não teria escolhido ela, que é parte do motivo pelo qual eu amo estar em uma banda trabalhando com outras pessoas."

Uma das forças da banda era que apesar da maioria de seu material se encaixar unicamente no gênero do rock, eles poderiam facilmente trocar de clima de uma faixa para outra e não parecer que estava fazendo algo longe de seus talentos, então a partir de "Doesn't Remind Me" eles podiam também fazer rock com "Your Time Has Come" ou surgir com a porrada hard rock de "Drown Me Slowly", com Cornell e sua voz rouca emitindo vocais mais típicos do Soundgarden.

Seria exagero dizer que o disco de estreia do Audioslave era um clássico, mas certamente foi um disco muito forte, especialmente por ser o primeiro trabalho de uma banda; *Out Of Exile* estava instantaneamente e claramente à frente de seu antecessor e onde o disco de estreia se perdeu em alguns aspectos, esse soube se encontrar. Da mesma forma, como em seus discos antigos, esses músicos trabalharam para otimizar o custo/benefício, gravando 12 músicas que precisaram de tempo e esforço dos seus integrantes para que eles se tornassem totalmente acostumados ao material e enfim pudessem lançar outro álbum atemporal que poderia se sustentar durante vários anos. Não se tratava apenas de pop rock construído com muito cuidado; havia doses de peso que lembravam o período mais escuro do Soundgarden, assim como o estridente som de "The Worm". Essa música cai na bomba animada de "Man Or Animal", levando o ouvinte a outra viagem e solidificando a habilidade dessa banda de administrar a beleza pura de uma música de hard rock.

Um dos grandes benefícios de ter Chris Cornell como líder era a sua habilidade de interpretar vários papéis dentro da mesma banda, desde um cara que gritava heavy metal até um crooner de momentos suaves, e às vezes sua entrega cobria várias bases dentro do espaço de uma mesma música, sem perder seu poder ou força. "Man Or Animal" era um desses momentos, e um ponto alto em particular do álbum.

O disco pulou de força em força com a beleza sublime de "Yesterday To Tomorrow" que parecia uma escolha certa para single, exceto pelo fato de ninguém ter pensado a respeito e a faixa ter continuado apenas no disco de estúdio. Chris Cornell agora era um vocalista totalmente diferente daquele que gritava através de vários álbuns diferentes do Soundgarden, e ele havia tentado percorrer esse caminho anteriormente em seus discos solo e também até certo ponto no disco do Temple Of The Dog. Mas aqui, ele finalmente fez a gravação perfeita da mistura de pop/rock, carregando com emoção as baladas poderosas e inspiradas de seu trabalho verdadeiramente maravilhoso.

"Dandelion" era uma das únicas faixas do disco que faziam referência ao rock dos anos Setenta. Com o refrão gentilmente cantarolado e a guitarra de Morello, essa era uma música perfeita para um momento introspectivo ou um dia ensolarado de Verão, algo difícil de alcançar. "#1 Zero" mostra a laringe de Cornell em um momento forte, novamente com influência notável de várias décadas de rock. O vocalista foi acusado de ter melhorado seus vocais depois de parar com o álcool e os cigarros e se isso era verdade ou não, o álbum soou melhor com a recuperação de Cornell.

"The Curse" era uma espécie de final com anticlímax, sem uma direção ou propósito reais. Em geral, o álbum número dois foi um sucesso supremo e estabeleceu o lugar do Audioslave na era moderna do rock. Eles não eram apenas uma das bandas que mais vendiam nos tempos modernos, mas também uma das maiores bandas do período.

Muitos questionaram como Tom Morello poderia simplesmente ter saído da arena política para se focar em uma banda onde a música de protesto e a educação não eram aspectos importantes. Entretanto, para aumentar suas crenças políticas, Tom Morello tinha formado a já mencionada Axis Of Justice, uma organização criada em parceria com Serj Tankian do System Of A Down. A organização sem fins lucrativos foi formada com o propósito de "unir músicos, fãs e organizações políticas populares para lutar por justiça social," como diz seu site oficial – www.axisofjustice.org. "Nós queremos construir uma ponte entre fãs de música ao redor do mundo e organizações políticas locais para efetivamente organizar questões de paz, direitos humanos e justiça econômica." O website dá várias dicas sobre como os leitores podem se envolver em causas específicas e provê uma lista extensa de leituras recomendadas. A AOJ tornou-se ainda mais importante com a inclusão de uma rede de rádio que já contou com alguns dos comentaristas políticos mais importantes da história moderna – desde Michael Moore e Noam Chomsky até os menos conhecidos mas não menos importantes Robert Greenwald (que produziu um documentário excelente sobre a cadeia Wal-Mart – *Wal-Mart: The High Cost Of Low Price*) ao cantor e ativista Billy Bragg. A conexão musical da rede era algo de se admirar.

"O propósito é expor nossa audiência à música rebelde de diferentes estilos e fazer com que as pessoas saibam que há uma ligação entre Bob Dylan e Rage e Pete Seeger e System Of A Down e Public Enemy," Morello explicou. Esse desejo de combinar artistas revolucionários (e grandes bandas de rock seja o Guns N' Roses ou o Queen) em uma panela de discussões educacionais era louvável e todos os brilhantes programas que foram ao ar estão disponíveis no website para download grátis.

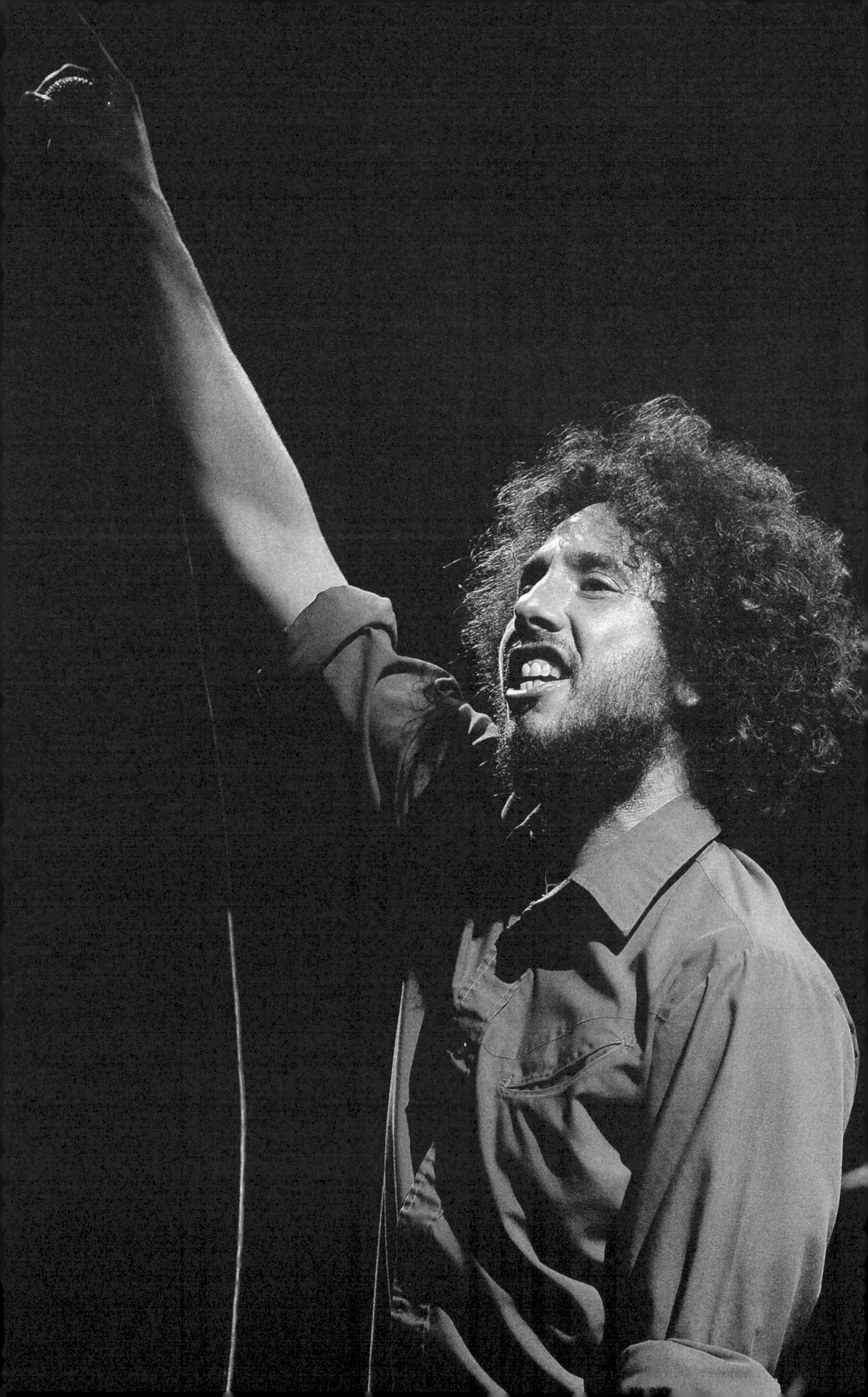

GUERRA NO PALCO

Na época de lançamento do terceiro disco do Audioslave, as rachaduras já estavam começando a aparecer. Quando eles tomaram o a indústria da música mainstream pela primeira vez, eram um grupo relativamente desconhecido – uma mistura estranha e uma proposta excitante. Tom Morello adaptou com sucesso seu estilo para fazer músicas de rock mainstream e Chris Cornell ajeitou seus vocais para ser o líder de uma mistura entre o Soundgarden e seu material lançado em *Euphoria Morning*. Esse ainda era o caso para o novo álbum *Revelations*, lançado em 5 de Setembro de 2006.

Ainda assim, havia uma disfunção espiritual na banda, algo que Chris Cornell iria revelar depois. A *Kerrang!* chamou o álbum de "túrgido" e comparou o material aos lançamentos do Whitesnake (e não de uma maneira boa). Era irônico que o disco tinha algumas faixas entre as melhores do catálogo do Audioslave.

A faixa-título era uma viagem livre através do rock contemporâneo, com uma das linhas de guitarra mais subestimadas de Morello. Ficou imediatamente óbvio que a guitarra tinha sido colocada muito atrás de outros elementos para dar mais ênfase aos vocais e melodias. Ainda assim o solo era uma gloriosa aventura pelo território de Morello, apesar de muito rápido. "One And The Same" era uma valsa de funk com guitarras lo-fi e vocais quase subliminares, com Cornell sussurrando como nunca. O ponto alto da música era a combinação das seis cordas de Morello com as palavras arrastadas de Cornell, soltando as palavras, "assim como sangue e chuva, amor e dor são a mesma coisa."

Apesar de simples e previsível, a iminência de "Sound Of A Gun" fez com que ela se tornasse uma das favoritas do grupo, ficando entre as raízes alternativas da banda e o mainstream. "Original Fire" claramente se destacava, e era a única música a realmente fazer referência ao rock dos anos Setenta que supostamente estava enraizado na banda. Os vocais combinaram com Cornell e são uma baita alternativa para a fórmula usual do Audioslave.

A subestimação de "Broken City" mostrava que o Audioslave agora tocava com texturas e dinâmicas de maneira muito mais sutil do que nos trabalhos anteriores, desde o RATM até os primeiros discos do 'Slave. A música não era imediata nem incendiária, mas ainda assim poderia ser apreciada. Depois dessa faixa, entretanto, o impacto do álbum simplesmente sumiria e o resto das músicas era uma grande névoa de material pouco inspirado.

Foi pelo fato das músicas usadas para "encher" o álbum serem tão fracas que o disco como um todo acabou sendo mal recebido. Também parecia ter a ver com o fato de que a mídia, e talvez até alguns fãs, estavam cansados do Audioslave e queriam o RATM de volta.

Talvez a banda tivesse levado seu aspecto de rock mainstream um pouco longe demais. Eles criaram a Nação Audioslave – uma ilha utópica e ficcional ao Sul do Oceano Pacífico baseada na capa do disco. Isso foi promovido em uma parceria com o Google Earth, que mostrava a suposta ilha para quem utilizasse o software. Várias músicas do álbum foram utilizadas em produtos do mainstream, desde a trilha sonora do jogo de vídeogame *Madden NFL '07* (com "Revelations") até o filme *Miami Vice* com "Shape Of Things To Come" e "Wide Awake".

Era necessário ampliar as fronteiras da banda e aparecer em um video game? Claro que não há regras contra fazer o que você quer e a semente da rebelião nasce exatamente a partir disso, mas pessoas sugeriam que deveria haver limites sobre como os membros apoiavam o trabalho com o sistema. Apesar do terceiro álbum vender bem na primeira semana de lançamento, ele caiu consideravelmente após isso e foi uma clara amostra do futuro da banda, apesar de uma gigantesca campanha de marketing e promoção. A ideia de que o álbum era, como Tom Morello descreveu, "Led Zeppelin com Earth, Wind & Fire" parecia um pouco distante até mesmo para os fãs mais fervorosos. Alguns iriam dizer que o álbum tinha de tudo desde "funk" até "R&B", mas esses elementos apareceram somente em casos específicos. Durante a maioria do tempo, o trabalho consistia de rock "de estrada". A banda parecia ser uma preocupação constante apesar de Tom Morello concentrar seus esforços no projeto The Nightwatchman e Cornell querer gravar um segundo álbum solo.

O Nightwatchman evoluiu para algo que poderia ser um escape de Tom Morello, onde ele mostrava seus pensamentos políticos, e apesar de ter nascido como projeto paralelo, ele se tornou uma das maiores ambições do guitarrista. Poucas pessoas pareciam ter entendido sua ideia, já que, até a data desse livro, seu álbum tinha vendido apenas 25.000 cópias, tornando-se o primeiro disco de Morello desde *Something Bitchy This Way Comes* do Lock Up a não tornar-se platinado. As resenhas também não ajudaram.

Para balancear seu lado de rock básico no Audioslave, Morello decidiu que queria tocar folk acústico. Ele começou com um show em um café de Los Angeles para um pequeno público mas logo foi chamado para abrir apresentações de

Billy Bragg na turnê "Tell Us The Truth". Apesar das músicas do Nightwatchman estarem presentes e corretas, Morello não tinha a intenção de gravá-las até que foi chamado para registrar um som para a trilha do documentário *Fahrenheit 9/11*, junto com seu velho amigo Zack De La Rocha. Morello aceitou e gravou "No One Left", uma dedicação respeitosa às vítimas do ataque de 11 de Setembro e outras tristezas da guerra injustificável. De qualquer maneira, só depois de três anos Morello iria trabalhar em um álbum completo. Depois disso ele também contribuiu com uma faixa para outro filme de Michael Moore, o documentário *Sicko*, de 2007.

Alguns podem achar que é mais fácil criar e gravar músicas quando se está sozinho com um violão ou uma guitarra, mas vários músicos experientes irão te dizer que pode ser muito mais difícil. Claro, você pode tocar alguns acordes e cantarolar aqui e ali, mas para fazer músicas memoráveis com recursos limitados é necessário talento e suor – algo que Morello tinha em abundância. Levou um tempo mas as treze faixas que se tornaram o disco *One Man Revolution* eram aplicadas, pensadas e, sim, revolucionárias. De forma triste, o álbum parecia passar despercebido por várias pessoas – talvez como uma consequência de não ser carregado por guitarras amplificadas mas por baladas que são mais bem acompanhadas pela luz de um lampião.

Absorvendo inspirações de cantores políticos do passado – desde Phil Ochs até Woody Guthrie – o álbum foi um aceno agradável à cena do country alternativo e fazia referências a todo mundo desde Willard Grant Conspiracy até Calexico. E lá também estava a entrega emocional inspirada em Johnny Cash que Morello possuía. Sua voz era profunda, limpa e emotiva, arrepiando pelos dos braços e do pescoço à medida que deixava a música e suas palavras ganharem vida.

O álbum poderia ser encarado como uma acalmada em relação ao mundo frenético do rock ou como uma obra de poesia perspicaz com belas e inspiradoras músicas. De qualquer modo, esse foi um dos pontos altos da carreira de Morello. Se ele poderia criar esse tipo de material memorável com recursos limitados, acompanhado apenas de seu velho instrumento e voz cheia de alma, então o Audioslave se tratava de muito mais do que um homem só.

Morello chamou o Nightwatchman de "Robin Hood negro da música do Século 21" e "uma reação contra guerras ilícitas, uma reação contra ataques armados, tortura, prisões secretas e espionagem ilegal em cidadãos Americanos. É uma reação contra crimes de guerra, e é uma reação contra algumas corporações que se tornam cada vez mais ricas como resultado dessa guerra ilegal enquanto pessoas imploram por comida nas ruas da cidade. Para mim, parece que o mundo precisa de músicas de rebelião e uma revolução agora mesmo. É excitante."

Instantaneamente, a primeira faixa "California's Dark" mostrou ao ouvinte que essa era uma proposta bem diferente do Rage Against The Machine ou Audioslave e, como Morello mesmo sugeriu, era excitante ouvir um poeta político dos tempos modernos produzir um set flagrante de material revolucionário. Era melhor ainda porque as letras eram diretas e facilmente compreensíveis. A faixa de abertura é uma espécie de introdução e foi seguida por uma das melhores do álbum, a vibrante "One Man Revolution", que carrega o nome do disco.

O álbum foi produzido por Brendan O'Brien e ele também gravou backing vocals e outros instrumentos como na faixa-título onde cantou e tocou piano. Essa era uma das faixas mais fortes e pegajosas do álbum e uma demonstração perfeita do discurso do Nightwatchman.

A beleza sutil de "Let Freedom Ring" mostra que Morello poderia facilmente adaptar seu estilo a qualquer forma poética de protesto, com a voz carregando emoção a cada balada. A música traz à mente os momentos vocais mais calmos de nomes como Nick Cave ou Mark Lanegan e ela sozinha deveria ter marcado o nome de Morello como um dos líderes da música alternativa nos Estados Unidos, seja através do country alternativo ou do mais puro indie rock.

O ponto alto do disco, entretanto, seria a música inspirada na cultura gaélica, "The Road I Must Travel", completa com gaitas de foles sintetizadas. Abençoada com um traço Escocês (e não apenas pelas gaitas de foles) a faixa poderia ter sido uma canção do Big Country ou até mesmo do The Proclaimers, indo até o material antigo do folk Escocês de nomes como The Humblebums de Gerry Rafferty e Billy Connolly. O violão que Morello carrega na foto da capa do álbum tem o slogan – "Whatever it takes" (O que for necessário), simbolizando sua intenção de continuar batalhando até que as mudanças no mundo aconteçam.

"House Gone Up In Flames" tem traços de Dire Straits, com a voz de Morello aderindo a um tipo de emoção característico de Mark Knopfler, evocando sons como "The Man's Too Strong", do álbum *Brothers In Arms* de 1985. Certas músicas do álbum são menos impressionantes, seguindo uma rota previsível como em "The Dark Clouds Above", "The Garden Of Gethsemane" e "Flesh Shapes The Day".

Ainda assim, quando o álbum chega ao seu final, há várias faixas potentes e infladas de emoção que compensam a perda de energia anterior. "Maximum Firepower" só pausa para o vocalista respirar no subestimado refrão. Ela também lembra um bom número de compositores subestimados, com Morello soando como Justin Sullivan, líder do New Model Army.

"Union Song" não era a mistura mais potente do álbum mas tinha uma letra desafiadora, citando os nomes de outros cantores ativistas políticos e fazendo referências aos trabalhadores de fábricas e o poder dos sindicatos. A faixa de encerramento "Until The End" é sombria, reflexiva e mostra perfeitamente os tons acústicos com os quais Morello se adaptou e se mostrou apreciador. Remanescente do trabalho mais moderno de Johnny Cash, a música era uma dedicação de Morello para aqueles que foram presos injustamente e vergonhosamente – apesar de ter mais de quatro minutos, ela passa muito rápido.

E assim *One Man Revolution* chega ao final com uma batida acústica assim como começou. Não havia barulhos amplificados de guitarras ou truques espertos com botões e ferramentas, apenas um homem e um violão. Morello provou que menos é mais.

Quanto ao Audioslave, era inevitável que comentários sobre um fim iminente surgissem, mas a banda os negava. Cornell chegou até mesmo a dizer, "Ouvimos rumores de que o Audioslave está se separando toda hora, e eu sempre os ignoro."

Ainda assim, em 15 de Fevereiro de 2007, Cornell anunciou que havia deixado a banda, aparentemente sem informar seus colegas de grupo a respeito de sua decisão. Na declaração oficial, Cornell disse, "Devido a conflitos de personalidades irreparáveis e também diferenças musicais, eu estou permanentemente deixando a banda Audioslave. Eu desejo o melhor aos três outros membros em todas suas futuras empreitadas." Ele disse a *Entertainment Weekly* que o resto da banda "descobriu ao mesmo tempo em que todo mundo, e eu nunca mais ouvi falar deles."

Claramente as diferenças eram irreconciliáveis e pareciam dizer respeito aos mesmos problemas trazidos à tona anos antes quando Cornell teria deixado o grupo. Em uma nota no *New York Post* o tom da separação foi abordado como uma questão de conflito financeiro. "Tom e eu tínhamos conversas a respeito do fato de que eu faria um disco," Cornell disse a MTV, "e de como eu estava cansado de algo que acabou parecendo uma negociação política sobre como a gente continuaria com os negócios do Audioslave e não chegaria a lugar nenhum."

Houve rumores de que discussões tinham surgido a respeito de quem compôs a maior parte do material, um espinho presente em diversas bandas ao longo da história do rock. É preciso deixar claro que tudo que a banda produziu foi creditado como tendo sido composto pela banda em conjunto.

Conversando com a *Entertainment Weekly*, Cornell se aprofundou no assunto. "Se resume a isso: nós viemos de bandas diferentes que tiveram existências conturbadas. Nós concordamos em formar o Audioslave sob a premissa de que seria harmonioso e divertido para todo mundo, e assim que deixou de ser dessa forma, eu não queria mais fazer parte do projeto. Nós começamos a ter problemas desde o primeiro dia. Houve, claro, a esquisitice por você ter uma relação de 12 anos com uma banda e aí um estranho chega, particularmente um estranho que tinha estado em uma relação de 15 anos com outra banda. Para mim, foi ótimo criativamente, mas pessoalmente, foi como ter padrastos de uma hora para outra. E por mais que todos tenhamos trabalhado duro para tentar respeitar as diferentes opiniões e perspectivas de cada um, quando o assunto era o funcionamento interno da banda, eles tinham sua maneira de fazer as coisas e eu tinha a minha. E eles pareciam não se entender muito bem também."

A frase "diferenças criativas" foi tão utilizada por bandas que acabou até perdendo o sentido. Mas nesse caso, parecia um pouco de tudo, desde diferenças pessoais e criativas até o gerenciamento da banda e questões financeiras. De qualquer forma, era tudo que uma banda de rock deveria passar por cima e se não era mais divertido para Cornell, você pode assumir que o trio musical também não via muita graça na parceria.

E apesar de aparentemente não ter mais uma amizade próxima com seus ex-colegas de banda, Chris Cornell deu uma pista sobre o que aconteceria ao também dizer para a *Entertainment Weekly*, "Ver o Rage ao vivo foi a razão pela qual o Audioslave existiu! É porque eu queria tanto entrar em um estúdio com esses caras porque eles são responsáveis por uma das melhores performances do mundo todo. E uma parte de mim pensa que eles ainda deveriam ser uma banda."

REUNIDOS VENCEREMOS

Com o Audioslave para trás, havia um rumor persistente seguindo os Srs. Morello, Wilk e Commerford a respeito da reunião do Rage Against The Machine. Se havia uma banda cujo retorno parecia improvável, com certeza era o RATM. Não apenas as brigas entre os integrantes eram de conhecimento público – mas também o trio que dava suporte a De La Rocha e o Rage havia experimentado um sucesso mais amplo ao atingir os públicos do rock mainstream. Foi uma experiência contagiante e talvez eles não estivessem com o objetivo de deixá-la para trás. Ainda assim, o Rage trouxe seu próprio sucesso e notoriedade e apesar de fazer um som longe do mainstream, eles conseguiram penetrar o centro do redemoinho comercial, tamanha era a popularidade da banda.

Ainda assim a questão persistia – por que eles iriam se reunir? E havia outra pergunta, Zack De La Rocha queria fazê-lo? Sua cabeça estava no lugar certo e ele teria algum motivo para voltar a tocar no Rage?

O vocalista era conhecido por sua reclusão e interesse em ativismo acima de tudo, mas mesmo para seus padrões ele havia estado extremamente quieto desde a separação do RATM. O disco solo em que ele tinha trabalhado por tanto tempo ainda não havia aparecido, e era aparente que ele nunca chegaria às lojas – o que seria uma grande perda. De La Rocha colaborava com vários artistas com os quais os fãs do RATM não tinham interesse algum, talvez nunca tendo ouvido falar deles. Havia ícones do dance moderno como Roni Size, DJ Shadow e Dan The Automator assim como o DJ Muggs do Cypress Hill, o compositor soul James Poyser e o artista jazz/soul Questlove, do The Roots.

Esse autor ouviu algumas das faixas que Zack gravou em parceria com outros artistas e pode dizer seguramente que elas são de hip hop em sua maioria. Há algumas pérolas, cobrindo bases distantes como o rap mais antigo e ainda assim fazendo referências a artistas modernos como Non Phixion. Há a faixa cheia de sarcasmo "C.I.A. (Criminals In Action)", uma colaboração com um artista que De La Rocha admira, KRS-1. A música até traz um sample de "Sound Of Da Police" de KRS com seu refrão familiar e tirador de sarro, "Woop-woop! Esse é o som da polícia!"

A colaboração com o duo da Flórida Dead Prez é compreensível dadas as suas alianças. O grupo tem um posicionamento forte nos círculos do hip-hop underground e suas críticas contra o sistema são bem conhecidas. Como o Rage

Against The Machine, eles focam em tudo desde o sistema prisional até o controle global do capitalismo e a brutalidade da polícia, além da repressão da mídia mainstream.

De La Rocha também apareceu em "Mumia 911", um EP em prol de Mumia Abu-Jamal com referências a seus "crimes". Há vários rappers no trabalho com o vocalista do RATM fazendo apenas uma pequena contribuição, apesar de sua letra ser incendiária. A música também traz pessoas como Chuck D e Pharoahe Monch mas ficou na memória pelo sentimento e pela mensagem ao invés do som.

Houve também aparições em álbuns lançados ao público, apesar de ambos serem pouco lembrados. De La Rocha apareceu em *In The Mode* de Roni Size (DJ e produtor), álbum lançado em 2000, em uma faixa chamada "Centre Of The Storm." Apesar de ter basicamente um som típico do drum and bass, *In The Mode* ganhou vida com a aparição de De La Rocha, que tomou a música para si, com um rap em cima de batidas frenéticas. Poucos sons do drum and bass eram guiados ao formato direto do verso-refrão mas essa música chegou perto.

Dois anos depois ele contribuiu com a música "Release" do Blackalicious que apareceu no disco *Blazing Arrow*. Zack faz um rap com o mantra "release" ao fundo da habilidade rápida do MC Gift Of Gab. A música foi lançada em três partes e era comprida, com quase 10 minutos de duração, mas De La Rocha só aparece na primeira parte e literalmente contribuiu com uma palavra.

De La Rocha também emprestou seu nome de peso para a trilha sonora de um filme de Michael Moore, *Fahrenheit 9/11* – um documentário expondo os motivos e métodos por trás da tragédia de 11 de Setembro. A música, "We Want It All" conta com uma das suas performances vocais mais diretas até então, com um riff simples mas poderoso de fundo, que lembra nomes do hardcore como Girls Against Boys. Como essa banda, "We Want It All" tem um pouco de distorção, meio bagunçada, ainda assim cuidadosamente composta e, por fim, inspiradora.

Em cima disso estava um álbum completo de material que De La Rocha gravou com Trent Reznor do Nine Inch Nails mas se recusou a lançar. Ninguém além daqueles que estavam no estúdio ouviram as faixas. Reznor disse que as músicas eram "excelentes", mas que o vocalista do RATM não estava pronto para lançá-las.

Não precisa ser dito que De La Rocha era um fio desencapado, totalmente independente e criativamente imprevisível. Ele também tinha dificuldades em conciliar seu lado ativista com a vida em uma banda popular de rock – algo que ele teria que resolver se fosse voltar com o RATM.

Uma música que viu a luz do dia foi a colaboração com o DJ Shadow chamada "March Of Death". Ela foi inicialmente disponibilizada para download grátis. Batidas servem de fundo para o rap feroz, de alguma forma diluindo seu poder. Como é comum, mesmo com os traços mais marcantes do hip-hop, a música poderia ser construída como uma faixa de rock; muitos dizem que "March Of Death" seria bem melhor como um rock'n'roll direto – e talvez teria recebido mais atenção também.

A letra falava sobre a entrada hostil do exército dos Estados Unidos no Iraque, uma situação constante desde os ataques de 11 de Setembro em 2001. Vários artistas se posicionavam contra a guerra e vários destes não tinham medo de dizer isso. O problema é que muitas vezes as contribuições contra a guerra e contra George W. Bush surgiam apenas para que artistas aparecessem. Era fácil criticar um líder idiota, e quem, com um pingo de humanidade, poderia justificar a guerra? Ainda assim algumas bandas atraíam atenção apenas porque de repente elas tinham interesse em política e sentiam a necessidade de dizer algo.

Quando Zack De La Rocha trouxe sua opinião ao público, era natural que ela fosse mais erudita e correta do que a maioria de seus pares musicais. Essa era sua *paixão*, sempre tinha sido; ele vinha fazendo isso há anos. O vocalista quebrou seu silêncio com a mídia ao disponibilizar uma declaração apaixonada sobre a música e seu foco. No website oficial do Rage Against The Machine, De La Rocha questionou os motivos e o foco da política do governo Bush no Iraque. Ao escrever com sentimento e sabedoria, De La Rocha é um escritor tão convincente quanto um orador.

Talvez os eventos mundiais iriam moldar um retorno do RATM, ou talvez a volta da banda simplesmente era pra ser. Ainda assim foi surpreendente quando a revista *Billboard* reportou que existiam sérios rumores a respeito do retorno do grupo.

...E eles se tornaram realidade, assim que a palavra rapidamente rodou a Internet quando o festival Coachella na Califórnia de repente listou o Rage Against The Machine como uma das bandas de seu line-up. O Rage seria a principal atração da noite de fechamento em 29 de Abril de 2007. Tom Morello tinha indicado que algo poderia estar acontecendo com o RATM quando ele deu uma entrevista a *Kerrang!* falando apenas sobre a banda, apesar de ter novo material do Audioslave para promover. Ele disse a Ben Myers, "Honestamente, com o Rage, houve alguns poucos momentos de pura felicidade. Uma nuvem negra nos seguia em todos os lugares e por quase uma década nós estivemos perto do fim todos os dias. Não foi nada novo para nós porque essa era a vida que a gente levava: fazendo músicas heroicas e lidando com tensões pessoais... Vendemos milhões mas havíamos destruído nossos relacionamentos pessoais ao longo do caminho."

Mesmo com a pista de um forte sentimento quanto à sua antiga banda, ainda era necessário um catalisador para fazer as coisas acontecerem. E ele veio quando De La Rocha e Morello trabalharam voluntariamente para o South Central Farmers, um grupo de trabalhadores de uma fazenda sem fins lucrativos que serve a comunidade de uma área conhecida pelas gangues.

Ben Myers escreveu, "Se deparando com ordens de despejo de um dono de terra milionário, a organização 'South Central Farmers Feeding Families' foi formada em 2004 a partir de 350 membros de famílias pobres. Logo um processo de arrecadação de fundos para comprar a terra começou. Ambos Morello e De La Rocha ofereceram apoio ao lado de celebridades como Willie Nelson, Flea e Leonardo DiCaprio, com o frontman visitando o local onde tocou com o popular grupo de música Mexicana tradicional Son De Madera em um protesto do 'Save The Farm'."

"Essa deve figurar entre as mais subestimadas voltas de uma banda de rock de todos os tempos," o *LA Times* noticiou. "De La Rocha – com um corte Afro no lugar dos dreadlocks, sua guitarra substituída por uma pequena jarana (instrumento Mexicano similar a um cavaquinho) – subiu ao palco casualmente no Hall Of North American Mammals para delírio do público que se amontoava entre maquetes da vida selvagem."

Chris Cornell foi entrevistado pela *Entertainment Weekly* e perguntado se a volta do RATM tinha afetado sua decisão de deixar o Audioslave, mas de acordo com o vocalista, os dois fatos não estavam ligados. "Não muito, na verdade. Depois do terceiro disco do Audioslave, eu comecei a fazer um álbum próprio e tomei uma decisão de ficar um tempo longe da banda. E ninguém poderia adivinhar o que esse tempo longe do grupo iria proporcionar. Mas de repente, minha vida estava em ordem e eu estava adorando cada aspecto de fazer música, especialmente o fato de poder trabalhar em casa com a minha família, sem as constantes concessões da estrada. Musicalmente, eu senti que poderia ir em qualquer direção que quisesse, e isso me trouxe a conclusão que era algo que eu não queria mais fazer."

Para o retorno do Rage Against The Machine em 24 de Agosto de 2007, Mary Morello fez um retorno também, ao apresentar a banda ao público sortudo que estava prestes a testemunhar história acontecendo. Não apenas o Rage fez um set impecável, voltando ao tempo como se nunca tivesse se separado, mas eles também utilizaram a oportunidade para apoiar mais uma de suas crenças.

Durante o trecho recheado de feedback de guitarra de "Wake Up", De La Rocha se referiu a Noam Chomsky quando disse, "Um grande amigo nosso disse uma vez que se as mesmas leis fossem aplicadas aos Presidentes dos Estados Unidos como foram aplicadas aos Nazistas após a Segunda Guerra Mundial, cada um deles, todo homem branco milionário desde Truman, seria enforcado e morto e o governo atual não é exceção. Eles deveriam ser enforcados, julgados, e mortos a tiro. Como qualquer criminoso de guerra."

Consequentemente o Rage irritou o sistema como nunca tinha feito antes e foi parar no fórum de mesa de café que é a *Fox News*. No programa *Hannity & Colmes*, um trecho da fala de De La Rocha foi ao ar com o texto de "ÚLTIMAS NOTÍCIAS" dizendo , "O grupo de rock Rage Against The Machine diz que o governo de Bush deveria ser morto a tiros." A advogada conservadora Ann Coulter disse, "Eles são perdedores, seus fãs são perdedores, e há muita violência vindo da esquerda."

De forma nada surpreendente, isso não caiu bem para Zack De La Rocha e quando o RATM foi um dos headliners do festival de hip hop *Rock The Bells* ao final de Julho, ele falou novamente durante a performance de "Wake Up". "Há alguns meses, aqueles filhos da puta fascistas da Fox News Network tentaram empurrar essa banda para um canto ao sugerir que o RATM disse que o presidente deveria ser assassinado," ele discursou. "Não, o que nós dissemos é que ele deveria ser levado a julgamento como um criminoso de guerra, enforcado, e morto a tiros. Foi *isso* que a gente disse. E nós não iremos mudar de opinião porque os verdadeiros assassinos são Bush e Cheney e todo o governo pelas vidas que eles destruíram aqui e no Iraque. São eles. E a parte que eles se recusaram a colocar no ar, que para mim e meus colegas de banda é muito mais provocante, é isso: o sistema se tornou tão brutal, viciado e cruel que precisa começar guerras e lucrar da destruição ao redor do mundo para sobreviver como uma potência mundial. Foi *isso* que dissemos. E nos negamos a não ficar de pé; nos negamos a mudar de fugir da defesa dessa opinião."

Havia poucas bandas que tinham a popularidade do Rage e eram corajosas para dizer o que a banda dizia. Ao pensar no fato de que o ex-guitarrista do Pantera, Dimebag Darrell, foi morto por nada mais do que terminar uma banda para começar outra, fica claro que De La Rocha poderia estar colocando a sua vida em perigo ao falar tão abertamente contra o sistema.

Apesar de haver esforços louváveis de bandas como Dixie Chicks – que virtualmente encerraram sua carreira após discursarem contra o Presidente Bush – não havia bandas com músicas poderosas para acompanharem suas opiniões fortes (talvez com a exceção do System Of A Down). Poucas bandas podem fazer um público de 10.000 pessoas pular pra cima e pra baixo ao mesmo tempo em que deixa uma mensagem brutal do que precisa ser ouvido.

Ainda assim, sempre que eles eram abordados sobre seu legado e influência, o Rage negava seu peso palpável na comunidade do rock. Eles nem diziam que eram influentes musicalmente, muito menos seriam pioneiros políticos. O que mais importava para eles era continuar passando a mensagem e não fazer propaganda sobre sua influência. Eles simplesmente *faziam*.

"Há tantas vozes e tantos que estão fazendo exatamente o que estamos fazendo," De La Rocha disse a Ben Myers em 1999. "Mas por estarmos em uma intersecção onde arte e comércio se encontram, as grandes fusões que aconteceram entre grandes gravadoras desenvolveram um novo formato, um vácuo para vender música extremamente pop – essas de um hit só. Por causa disso, as cinco maiores gravadoras começaram a ignorar a maioria das grandes bandas, seja um grupo ativista Brasileiro ou o Asian Dub Foundation – pessoas que, como nós, também vêem a música como uma arma viável na luta por politizar os jovens que podem não ter entendido a época e o lugar onde vivem. É muito importante que a música ocupe esse espaço. Eu não posso dizer que o Rage seja a banda mais importante para abrir os olhos das pessoas às questões mundiais, nós apenas somos a banda que tem conseguido criar um espaço aberto dentro da música popular e tentado começar uma nova era onde mais vozes dissidentes possam entrar na música comercial e se tornar parte do diálogo."

Brad Wilk também falou pelo resto de seus colegas de banda quando admitiu à revista *Drum!* que, "há uma parte de mim que gostaria de concordar com você aqui e dizer, sim, somos muito influentes, mas eu simplesmente não sinto isso. Eu me sinto bem quando as pessoas dizem isso. É bom ser perguntado quanto a isso. Eu acho que influenciamos várias bandas que estão começando a surgir agora – o que eu imagino que faz da nossa música algo mais viável – mas nosso estilo de música definitivamente nos separa de todo mundo."

Então qual será o futuro do Rage Against The Machine? Eles irão simplesmente proclamar seus discursos em um ambiente de música ao vivo ou gravar novos sons? Por quanto tempo eles conseguem ficar juntos da segunda vez? Eles ainda são relevantes no mercado de hoje?

Apenas o fã de música mais cínico poderia dizer que, com o sucesso do Audioslave, os músicos do RATM não têm mais o que dar ao estilo reacionário de música de protesto. Pelo contrário, talvez depois de suas experiências no coração da indústria da música, eles têm ainda mais a dizer e estão em uma posição melhor para fazê-lo...?

EPÍLOGO

"O futuro é o que você quiser que ele seja e não há injustiça que seja intransponível se você tiver a coragem de suas convicções e esteja disposto a tomar partido."
Tom Morello

Os membros do Rage Against The Machine são todos multimilionários ainda que vivam em ambientes relativamente modestos. Não há casas com 25 quartos, groupies cheirando cocaína das costas dos integrantes e decorações exageradas. O grupo é formado por basicamente as mesmas pessoas que estavam lá em 1992, ainda furiosas com as injustiças sociais e mais conscientes sobre como e porque invadir o sistema.

Seu maior problema diz respeito aos quatro membros se manterem conectados como músicos e artistas, e nós temos que torcer para que a sentença de morte de tantos gênios criativos – as assustadoras "diferenças criativas", não caia sobre o Rage Against The Machine (novamente).

"Eu acho que há um respeito mútuo entre os membros dessa banda, e especialmente um respeito pelo que aconteceu com a gente," De La Rocha disse. "Eu não acho que exista uma organização política que não iria matar por oportunidades como as que temos hoje em dia. Só o fato de poder utilizar a mídia como nós podemos, estamos muito empolgados com o potencial disso. É isso que nos faz ir em frente, e eu não tenho medo de dizer que é a única coisa que faz com que a banda continue."

Ditas antes da separação da banda, as palavras de Zack se tornaram irônicas. "Eu não acho que no nosso coração, nós estivéssemos dispostos a destruir esse dom," ele disse a *Kerrang!* "Agora estamos levando isso dia a dia mas eu não vejo motivo pelo qual a gente não continue fazendo isso, primeiro porque nós resolvemos várias tensões que existiam dentro da banda na metade dos anos Noventa. Havia sérias tensões lá atrás, mas agora estamos conversando muito mais, discutindo as coisas e agindo como um coletivo. Por causa disso, eu não vejo motivos para não continuarmos no futuro."

Talvez algo que possa ser facilmente esquecido seja o sentimento pessoal de cada um que existe por trás das cenas. Cada membro do Rage é muito diferente mas os dois menos vocais deles, Brad Wilk e Tim Commerford, talvez sejam a cola que segura a banda e muitas vezes são mais influentes do que aparentam. Commerford se abriu a Ben Myers admitindo, "Eu penso sobre como vai ser quando tudo isso acabar. Meu trabalho tem sido lidar com as relações entre quatro pessoas enquanto no palco eu preciso lidar com as minhas próprias inseguranças. É isso. Esse é meu papel. Espero que exista algo que eu possa fazer depois que a banda acabar, porque eu me preocupo com isso. Eu não me preocupo com o dinheiro, mas sim com o fato de me sentir bem comigo mesmo e fazer algo que quero fazer. Será difícil depois disso alcançar algo que chegue ao nível do que fizemos no Rage. Quero dizer, tocar no Rage é um dom e uma arte. O potencial do que podemos alcançar é empolgante e quando isso sumir, estaremos acabados."

O Rage vai o mais longe que pode dentro dos confinamentos de uma banda de rock de sucesso, dado seu imenso e recorrente êxito, o que é de se admirar. Eles não precisam continuar pelo dinheiro, a não ser para arrecadar fundos para as suas causas; eles continuam irritando o sistema sempre que podem. Só por isso eles deveriam ser reconhecidos. E é quando suas palavras e ações inspiram ações de verdade que o Rage pode dizer que fez o que gostaria de fazer e não há dúvida de que a maré está mudando. Hoje, há mais inquietação do que nunca a respeito dos governos mundiais e a opressão de pessoas, minorias e cores. À medida que nos preparamos para maiores mudanças sociais e conscientização pública, fica claro que acompanhar esse levante e a destruição do sistema – a máquina que nos prendeu por tanto tempo – deva ter a trilha sonora mais incendiária o possível. Uma mistura potente e gloriosa de consciência social poética e um pedido barulhento por reforma. Quando as bandeiras queimarem e a mídia mainstream se tornar obsoleta, devemos nos lembrar de apenas uma coisa: *fuck you, I won't do what you tell me...*

LEITURA RECOMENDADA

Como Zack De La Rocha diz, "a raiva é um dom". Raiva e fúria contra as injustiças do mundo ao nosso redor podem ter dois efeitos, seja o de te fazer amargo por dentro quando você pode acabar se sentindo impotente para fazer qualquer coisa a respeito – ou o de te direcionar a agir. Antes de você fazer qualquer coisa sobre qualquer coisa, é necessário estar armado com duas coisas: educação e boa vontade para mudar a si mesmo. Muitas pessoas se focam de forma intensa em certas causas que parecem injustas e tentam mudar as vidas dos outros sem mudar a própria maquiagem e olhar para dentro antes de olhar para fora. A mudança só pode acontecer fora do seu ambiente quando você está disposto a mudar o seu próprio. Ninguém é perfeito mas todos nós podemos fazer algo melhor com nossas vidas e com as pessoas ao nosso redor. Antes de esperarmos que o mundo inteiro mude, uma mudança no nosso aspecto pode ser necessária.

Eu espero que com esse livro você tenha aprendido muito mais sobre as crenças e protestos da banda, e muito mais sobre as pessoas que eles defendem – desde os prisioneiros no corredor da morte até os indígenas que tiveram suas terras roubadas...

Infelizmente, eu não posso me aprofundar em diversos assuntos tratados nesse livro, mas aqui estão algumas fontes altamente recomendáveis sobre tais aspectos:

Livros

All Things Censored, Mumia Abu-Jamal (Seven Stories Press, 2000);
American Heretics: Rebel Voices In Music, Ben Myers (Codex Books, 2002);
Bloodlines Of The Illuminati, Fritz Springmeier (Pentracks Publications, 2005);
Guerilla Warfare, Ernesto Che Guevara (Souvenir Press, 2003);
Health Betrayal, Eve Hillary (Synergy Books, 2003);
If I Should Die: A Death Row Correspondence, Jane Officer (New Clarion Press, 1997);
Live From Death Row, Mumia Abu-Jamal (Harper Perennial, 1996);
Not On The Label: What Really Goes Into The Food On Your Plate, Felicity Lawrence (Penguin, 2004);
Our Word is Our Weapon: Selected Writings, Subcomandante Marcos (Seven Stories Press, 2002)
[Zack De La Rocha disse: "Em algum lugar entre a análise apaixonada de Ricardo Flores Magón e a fúria poética de Eduardo Galeano, estão alguns dos mais poderosos e essenciais comunicados da nova Revolução Mexicana. Possivelmente a coleção de textos mais influente para minha perspectiva musical e política."];

Prison Writings: My Life Is My Sundance, Leonard Peltier (St. Martin's Griffin, 2000);
Steal This Book, Abbie Hoffman (Da Capo Press, 2002);
The Natural Way To Heal, Walter Last (Hampton Roads Publishing, 2004);
Understanding Power: The Indispensable Chomsky, Noam Chomsky (Vintage, 2003);
Unseen Hand: Introduction To The Conspiratorial View Of History, A. Ralph Epperson (Publius, 1985);
You Are Being Lied To: The Disinformation Guide To Media Distortion, Historical Whitewashes and Cultural Myths, Russ Kick (Disinformation, 2002).

Na Tela
A Place Called Chiapas (1998)
Cradle Will Rock (1999)
Fahrenheit 9/11 (2004)
Network (1976)
Paradise Lost: The Child Murders At Robin Hood Hills (1996)
Paradise Lost 2: Revelations (2000)
The Rosa Parks Story (2002)
V For Vendetta (2005)
Viva Zapata! (1952)
Zeitegeist: The Movie (2007)

Revistas
Alternative Press, Billboard, DRUM!, Entertainment Weekly, Guitar One, Guitar World, Kerrang!, Metal Hammer, Nexus, Pitchfork Media, Propaganda, Raw, Raygun, Rolling Stone, Spin, Teen People.

Jornais
Enlace Civil, Guardian, In Jersey Rocks, New York Post, Nuevo Amanecer Press, Pravda, Times Pop.

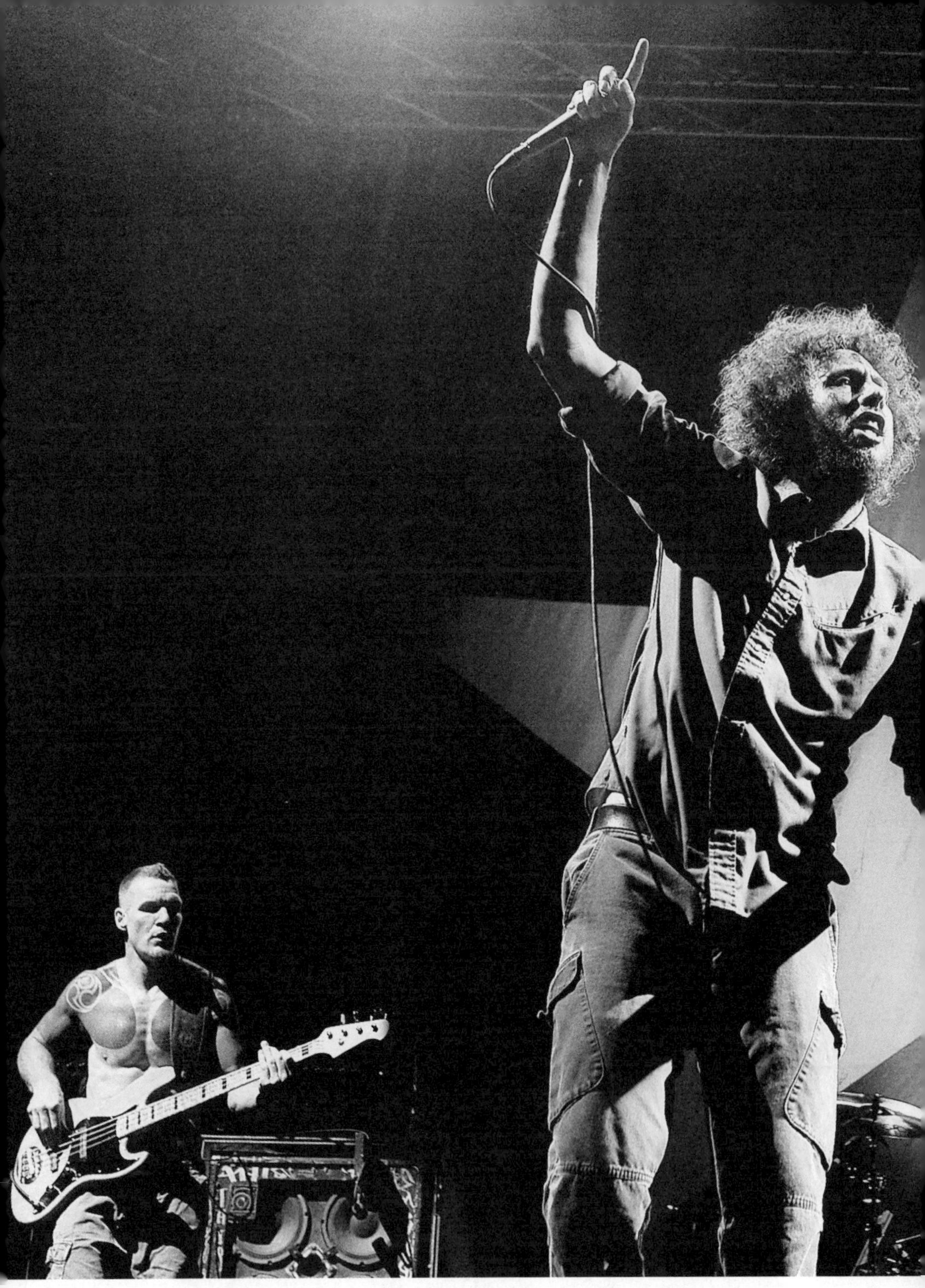

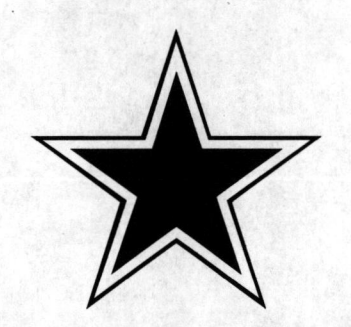

RAGE AGAINST THE MACHINE

GUERREIROS DO PALCO

Este livro foi composto em Caecilia LT Std, com textos auxiliares em DIN.
Impresso pela gráfica R.R. Donnelley, em papel Offset 75g/m². São Paulo, Brasil, 2014.